洛阳明清建筑

市区卷（上）

洛阳市文物考古研究院
洛阳师范学院 编

图书在版编目（CIP）数据

洛阳明清建筑. 市区卷／王志军主编；洛阳市文物考古研究院，洛阳师范学院编. —郑州：中州古籍出版社，2015.1

ISBN 978-7-5348-5188-9

Ⅰ.①洛… Ⅱ.①王… ②洛… ③洛… Ⅲ.①古建筑—介绍—洛阳市—明清时代 Ⅳ.①K928.71

中国版本图书馆CIP数据核字（2015）第020031号

LUO YANG MING QING JIAN ZHU
洛阳明清建筑

责任编辑：王小方
责任校对：郑学通
出 版 社：中州古籍出版社
　　　　　（地址：郑州市经五路66号　　邮政编码：450002）
发行单位：新华书店
承印单位：郑州新海岸电脑彩色制印有限公司
开　　本：889mm×1194mm　1/16
印　　张：30.5
印　　数：1—1000册
版　　次：2015年1月第1版
印　　次：2015年1月第1次印刷
定　　价：780.00元（共两册）

本书如有印装质量问题，由承印厂负责调换。

luoyang

《洛阳文物考古丛书》编辑委员会

主　　任　刘德胜
副 主 任　王木林　余江宁　余　杰　王献本　凌兴武
委　　员（以姓氏笔画为序）
　　　　　　王　莉　王　阁　王木林　王爱文　王支援　王献本　王锡瑕　史家珍
　　　　　　刘永飞　刘润丽　刘德胜　孙小明　孙宏飞　吕九卿　吕劲松　朱世伟
　　　　　　李万厚　李国强　余　杰　余江宁　周　立　周海涛　凌兴武　桑永夫
　　　　　　聂小雨　郭引强　郭挺彩　崔晓梅　曹岳森　谢虎军　韩玉玲

《洛阳明清建筑》丛书编辑委员会

总 策 划　余扶危
总　　编　史家珍　余扶危
执行总编　刘百灵
副 总 编　周　立　吕劲松　王志军　王智涛　郑学通　顾　涛　缪　韵　范　勇
　　　　　　乔仁卯

《洛阳明清建筑（市区卷）》编辑委员会

主　　编　王志军
执行主编　窦　炎
副 主 编　吴民庆　孙慧宝　郑　文　张　萌　牛　莉　王瑞麟　贾中宝　王　恺
　　　　　　崔聚成

序言
XUYAN

谨以十分崇敬的心情，拜阅了洛阳市文物考古研究院和洛阳师范学院联合编纂出版的《洛阳明清建筑》系列丛书第一本《市区卷》。丛书是洛阳市文物考古研究院牵头组织调查我市九县六区城镇乡村遗存建筑资料的汇编，是新时代的显赫巨著，填补了民间建筑学术研究的空白。因为余学建筑学，过去对中国现有古建筑曾做过不同程度的专题探讨，并成籍《中国的古代建筑》。今天，看到了故乡洛阳遗存的古建筑汇集，倍感亲切，无限感动。

首先感到《洛阳明清建筑》收集的古建筑范围很宽，它包括寺庙道观、家族宗祠、古民居和其他代表性历史建筑，汇集了洛阳古建筑之遗存。对于如此巨大的工程，每项都要拍照、绘图，且有不少绘制了平面图、剖面图、轴测图，其工作量之大，令人惊讶。对于参与此项工作的全部人员，我是无限崇拜，无限敬仰！这是一项划时代的文化工程。他们是时代贤达，历史英贤，而他们身体力行，站在时代前列，完成历史巨著，促进时代文化发展，其功绩将永传后代，功业千秋！

"建筑"被称为是"凝固的音乐"，它以特定的空间艺术魅力，为人们送来心灵的快乐。

"古建筑"被称作是"显形史书"，由于它特有的艺术魅力和沧桑经历，为人们送来相关的历史知识。

"古建筑"是特有的社会文化组成部分：民居是人们特定的物质、精神生活空间；寺庙道观是人类社会仁爱、慈善心灵的辐射高台；家族宗祠是家族人们团聚、兼爱、贡献社会、向前发展的心灵敬仰升华之地、凝聚中心；其他古代建筑遗址、历史社会工程遗址更是古代社会历史文化传承的标志。

总而言之，汇集地方历史古建筑，其实质要核是地方时代社会文化建设的组成部分。洛阳市文物考古研究院持之以恒，用数年时间调查汇集洛阳地区现存古代建筑，是时代社会之需，是划时代的伟大工程，是对历史的卓越贡献！是为时代文化特定历史树立标杆！

《洛阳明清建筑》丛书读者对象为全社会，是关心地方历史，关心时代社会文化，关心民族文化和宗亲文化继承发展，关心开创时代社会文化发展，促进时代民族文化走向更加美好未来的各阶层人士所共同关注的，阅读此书可以获得更多的历史文化知识、社会知识，会更加关注古建筑的历史和保护。

因此，对地方古建筑的保护是历史的职责和时代使命。对于市区建成区遗存的古建筑，列为历史遗产，永为保护，已成定局。对于乡村，由于社会发展，村庄发展，有时可能产生"拆除旧房建新房"的观念。对此，地方政府必须严肃慎重对待，要请社会相关部门和文化名人对其评审，代表地方历史文化的古建筑，必须严加保护。其周围可根据相关规划建设时代建筑。在未来，此古建筑则成为村庄的文化标志和重要景观，甚至为旅游对象、地方旅游产业的发展资源。

洛阳是中华民族文化的发祥地，而建筑是其文化的组成部分。中华古建筑，包括城池、宫宇等也始于洛。而今天汇集的洛阳古建筑，是其读本，将永为历史光辉！

总而言之，《洛阳明清建筑》丛书是一部划时代的巨大文化名著，它传递的历史文化信息，将光耀时代，永传后世！谨献敬言，代以为序，请读者先阅为快。

王铎

2014年8月12日于古洛周山泊庐

前言

QIANYAN

　　编写出版《洛阳明清建筑》丛书起源于洛阳老城东南隅和西南隅的改造，由于旧城改造，一些没有列入文物保护单位的古建筑将会被拆掉，如果不抢救性的对古建筑进行拍照、绘图，这些古建筑将从历史的记忆中消失，很多历史信息将永远不可能恢复。出于对历史的负责和对古建筑的感情，洛阳市文物考古研究院的余扶危先生、刘百灵先生深深感到将现存老建筑资料整理出版的重要性和紧迫性。

　　余扶危先生、刘百灵先生以极强的责任心向洛阳市文物局的刘德胜局长汇报了自己的想法，刘局长给予充分肯定并大力支持，让洛阳市文物考古研究院牵头，并提出以此为契机，将洛阳市县区的老建筑全部进行调查、拍照、绘图，出版《洛阳明清建筑》丛书，把这套丛书做成样板，为没有列入文物保护单位的古建筑的保护提供经验，并要求高质量完成。

　　洛阳市文物考古研究院对此项工作也非常重视，委托余扶危先生组织工作班子，并给与全力配合和支持。余扶危先生立即组织班子，缺少绘图人员，余扶危先生又协调洛阳师范学院承担绘图任务，人员到位，立即开展工作，不论节假日，从老城到洛龙区等城市区，走街串巷，入村进户，可以说把每条街道、每座村庄走遍，把有价值的老建筑全部调查、拍照、绘图，经过1年多的辛勤工作，终于把《洛阳明清建筑（市区卷）》整理完毕。

　　这项工作的主要目标，就是认真调查收集洛阳民间遗存古建筑的第一手资料，用照片、绘图和文字把他们记录下来，让全社会认识到它们的宝贵价值，为各级政府制定保护政策提供依据。只要全社会共同努力来保护这些散落在街道乡村中的文化遗产，使它们保留下来，传递到子孙后代，我们就感到无限地欣慰，再苦再累也觉得值。

需要说明的是，这次收录于《洛阳明清建筑》丛书里的古建筑，主要是市级文物保护单位以下的建筑，市级以上文物保护单位没有收录。收录于书中的除了明清时期的古建筑外，一些民国时期保存比较好、且有很好价值的古建筑也收录其中。

本书主要包括老宅、祠堂、寺庙道观及其他建筑4部分。内容以图版为主，辅以文字介绍建筑的特征和历史渊源，重点突出建筑的特色，主要的建筑配有绘图。

《洛阳明清建筑(市区卷)》是这套丛书的第一本，由于没有经验，难免有一些谬误之处，敬请专家、学者和广大读者给予指正。

目录
MULU

序　言

前　言

老　宅

老城区

阎家老宅（东大街 151 号）	/2
陆家老宅（东大街 48 号）	/4
乔家老宅（东大街 180 号）	/6
任家老宅（东大街 55 号）	/7
李家老宅（东大街 104 号）	/9
廉家老宅（东大街 210 号）	/11
马家老宅（西大街 91 号）	/14
李家老宅（西大街 136 号）	/19
吕家老宅（中兴街 9 号）	/22
吕家老宅（中兴街 11 号）	/24
王家老宅（中和巷 8 号）	/28
寇家老宅（中和巷 6 号）	/31
无名老宅（中和巷 24 号）	/32
刘茂恩旧居（西和巷 8 号）	/34
安家老宅（西和巷 36 号）	/40
无名老宅（文明街 6 号）	/43
杨家老宅（三复街 9 号）	/44
王家老宅（明新街 14 号）	/47
潘家老宅（明新街 12 号）	/49
徐培斋故居（御路街 31 号）	/50
阮家老宅（连市胡同 6 号）	/56
寇家老宅（南大街 76 号）	/58
武庭麟老宅（鼎新街 5 号）	/60
马家老宅（顺城东街 46 号）	/64
董家大院（农校街 32 号）	/66
何家老宅（仙果市街 36 号）	/74
孙家老宅（阜安街 13 号）	/77
马家老宅（里仁巷 31 号）	/79
无名老宅（里仁巷 32 号）	/81
无名老宅（魏家街 5 号）	/82
武庭麟旧居（井胡同 26 号）	/83
张家老宅（井胡同 22 号）	/85
冯家老宅（高平南街 8 号）	/89
庄家老宅（贴廓巷 19 号））	/93
庄家老宅（贴廓巷 23 号）	/96
庄家老宅（贴廓巷 33 号）	/99

宋家老宅（太平街 50 号） /101
无名老宅（中兴街 21 号） /102
庄家老宅（营林街 27 号） /103
刘家窑院（苏滹沱村） /108

瀍河区

马福运老宅（瀍河乡小李村） /111
巴氏老宅（马坡村东沟 21 号） /113
何家窑院（乐善街 43 号） /116

涧西区

孙氏老宅（前五龙沟） /120
李氏老宅（马营村） /125

洛龙区

许氏老宅（枣园村） /132
倪氏阁楼（枣园村） /134
孙氏老宅（孙村） /136
张景祥老宅（下黄村） /144
张建统老宅（下黄村） /147
郭氏老宅（楼村） /150
宗书有老宅（南石人村） /157
王聚财老宅（潘寨村） /161
萧转运老宅（太平村） /164
李经新老宅（李楼村） /167
吴氏老宅（裴村） /170

田朝孝老宅（裴村） /173
贾同元老宅（裴村） /176
杨氏老宅（八里堂村） /178
韩氏三门老宅（茹凹村） /181
韩庆栓老宅（茹凹村） /186
王氏老宅（军屯村） /189
殷氏老宅（后河村） /200
杨氏老宅（后河村） /203
刘氏老宅（后河村） /205
韩氏老宅（油坊头村） /209

高新技术开发区

李安石老宅（延秋村） /210
陈平安老宅（延秋村） /215
赵氏老宅（老井村） /216
赵铁栓老宅（马赵营村） /222
赵龙蛟老宅（马赵营村） /226
王怀林老宅（马赵营村） /229
张忠良老宅（白营村） /231
杨运来老宅（杨窑村） /234
杨宏斌老宅（杨窑村） /237
杨万邦老宅（董窑村） /239

吉利区

张来法老宅（北陈村） /240
张文禄老宅（北陈村） /250

吴守正老宅（送庄村） /254

祠　堂

老城区

董公祠（东大街132号） /262

涧西区

苗氏祠堂（苗湾村） /263

任氏祠堂（苗湾村） /266

刘氏祠堂（南村） /270

洛龙区

张氏祠堂（张古洞村） /274

张氏家庙（下黄村） /276

孙氏家庙（孙村） /280

杨氏家庙（杨湾） /284

田氏祠堂（田村） /287

孔氏圣庙（孔寨） /290

王氏祠堂（大里王村） /295

牛氏祠堂（潘寨） /297

李氏祠堂（焦寨） /299

焦氏祠堂（焦寨） /302

田氏祠堂（裴村） /304

杨氏祠堂（裴村） /306

贾氏祠堂（裴村） /311

毕文亨祠堂（毕沟村） /314

梁公祠堂（梁屯村） /320

王氏祠堂（尹屯村） /323

平泉李氏宗祠（丰李村） /328

高新技术开发区

崔公祠堂（太后庄） /333

董氏祠堂（太后庄） /338

白氏祠堂（白营村） /341

张氏祠堂（昌沟竹园村） /345

吉利区

张氏总祠堂（北陈村） /348

张氏头门祠堂（北陈村） /359

张氏二门祠堂（北陈村） /365

张氏三门祠堂（北陈村） /369

张氏长门长祠堂（北陈村） /372

张氏西三门祠（北陈村） /376

寺庙道观

老城区

延福宫（康乐巷33号） /382

五圣堂（西和巷） /385

瀍河区

东关清真寺（东关大街93号） /386

洛龙区

大王庙（枣园村） /390

关帝庙（潘寨） /393

三官庙（三官庙村） /396

观音堂（潘寨） /398

玉皇庙遗址（石人村） /401

关帝庙（西白碛村） /404

玉皇庙（西草店村） /407

皇觉寺（郭寨村） /412

火神庙（大东村） /416

五谷庙（棲霞宫村） /426

花姑娘娘庙（毕沟村） /429

泰山庙（尹屯村） /432

大王庙（尹屯村） /435

福胜寺（李王屯村） /437

高新技术开发区

关帝庙（太后庄） /439

关帝庙（柳行村） /441

全神庙（柳行村） /442

张天师庙（东高崖村） /444

奶奶庙（大营村） /450

火神庙（于营村） /453

老君庙（老井村） /454

牛王庙（老井村） /456

其他建筑

洛汭严关 /458

石寨门（关林镇刘富村） /462

西寨门（丰李村） /465

凤凰古寨（白坡村） /467

集市老街（延秋村） /468

老寨墙（三山村） /470

茶庵（田山村） /472

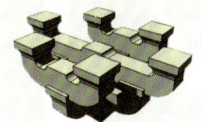

老宅
LAOZHAI

洛阳现存老宅以瓦房为主，宅院有二进院、三进院和四进院，主要由上房（也称正房、堂屋、大屋）、厢房（也称厦房、东西屋）、过厅和临街房（也叫倒座房）组成。洛阳老城的老宅，通常讲究三间或五间（俗称三间头、五间头）宅院，三间或五间宅院多为三进院，即有临街房、厢房、过厅，过厅后有后厢房，最后是上房，个别也有后上房，即所谓四进院。五间宅院是以临街房的明间作为大门，大门内迎面是照壁（也称影壁），上面砖雕福字或"松鹤延年"等吉祥图案。与厢房（三间）之间有二门，过厅与后厢房之间还有后二门。三间宅院的厢房为各两间，在临街房的次间砌有圆券门，从门道进出。

农村老宅以二进院或三进院为主，各县区在建筑风格上略有差异。但在山区，则有以窑洞为主体的院落，称之为窑院。分为靠山窑院和天井窑院。靠山窑院是在崖壁窑洞前面的窑院，也有厢房和临街房。天井窑院是从地面向下挖成窑洞和院落，也称"地坑院"。院内门洞呈45度斜坡通向地面，为居民出入通道。

老 城 区

阎家老宅（东大街151号）

阎家老宅位于东大街鼓楼东路南，坐南朝北，清末建筑。中华民国七年（1918）孟津人阎振铎在自家临街房开办开封中华书局洛阳特约所，店里卖的书籍以教材课本为主，还经营体育、文化用品等。新中国成立后成为洛阳化工站家属院。老宅原为三进院，现存二进院过厅、东西厢房，三进过厅、三进院。

临街房（由西北向东南拍摄）

二进院（由南向北拍摄）

二进院东厢房

二进院西厢房

老宅·LUOYANGMINGQINGJIANZHU / 3

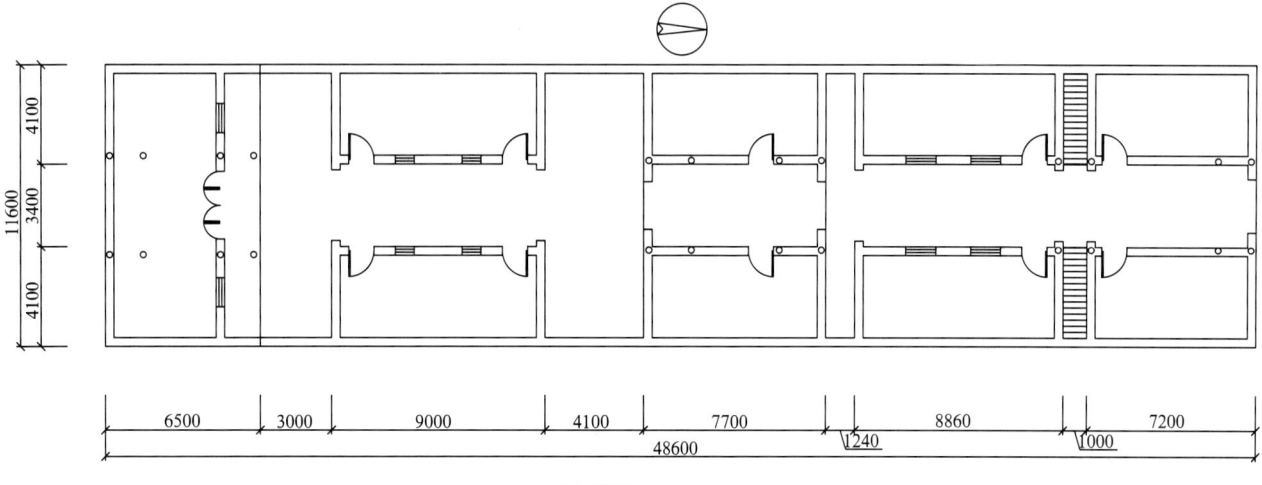

平面图

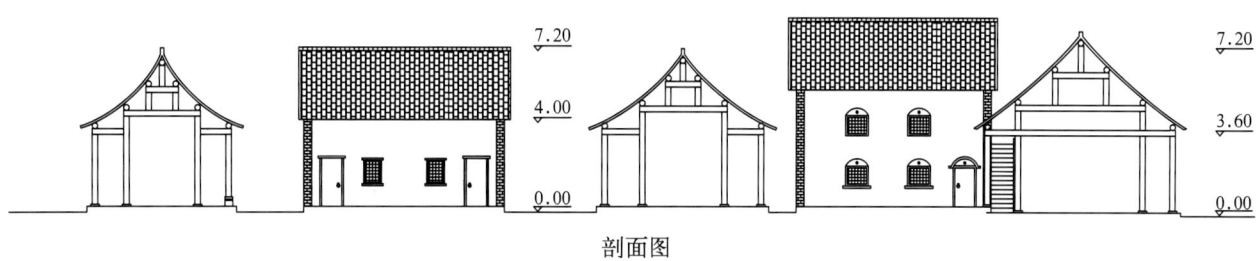

剖面图

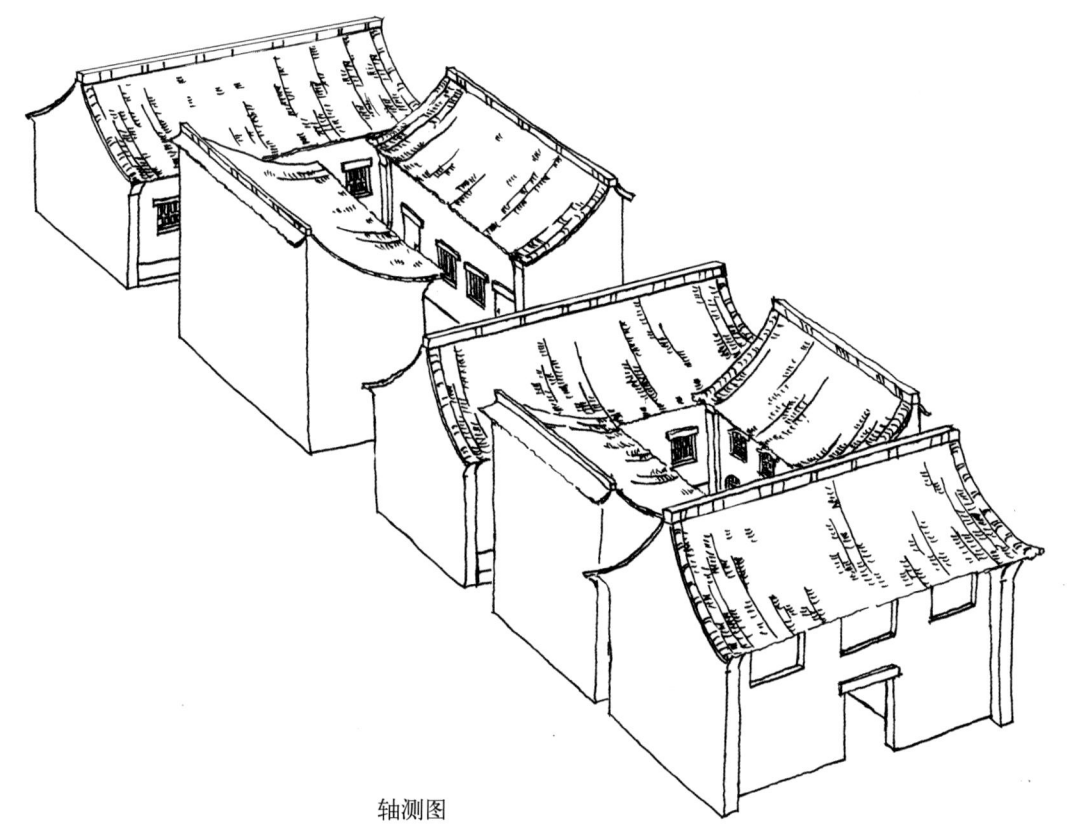

轴测图

陆家老宅（东大街48号）

陆家老宅为清代建筑，具体年代不详。现仅存上房，其余皆毁。上房面阔3间，进深8.5米，宽10米。前檐深1.8米，檐高4米，檐下有两檐柱，格扇门窗装饰图案工艺精美。

上房东山墙（由东南向西北拍摄）

上房（由南向北拍摄）

上房格扇窗

上房格扇门裙板、涤环板

| 上房柱础 | 东山墙前檐博缝砖 | 东山墙后檐博缝砖 |

上房东山墙（由东北向西南拍摄）

乔家老宅（东大街180号）

乔家老宅坐北朝南，原来为并排三个宅院，后在其西边跨院又盖了西厢房作为客厅，用来接待客人，现仅存过厅，宽约11米，前檐深2.6米，高1.5米，厅门宽1.4米，高2.6米，东侧过道长7.4米，门宽0.9米，高2.9米，其余建筑已毁。

乔家老宅为乔氏十四世后人乔成功（1893年生）所建，他曾任五品官员，后辞官回到洛阳，和家人制作一些小工艺品和戏剧用品，如胡子、马鞭之类，并开店铺销售。因戏剧用品销路不错，就开始专门制作戏衣、鞋帽、道具，店铺成了销售戏衣和戏剧用品的专营店。乔家戏衣店从此诞生，距今已有百余年历史。

临街房（由西南向东北拍摄）

乔成功去世后，他的4个儿子继承父业分别开了3个戏衣店，长子乔文斌开设金钟楼戏衣店，次子乔荣先开设荣兴祥戏衣店，三子乔位亭开设祥泰戏衣店，四子乔双禄因年幼协助三哥开店。三店各自经营，相互协作，由于货真价实，诚信经营，其销路由洛阳发展到河南各地，后延伸到湖北、陕西、山西、青海等省，盛名远扬。

1949年初，乔位亭在郑州福寿街开设了当地最大的新新戏衣店。后几经变迁，到1956年公私合营，乔家三店与其他几十家戏衣店联合成立了洛阳文化用品合作社，1957年改为洛阳公私合营文化用品商店，乔家戏衣店宣告结束。

一进院过厅（由南向北拍摄）

任家老宅（东大街55号）

任家老宅坐北朝南，属清末时期建筑。损毁严重，现仅存临街房和二门。临街房二层，三开间，一层宽9米，高3.6米，深6.7米。二门宽1.6米，高2.4米，两侧墙上各有一土地龛。

临街房（由东南向西北拍摄）

门楣砖雕

门楣砖雕（局部）

二门（由南向北拍摄）

二门背面

西侧土地龛

东侧土地龛

残留照壁砖雕

遗存的方形柱础

李家老宅（东大街104号）

李家老宅位于东大街路北，坐北朝南，由4进院组成。

据房主李国富说，他家原来有5进院，现在就剩4进院。李国富后将一进院过厅和二进过厅东侧拆除，盖了新房，由其弟居住，原建筑仅剩过厅西侧。三进上房原是窑屋，是其祖父的住室，现已拆除另盖新房。

临街房（由南向北拍摄）

二门

过厅西侧板壁

二门门楣砖雕（局部）

临街房柱础

二进院过厅

过厅西侧

廉家老宅（东大街 210 号）

廉家老宅为清代建筑，坐北朝南，院落布局基本保留。临街房二层三开间，东西宽9.8米，檐高4.6米。大门过道宽2.8米，长6.6米。于二门之间建有东西厢房各2间，均宽6.3米，高4.5米。二门楼宽3米，高3.5米，门宽0.96米，高2.2米，门前8步石台阶。二进院东西厢房各3间，宽10米，高3.3米。东西厢房之间宽2.8米。三进过厅深9米，宽与临街房相同。与此院紧邻的西院系同一家族宅院，仅存上房，宽约9米，前檐深1.6米，高4.5米。

临街房正面（由北向南拍摄）

临街房背立面（由北向南拍摄）

一进院东厢房（由南向北拍摄）

二门（由南向北拍摄）

院内地坪南低北高

二门上部砖雕封护檐

二进院过厅（由北向南拍摄）

三进院上房

三进院上房

过厅柱础

西跨院（由北向南拍摄）

马家老宅（西大街 91 号）

马家老宅为清代建筑，具体年代不详。坐南朝北，为四进院落。现存大门、二门、一进院过厅、东厢房、二进院过厅等建筑。整座大院布局结构紧凑，建筑气派宏大，二门楼屋面由灰板瓦覆盖，封护檐砖雕有飞椽、檐椽、檐檩、斗拱等，层次分明，工艺精美。柱础石雕和梁柱彩绘均显示当年主人的富有，惜没有完整保留全貌。

二门

二门砖雕封护檐

坐山照壁底部

过厅鼓形柱础

一进院过厅

一进院过厅糙砌青砖后檐墙

二进院东厢房（由西向东拍摄）

三进院夹道

二进院西厢房（由东向西拍摄）

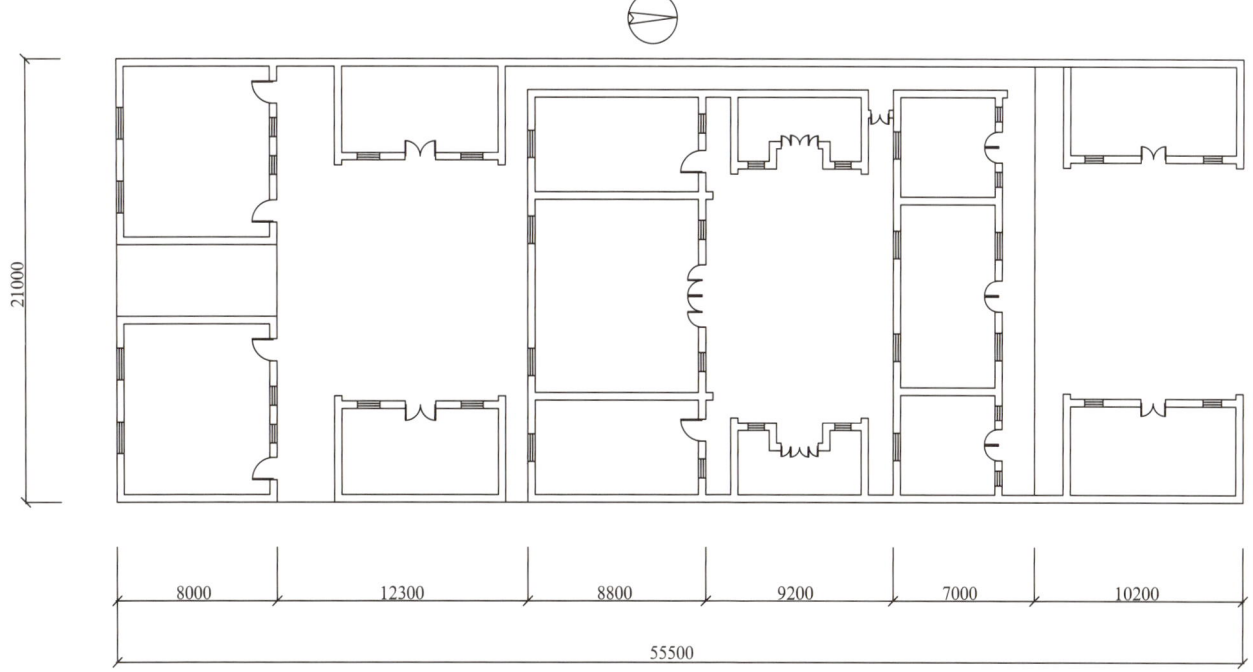
平面图

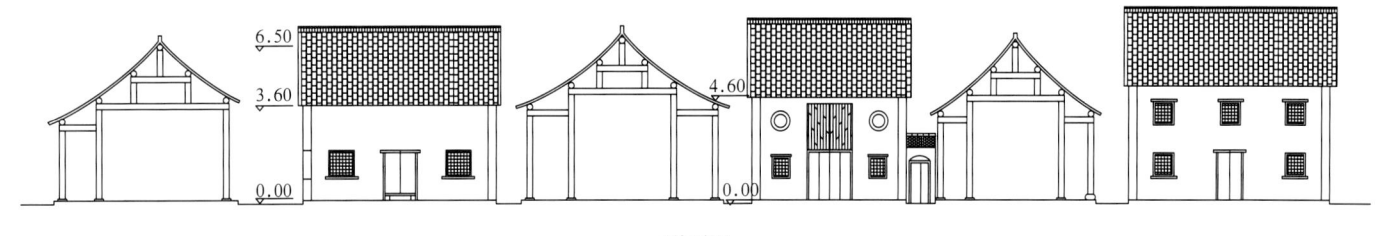

剖面图

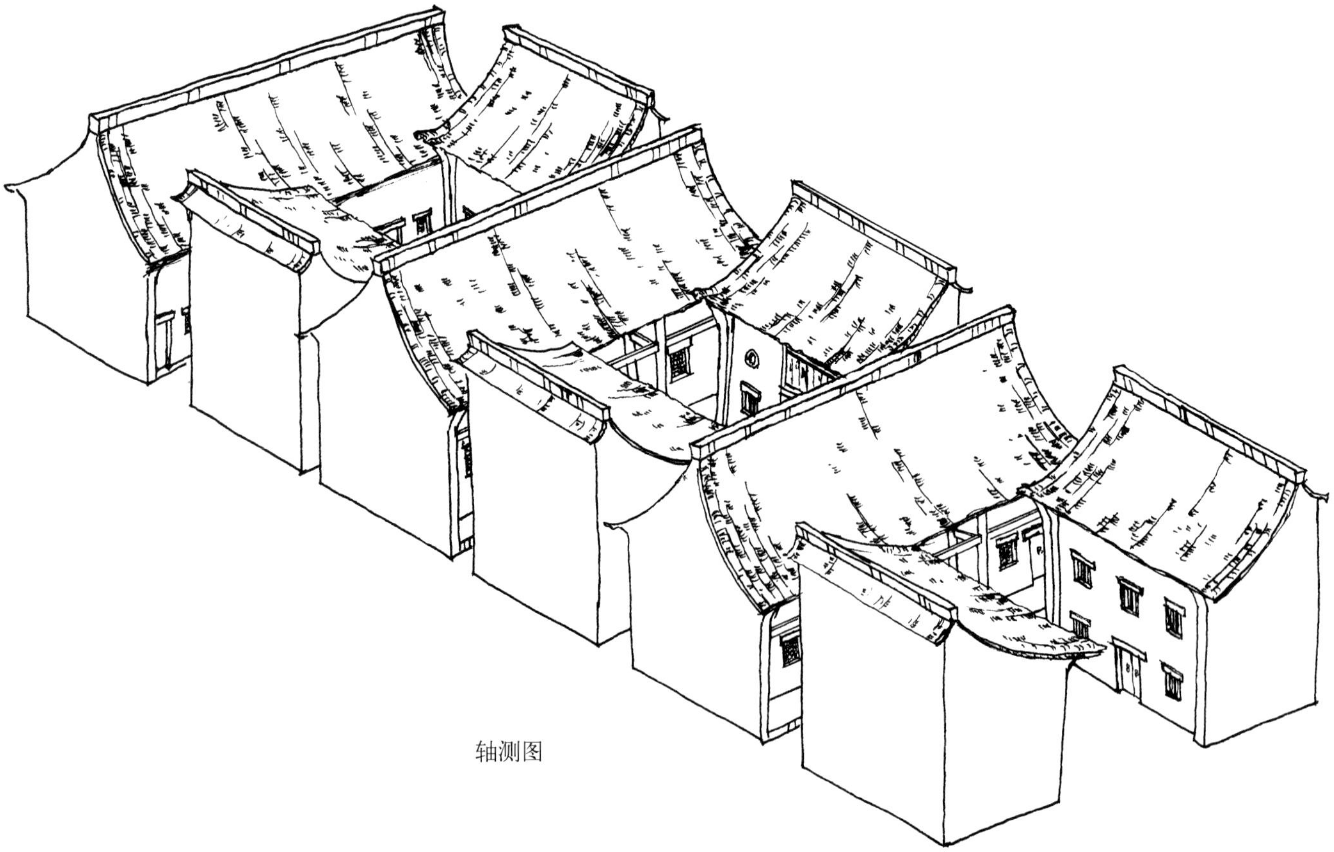

轴测图

李家老宅（西大街136号）

李家老宅坐北朝南，为李氏后人李祖仁于清代建造，具体年代不详。李家老宅毁坏严重，现仅存三开间二层小楼，后山墙上下层各有3扇窗户。

后楼背立面（由西北向东南拍摄）

后楼正面

一楼中部拱形木构件

走马板刻有"延年益寿"字样

柱础

护檐板花叶纹饰

斜纹余塞板

过道门楣砖雕

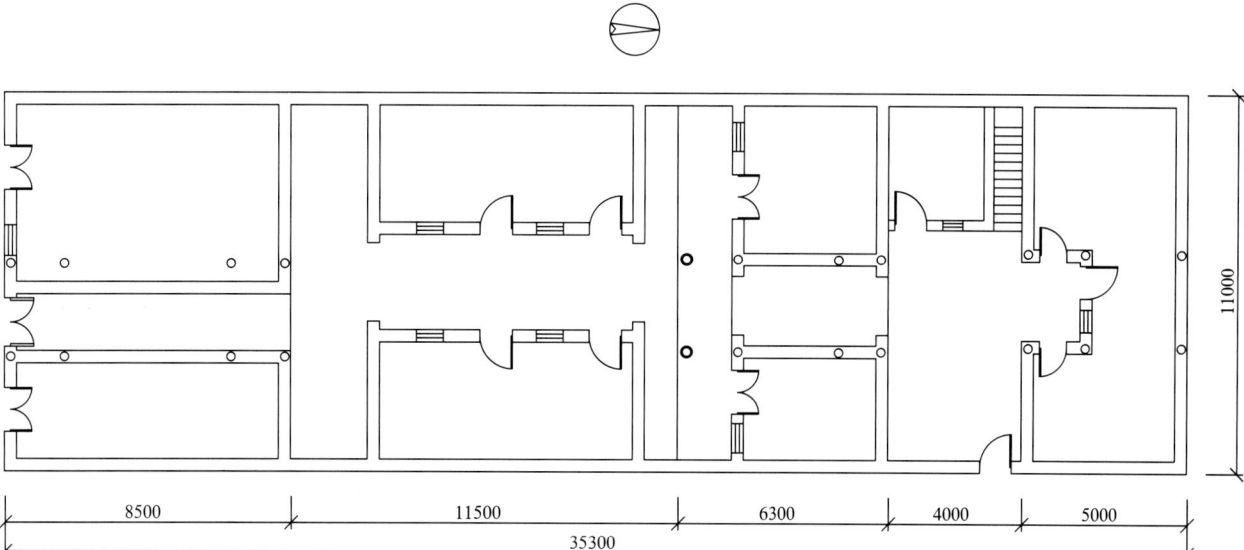

平面图

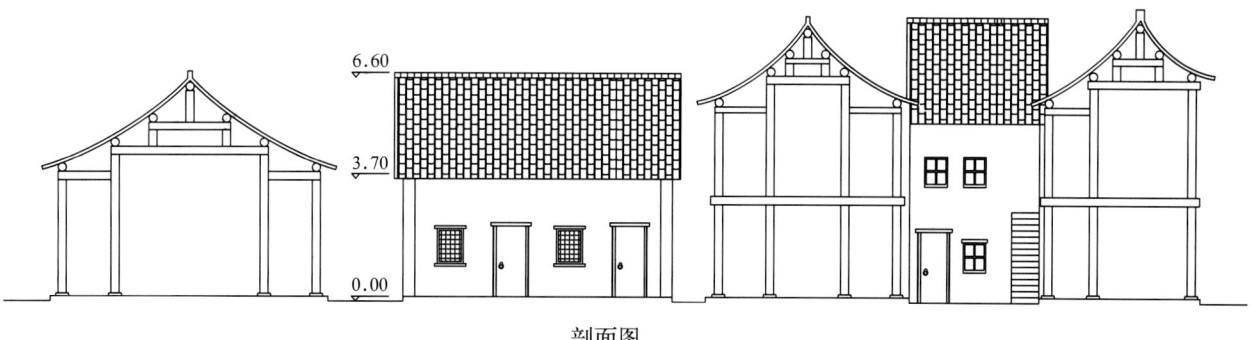

剖面图

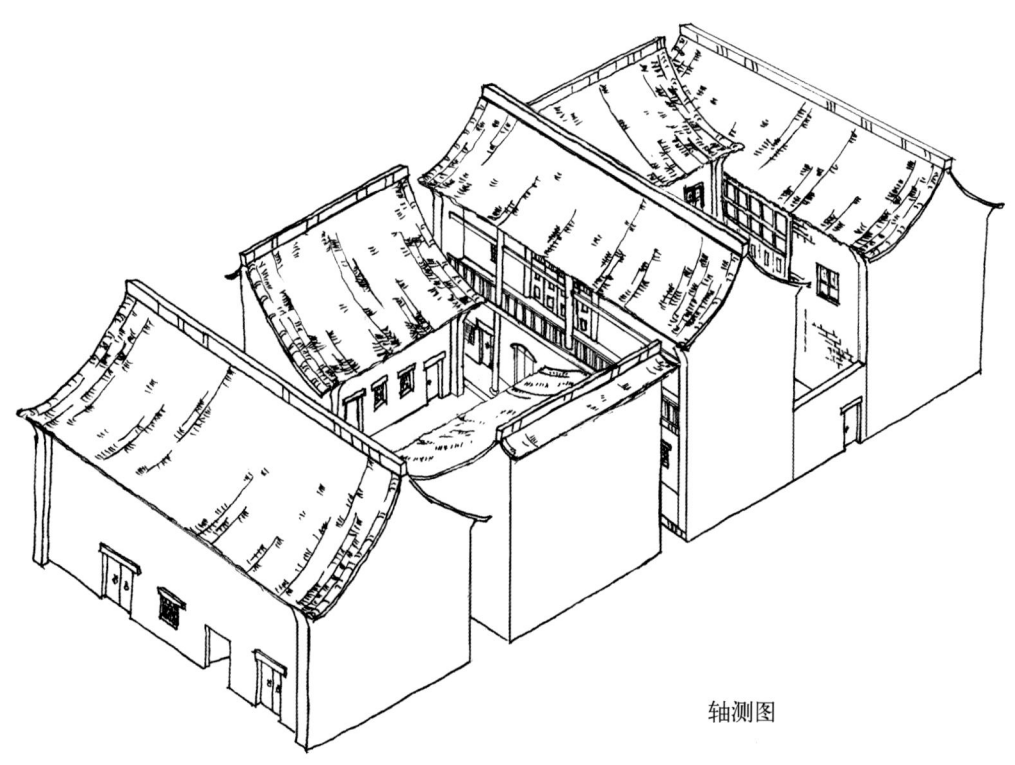

轴测图

吕家老宅（中兴街9号）

吕家老宅坐北朝南，临街房与二门之间西侧有一月亮门。二门檐高3.1米，门宽1米，高2.3米，门两边各有一土地龛。该院建筑损毁严重，与西侧11号民居同为吕氏家族老宅。

二门上部

二门

上房（由南向北拍摄）

上房格扇门

裙板、绦环板

上房梁架

吕家老宅（中兴街11号）

吕家老宅为清代建筑，具体建造年代不详。坐北朝南，保存基本完好，现存临街房、东西厢房、二进院过厅。临街房二层，东西宽10.5米，檐高4.5米，深8米。大门宽1.45米，高2.7米。门道宽2.3米，长4米。东厢房两间宽6.8米，高3米，进深3米。二进院过厅3间，宽10米，深6.7米，室内高6米。前檐深2米，高3.3米。过厅四扇木雕花门宽3.3米，高3米，门两侧各有4扇木雕花窗，宽3.1米，高2.2米。过厅内有两扇木雕后门。整座建筑气派宏大，惜不完整。

临街房正面（由南向北拍摄）

老宅正立面（由西南向东北拍摄）

大门

大门过道护檐板木雕

西厢房

东厢房

过厅梁架

过厅檐柱柱础

过厅格扇窗

过厅格扇门裙板

过厅格扇门绦环板

王家老宅（中和巷8号）

王家老宅坐西朝东，为清代建筑，始建年代不详。现存临街房、一进院过厅、二进院南北厢房、过厅、二门、三进院上房。整体建筑保存不好，损毁严重。

临街房（由东北向西南拍摄）

过厅内景

过厅梁架

临街房背立面（由西向东拍摄）

一进院过厅

过厅格扇门（局部）

过厅柱础

二进院南厢房（左）、北厢房（右）

二门

二进院过厅

三进院上房

寇家老宅（中和巷6号）

寇家老宅坐西朝东。据主人介绍，是祖上从别家买来的，始建年代不详。现存上房完好，其他建筑已改造。老宅主人寇北锁、寇北辰兄弟，以文章、书法名闻洛阳文坛。其子孙辈都痴迷读书学习，擅长书画，喜爱写作，荣获"书香之家"美誉。

上房中部（由东向西拍摄）

格扇门

无名老宅（中和巷24号）

老宅坐西朝东，属清代建筑，建造者和年代不详。整体建筑损毁严重，现存照壁和土地龛砖雕纹饰精美，从侧面反映了老宅建筑的风貌。

坐山照壁

土地龛

土地龛左侧砖刻对联

土地龛右侧砖刻对联

土地龛上部砖雕

刘茂恩旧居（西和巷8号）

刘茂恩（1898～1983），民国三十三年（1944）曾任河南省主席，他奉哥刘镇华之命，在洛阳老城修建宅院。其宅院坐北面南，由南向北为三进宅院，现存二进院西大门、过厅、厢房、上房。大院占地面积约2000平方米。新中国成立后，宅院曾作为西和巷小学校舍。

临街房（由西南向东北拍摄）

一进院过厅（由南向北拍摄）

过厅云墩

过厅雀替

过厅雀替

过厅阁楼（局部）

过厅阁楼（局部）

过厅梁架

过厅柱础

二进院西厢房（由东南向西北拍摄）

上房（由南向北拍摄）

上房西部

上房中部

上房东部

上房二楼

二楼格扇门

上房柱础

上房后墙封护檐

一楼槛窗

东侧墀头

上房原后门

上房后墙封护檐

安家老宅（西和巷36号）

安家老宅建于民国癸酉年（1933），原为四进院，现存两进院。安家祖辈经商，民国时曾在西大街与乡范街口开设"义瑞隆"商号。临街房两间宽5.4米，过厅入深5.5米，前檐深1.8米，高3.5米，过道宽3.2米。后院厢房3间，总宽8米，檐高2.8米。上房两层，下有地下室。上房总宽9米，高4.3米，一层进深5.3米，前檐深2米；二层檐高1.8米，檐深2米。后门宽0.9米，高2米，过道宽1.5米，长7.3米。

现大门（原后门　由北向南拍摄）

现一进院（原三进院　由南向北拍摄）

二楼护檐板木雕

现二进院（原四进院）上房

室内板壁

随檩板上建房题记

上房门上部　　　　　　　　　　　　　上房门裙板

无名老宅（文明街6号）

老宅坐南朝北，原房主不明，二门门楣上砖刻"福禄寿"3字，门西侧离地面高约1米处有一土地龛，宽0.27米，高0.63米。

二门（由西北向东南拍摄）

二门上部封护檐砖雕

门楣砖雕"福禄寿"

门西侧土地龛

杨家老宅（三复街9号）

　　杨家老宅坐北朝南，始建者和年代不详。现存临街房和东厢房，均为二层建筑。临街房总宽6.2米，一层高3米。大门宽0.97米，高2.2米；门道长7米，宽1.5米。东厢房宽6.9米，高4.8米，进深3.1米。建筑基本完好，砖雕精美。

二层临街房（由西北向东南拍摄）

临街房背立面

临街房墀头

东厢房二层

临街房墀头砖雕（局部）

临街房二楼牖窗　　　　　　　　　　　　　　一楼牖窗

东厢房上部

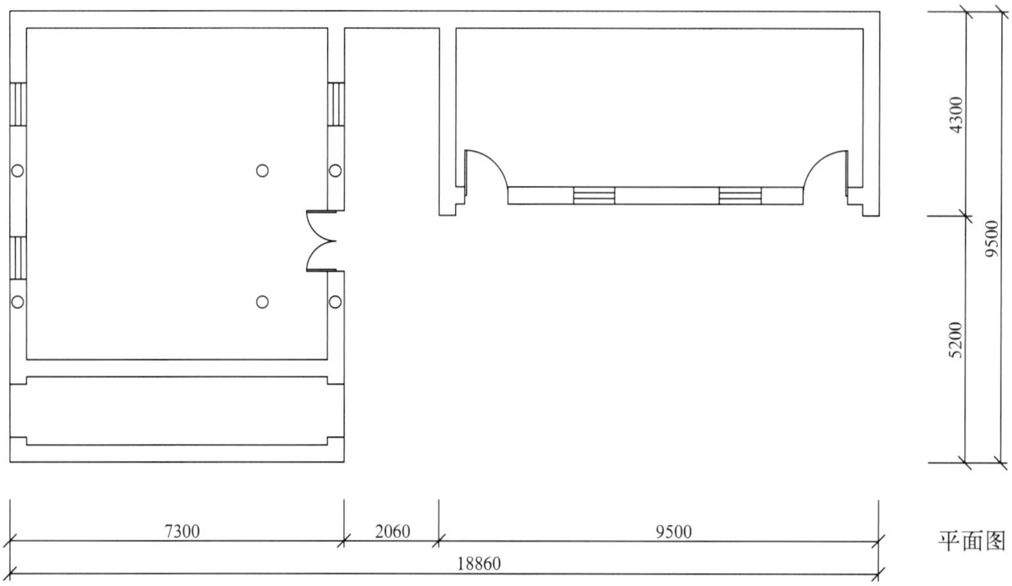

平面图

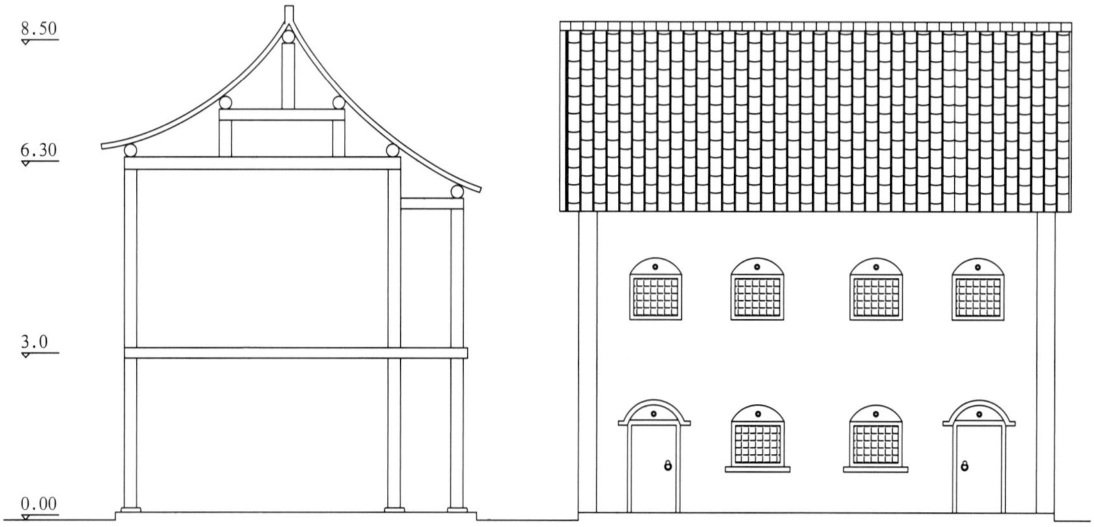

剖面图

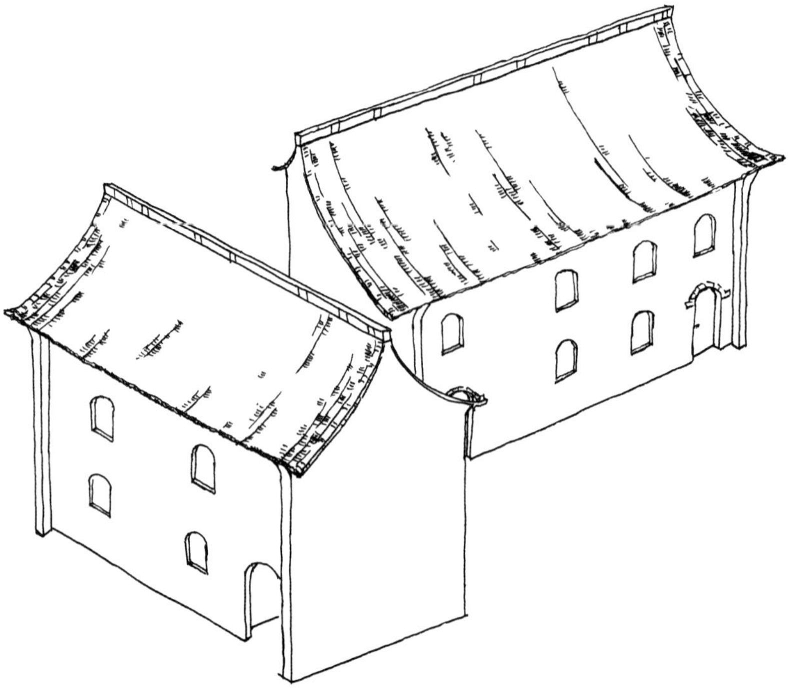

轴测图

王家老宅（明新街 14 号）

王家老宅坐北朝南，毁坏严重。大门为木雕垂花门，门东侧有地下室，西侧有水井、石栏。现仅存东西厢房。东西厢房各5间，单间宽2.3米，进深3米，檐高3.8米。据当地居民讲，该院为吴佩孚属下一团长住宅。

垂花门正面（由南向北拍摄）

垂花门侧面

垂花门上部

门额砖雕"福寿康宁"

大门东侧防空洞入口　　门楼背立面（由北向南拍摄）　　门楼顶部望砖"八卦"纹饰

院内（由北向南拍摄）

潘家老宅（明新街12号）

潘家老宅坐北朝南，毁坏严重，仅存上房为二层，东西宽9米，檐高5.3米，一层高3.3米。

大门过道

临街房前檐一侧

檐柱柱础

前院内景（由南向北拍摄）

徐培斋故居（御路街 31 号）

徐培斋故居是民国时期洛阳剿匪英雄徐培斋先生故居，坐东朝西，始建于民国十一年（1922），现存临街房、二门、北厢房和上房。二门上有砖雕"东海家声"4字，字迹已部分损坏。上房为三开间，上下两层，南北宽6.9米，入深4米。上房内西侧卧室宽2.9米，长4.4米，卧室门上方匾额书"退省"2字，为书法家林东郊书写。上房前檐深2.1米，东侧设木楼梯，西侧为过道，长4.4米，过道门上砖刻"瑞带斜阳"4字。现存建筑砖、木、石雕图案精美，保存完好。室内陈设家具古色古香，与室外建筑相得益彰。

徐培斋原名徐体育，字培斋（1882~1929），享年47岁。历任洛阳各镇、县、区警长，剿匪灭盗，奋勇向前，功绩卓著。他还兴办蚕桑局，注重教育，深受百姓爱戴。洛阳商务书馆于民国十五年（1926）出版《汗颜集》，收录洛阳本地名人赠与他的诗文、牌匾、对联等。

临街房（由西南向东北拍摄）

二门（由西向东拍摄）

二进院（由西向东拍摄）

上房

上房一楼中厅

北厢房室内门额为林东郊题"退省"

二楼走廊（由北向南拍摄）

悬挂在中厅的"徐培斋德政碑"拓片

"徐培斋德政碑"拓片局部。此碑由洛阳叶连三撰文、李鼎岑（李振九）书丹、薛肯堂铁笔。

二楼两侧木板壁

北板壁门额李鼎岑（李振九）书"读书寡过"

南板壁门额许鼎臣书"养身择友"

上房云墩木雕莲花

过道门额"瑞带斜阳"（林东郊书）

上房门墩

上房柱础

"德高望重"匾额

阮家老宅（连市胡同6号）

阮家老宅位于连市胡同路西，坐西朝东，建于清朝末年。整体建筑保存完好，分别为临街房、南北厢房、上房三部分。临街房面阔3间。北次间侧为大门及门道，南北厢房各两间。上房为两层，上下均出前檐。一层南侧为楼梯，其下方为后门道，宽0.8米。老宅总占地约350平方米。

临街房（由东北向西南拍摄）

阮宅内景（由西向东拍摄）

上房二楼檐廊

南北厢房及上房（由东向西拍摄）

临街房及厢房屋面（由西向东拍摄）

老宅·LUOYANGMINGQINGJIANZHU / 57

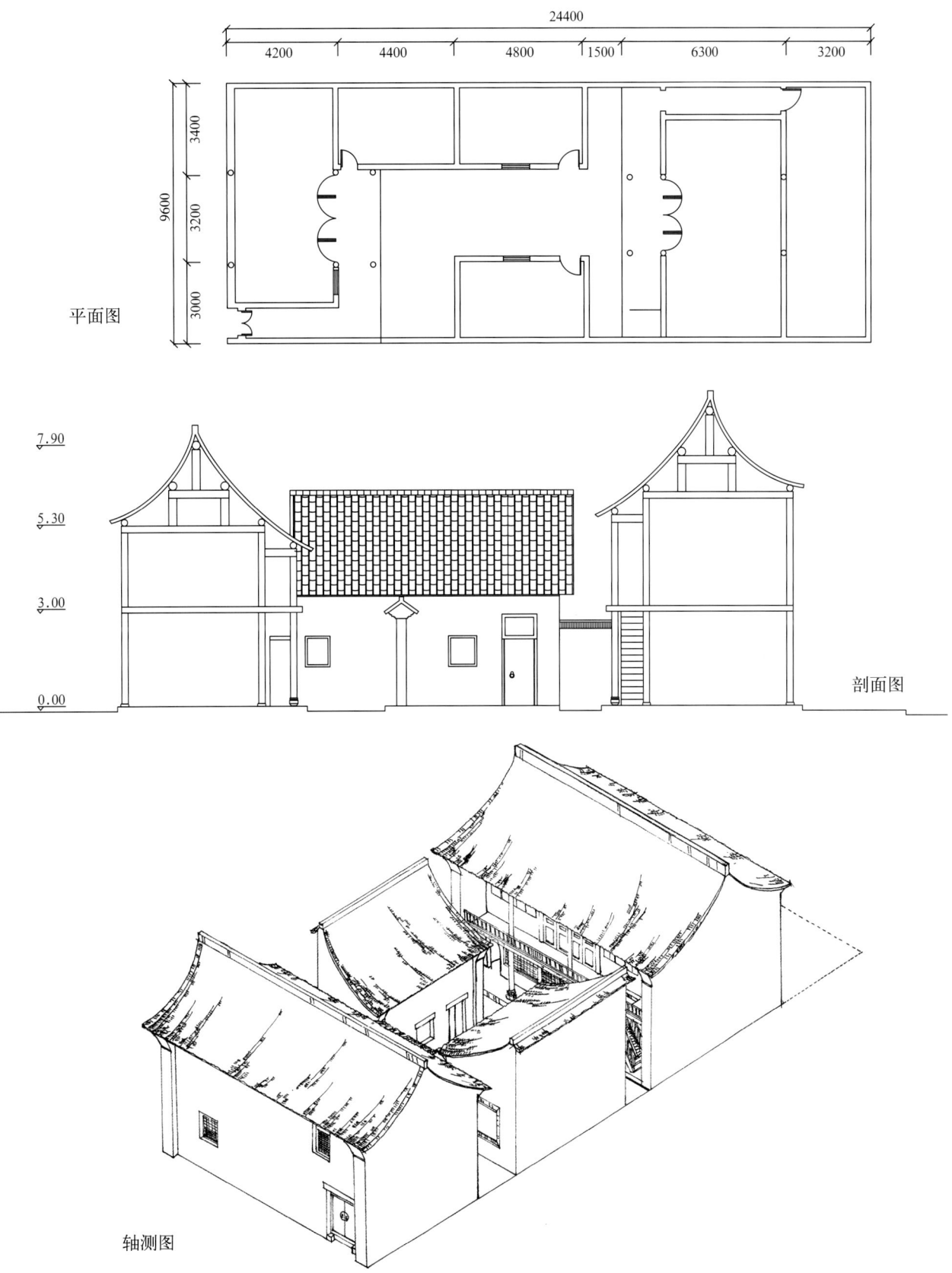

平面图

剖面图

轴测图

寇家老宅（南大街 76 号）

老宅位于南大街76号，坐西朝东，始建年代不详，曾为寇家老宅，后为洛阳百文站家属院。现存临街房、二进院和民国时期三层小楼。小楼一层为三孔砖砌窑洞，单孔宽2.3米，深6米，独具特色。

临街房（由东向西拍摄）

二进院（由西向东拍摄）

上房一层屋门

一层砖砌窑洞

窑洞内景

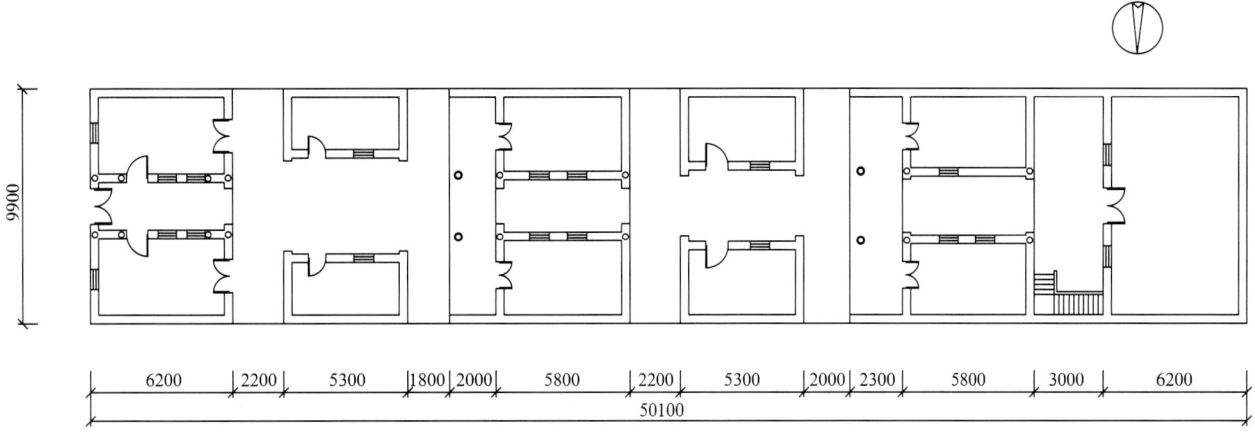

平面图

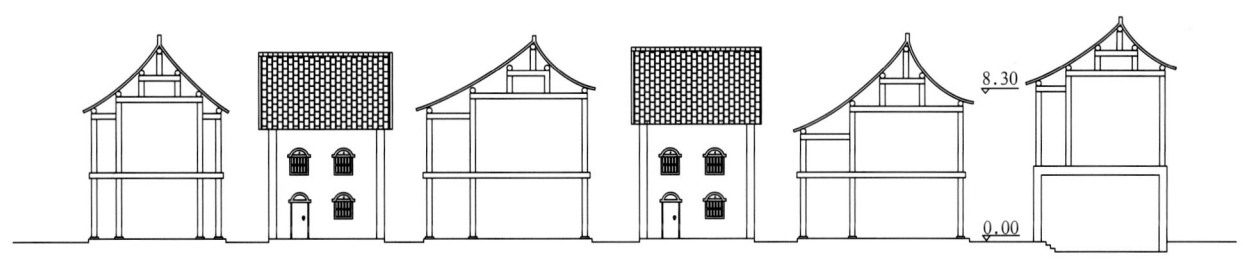

剖面图

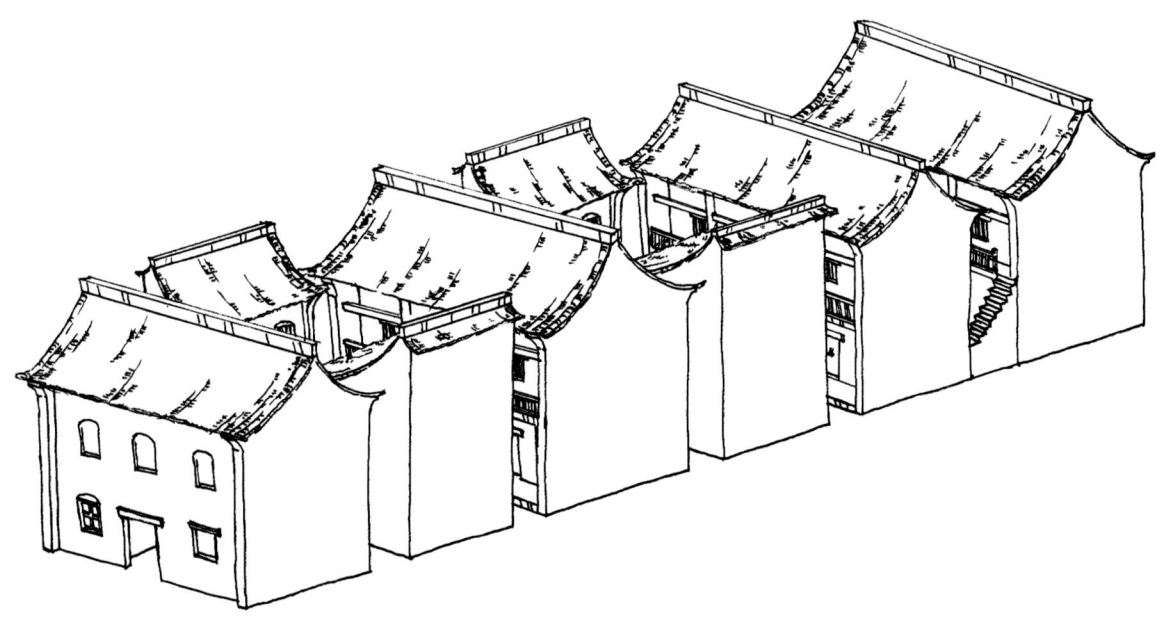

轴测图

武庭麟老宅（鼎新街5号）

武家老宅位于鼎新街中段路南，为国民党十五军军长武庭麟所建。现存前后两院，坐北朝南。大门宽1.4米，高2.8米，圆券门，门楣宽1.4米，高0.28米，上刻4字不清，四周有砖雕图案。前院保存不好，后院现存二层小楼据传为武庭麟藏书楼，一说为避暑楼，一层檐下4柱，柱础雕刻精美，第一次调查后被盗。整体保存基本完好。

临街房正面（由南向北拍摄）

雕有"福"字的过厅柱础

砖券窑洞

前院过厅（由南向北拍摄） 前院东厢房（由南向北拍摄） 二层小楼侧面（由西北向东南拍摄） 券门

窑洞内景　　　　　　　　　　　　　　　　券门上部

石雕蟾蜍柱础（现已被盗）　　　　　　　　　　　　　门楣

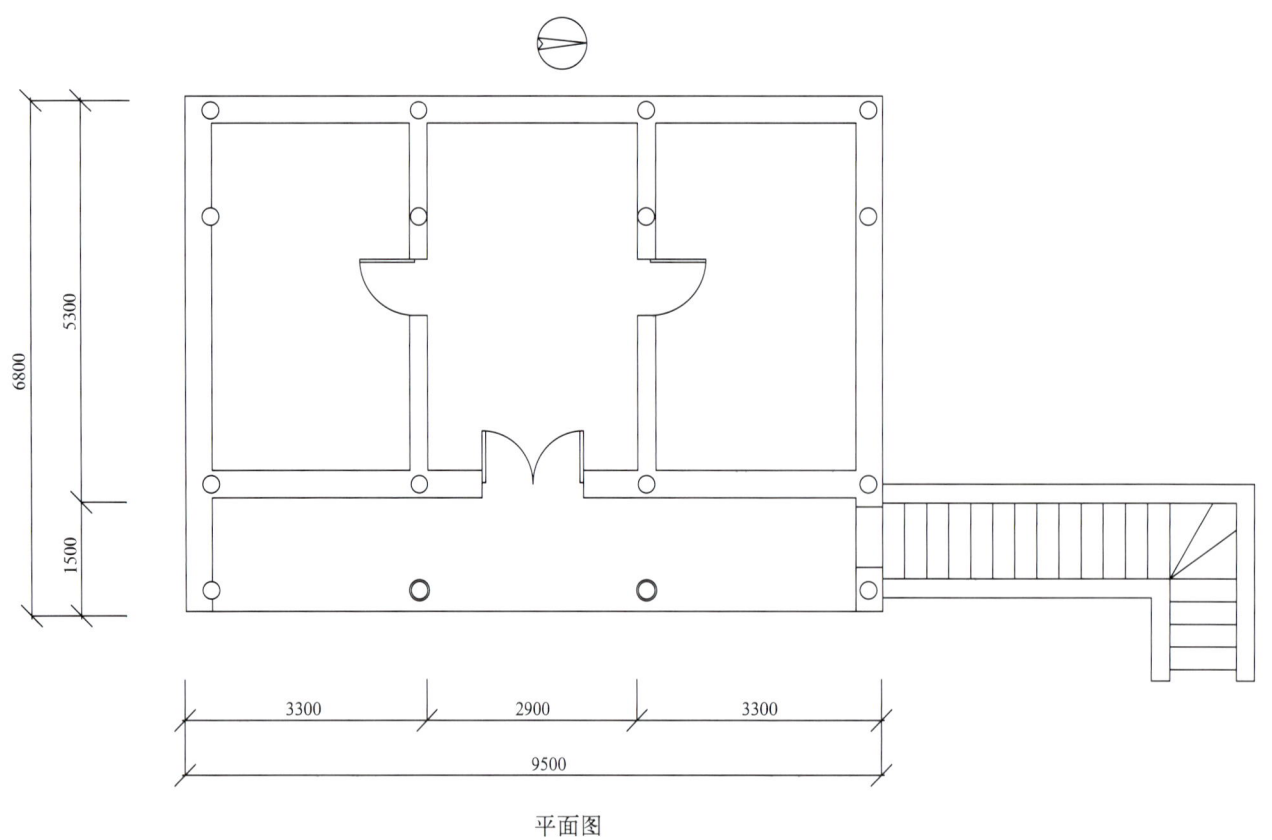

平面图

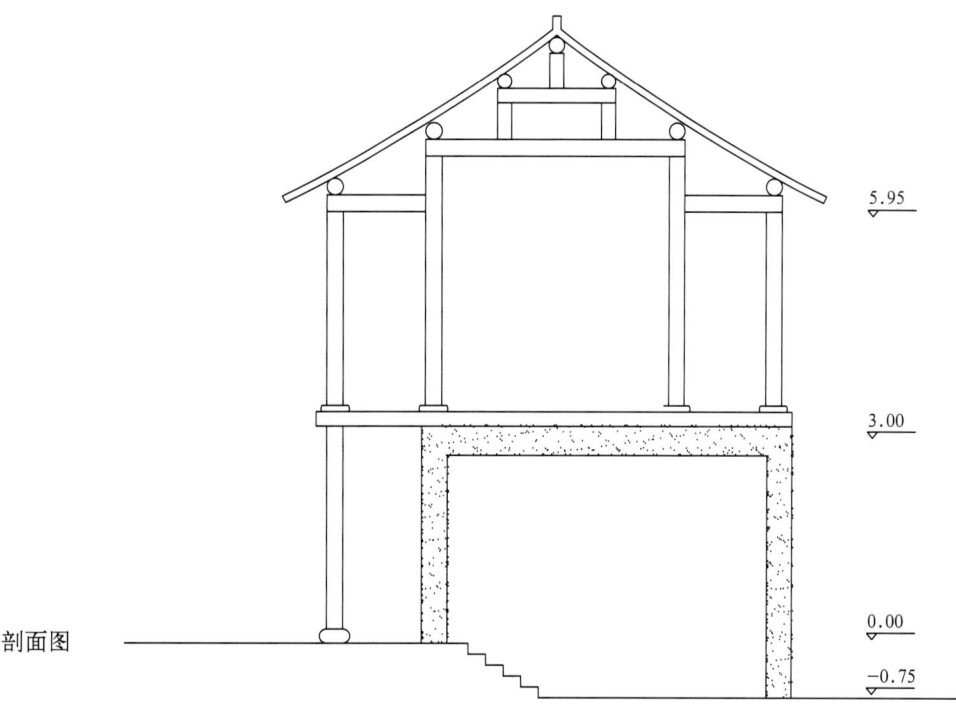

剖面图

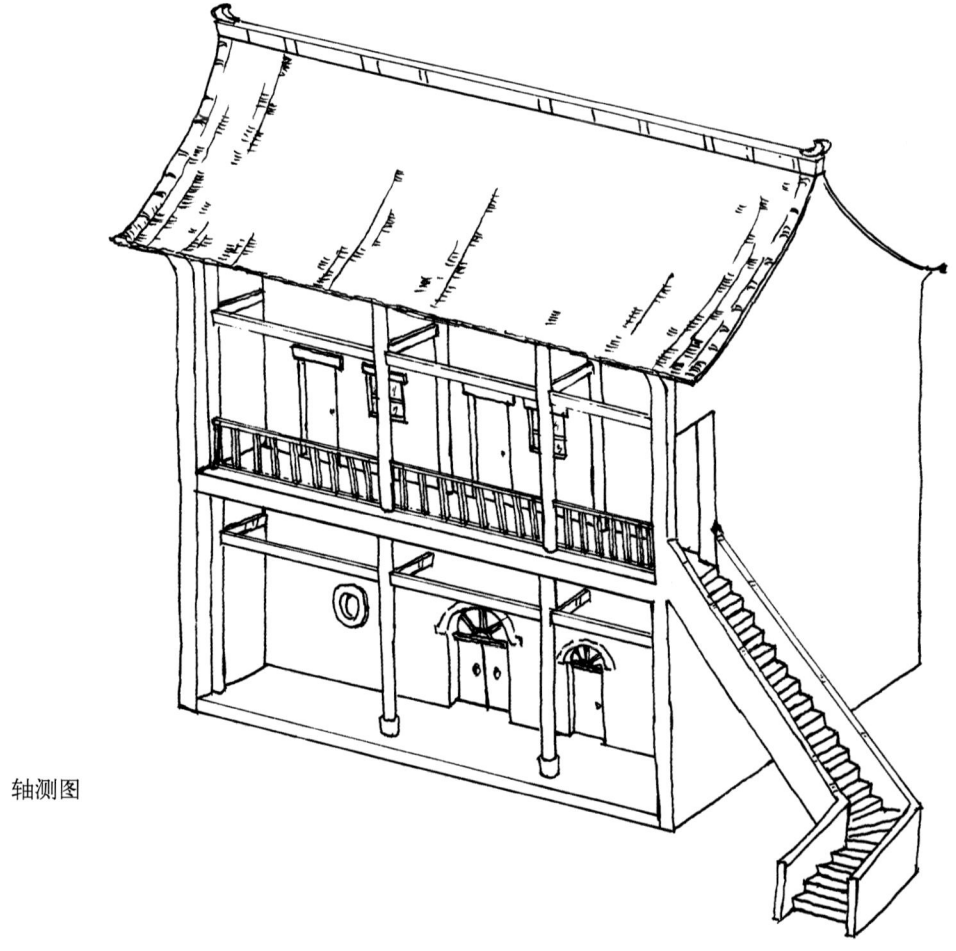

轴测图

马家老宅（顺城东街46号）

马家老宅坐北朝南，始建年代不详。仅存临街房3间，宽10米，前檐深2.1米，高4米。大门宽1米，高2.3米。门道宽1.6米，长4.3米。

临街房正立面（由西南向东北拍摄）

东邻临街房（由西南向东北拍摄）

照壁西侧土地龛

过道内券门上部

大门　　　　　　　　　一进院过厅（由南向北拍摄）

散落此院的大型方柱础

董家老宅(农校街 32 号)

董家老宅坐北朝南,建于清代,硬山式建筑,占地2000平方米。现有4进宅院,从南至北依次为临街房、过厅、厢房、上房。大院大门在临街房正中,围墙内两侧设便道,大院有后花园。

董家老宅主人董笃行,字嘉宾,号天因(1612~1687),清顺治三年(1646)进士,官至十三省都察院左副都御史。他一生为官清廉,对贪赃枉法的官吏大胆弹劾,不留情面。乐于帮助平民百姓,平易近人,百姓称其为"董老官"。

临街房侧面

临街房正面(由南向北拍摄)

临街房背面

一进院(由南向北拍摄)

一进院过厅

一进院过厅上部

一进院过厅背立面（由北向南拍摄）

二进院西厢房

二进院东厢房

过厅梁架

二进院过厅残留立柱

二进院过厅房基

三进院东厢房（由西南向东北拍摄）

三进院西厢房

三进院上房

西跨院带檐廊平房（由西南向东北拍摄）

三进院上房梁架

檐廊东端

檐廊券门

东端房门上部

柱础

檐廊平房东山墙

53000
32000
21000
6500
10600
9200
4500
9000
9000
8500
7500
11000
3500
7000
2000
1800
1400
97600
1800
2300
2000

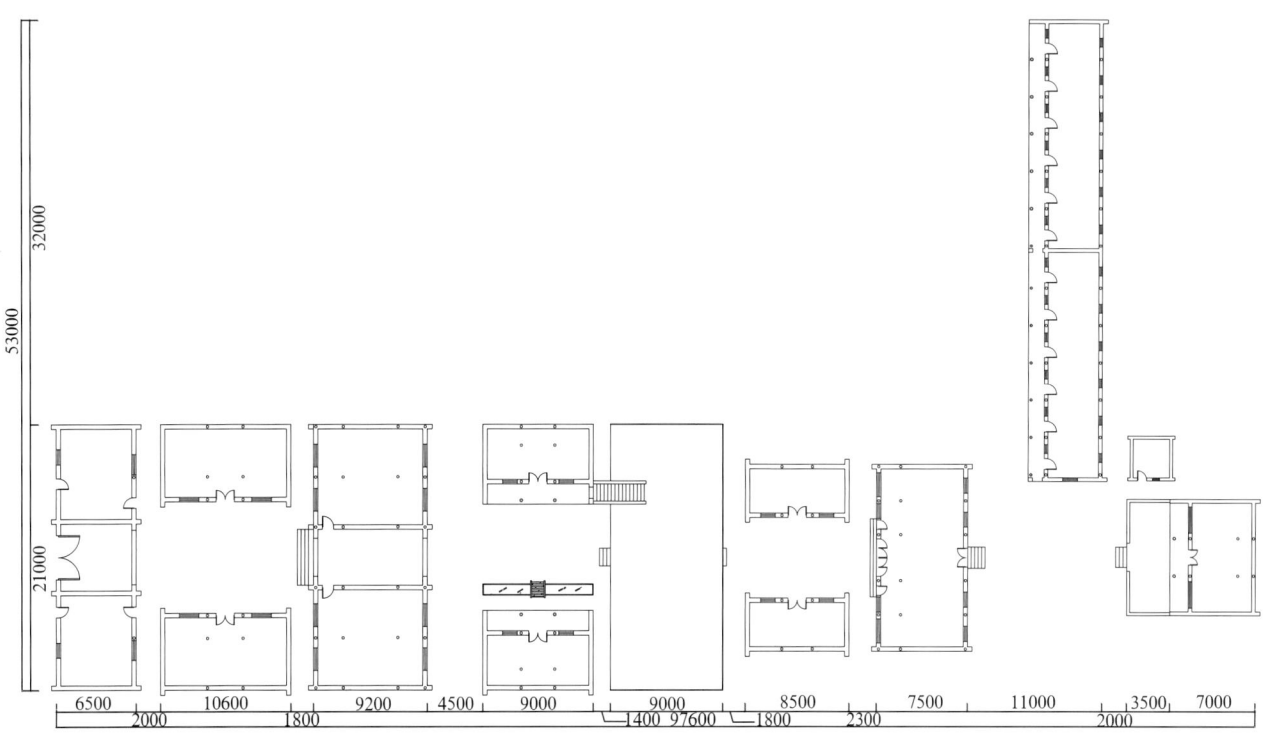

平面图

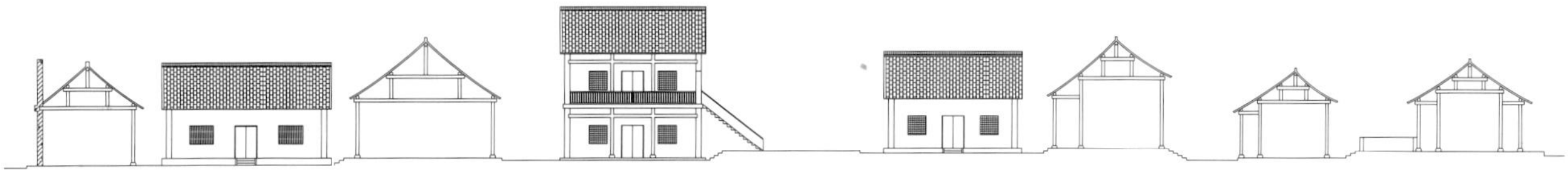

剖面图

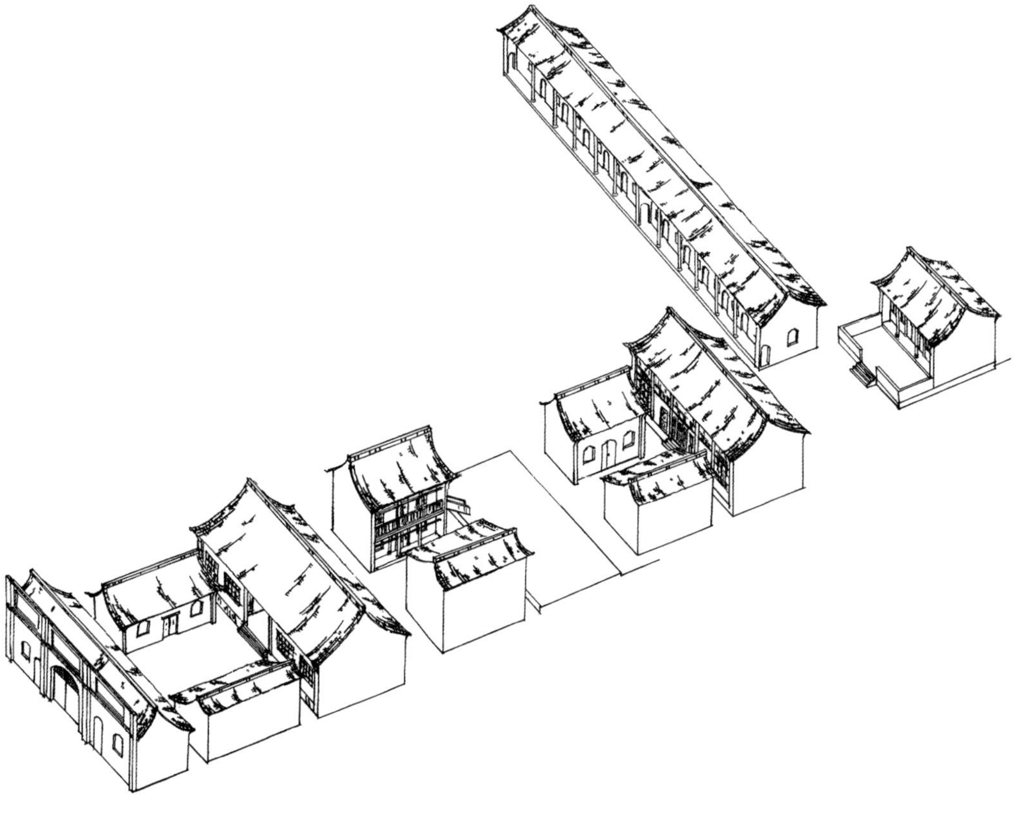

轴测图

何家老宅（仙果市街36号）

何家老宅位于仙果市街36号，始建年代不详，坐东朝西，为三进院，保存基本完整。现存临街房南北宽9.4米，东西深8米，北侧为大门，门道宽1.9米，高2.7米，长4.2米。大门两侧各有一石鼓形门礅。二门两侧各有一土地龛，门宽1.5米，高2.4米。上房三间，南北宽10米，东西深5.6米，高4米，上房南侧过道通后院，宽1.1米。长3.7米，后院南北厢房东西宽5.4米，进深3米，高3米。

临街房（由西向东拍摄）

大门上部

大门（由西向东拍摄）

二门

二进院

大门门墩

"松鹿延年"门墩

"犀牛望月"门墩

上房门墩　　　　　　　　　　　　　　　　　　　上房檐柱柱础

二进院上房

孙家老宅（阜安街13号）

孙家老宅位于老城区阜安街13号，坐北朝南，始建年代不详。虽然毁坏严重，但仅存的过厅保存完好，古色古香，是老城民居建筑中独具特色的一处单体建筑。檐下云墩木雕西边是海棠，东边是莲花，中间为牡丹，均做工精细。其他包括门窗在内的木制结构完好无损，难得一见。室内陈设基本保持原貌，完全展现旧时生活场景。据主人讲，该建筑已先后有9代人在此居住，推测为清中期建造。

过厅（由南向北拍摄）

中部云墩木雕

屋檐中部

西侧云墩木雕

东侧云墩木雕

过厅内部（由北向南拍摄）

东侧格板扇门

过厅后门

马家老宅（里仁巷 31 号）

马家老宅位于里仁巷31号，坐北朝南，始建年代不详。现存临街房宽10.5米，前檐深1.7米，高3.2米。大门宽1.3米，高2.3米，门洞宽1.3米，高2.3米。过厅面阔三间，宽10.5米，檐高3.3米。格扇门每扇宽0.6米，高1.85米。

临街房（由西北向东南拍摄）

大门

临街房背立面（由南向北拍摄）

散落此院的汉白玉石鼓

过道券门上部　　　　　　　　　　上房云墩木雕

上房（由北向南摄）　　　　　　　上房格扇门

无名老宅（里仁巷 32 号）

原宅房主不明，始建年代不详。仅存过厅宽11米，进深6.2米。前檐深2米，高4米。

檐柱柱础　　　　　　　　　过厅　　　　　　　　　格扇门裙板和绦环板

过厅云墩木雕　　　　　　　　　　过厅梁架

无名老宅（魏家街5号）

原宅房主不明，始建年代不详。仅存临街房3间，宽11.5米，前檐深2.2米，高5.2米，门道长5.3米。

西檐柱柱础

东檐柱柱础

临街房檐廊

武庭麟旧居（井胡同 26 号）

位于井胡同路南，坐北朝南，相传为武庭麟公馆，始建年代不详。新中国成立后为西工区家属院。院内建筑属中西合璧式风格，现存过厅、东西厢房、南房。过厅宽6.5米，檐高3.7米，过道长9米。东西厢房为二层建筑，上下两层各3间，每层宽10米，檐高6米，深6米，房门宽1.2米，高2.9米。南房宽11.4米，进深9.2米，檐高3.8米。

临街房背立面（由西南向东北拍摄）

临街房东山墙上部

墀头侧面

西楼（由东向西拍摄）

东楼（由西向东拍摄）

拱券门窗

张家老宅（井胡同 22 号）

张家老宅坐西朝东，始建年代不详，毁坏严重。现存的临街房为6开间，门道宽1米，高2.3米，长6.5米。院内的木照壁虽损坏严重，但较为少见。

临街房（由西北向东南拍摄）

临街房南侧

南侧墀头

临街房砖雕封护檐

大门内北墙

大门内南墙

门闩洞

大门背面（由西向东拍摄）

木照壁

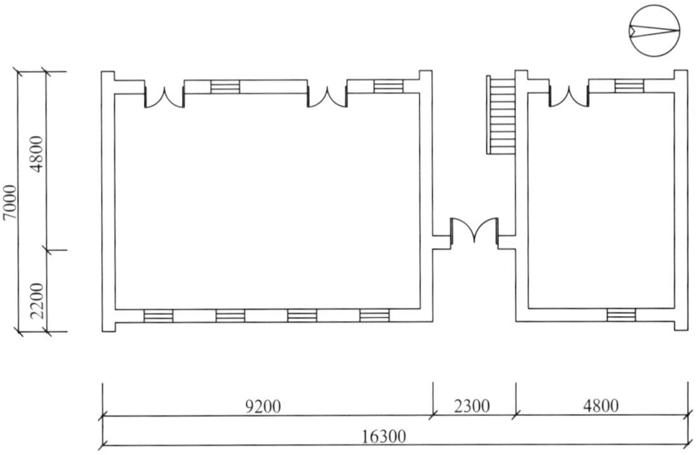

平面图

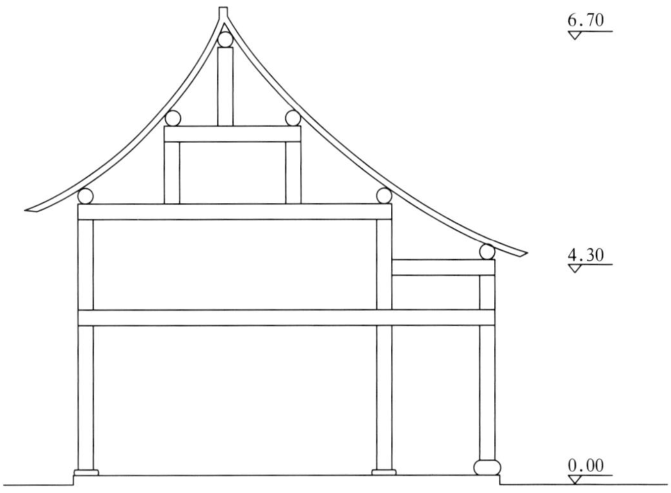

剖面图

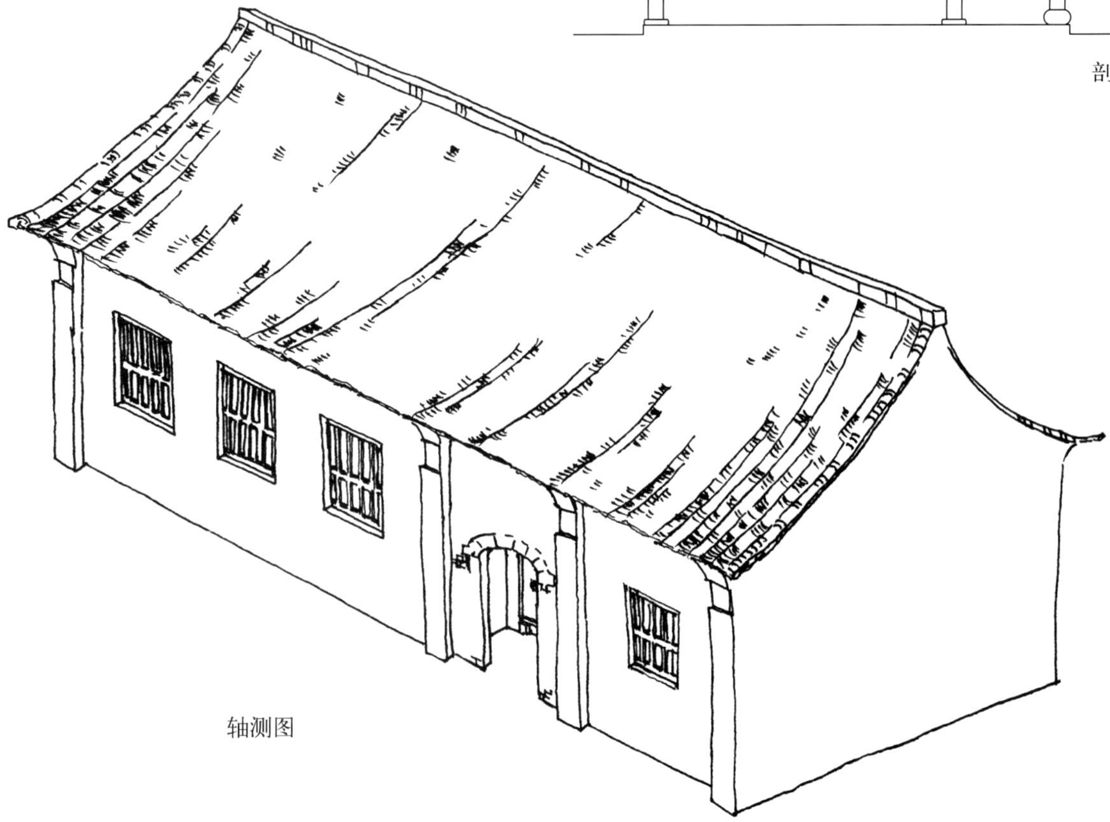

轴测图

冯家老宅（高平南街 8 号）

冯家老宅为清代建筑，位于高平南街路西，坐西朝东，始建年代不详。冯家由山西迁洛，世代经商，民国期间重修宅院。门楼保存基本完好，大门朝东，净宽3米，檐高4.6米。院内二门为月亮形，南面建房三间，北面为四间上房，院内有地下室，西厢房已毁，东厢房面阔3间。其建筑风格独特，惜已严重毁坏。

门楼上部

门楼（由东南向西北拍摄）

南侧墀头砖雕

北侧墀头砖雕

北侧围墙上部花墙

二门（由西向东拍摄）

东厢房（由西北向东南拍摄）

过厅

上房（由东南向西北拍摄）

上房梁架

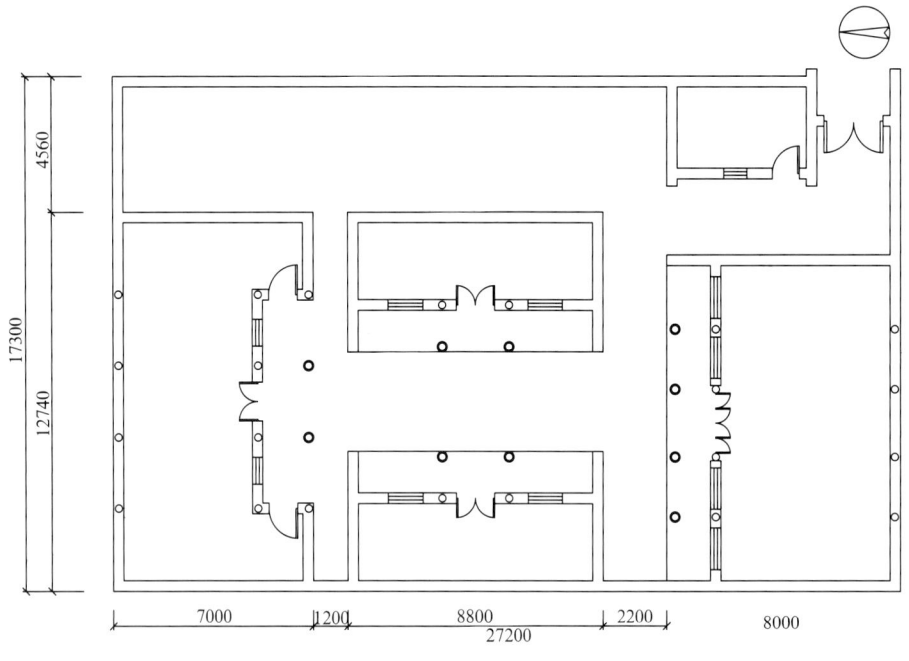

平面图

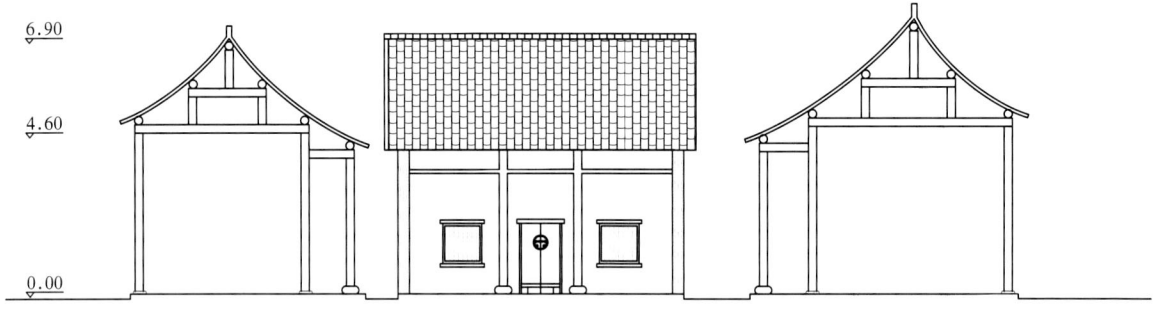

剖面图

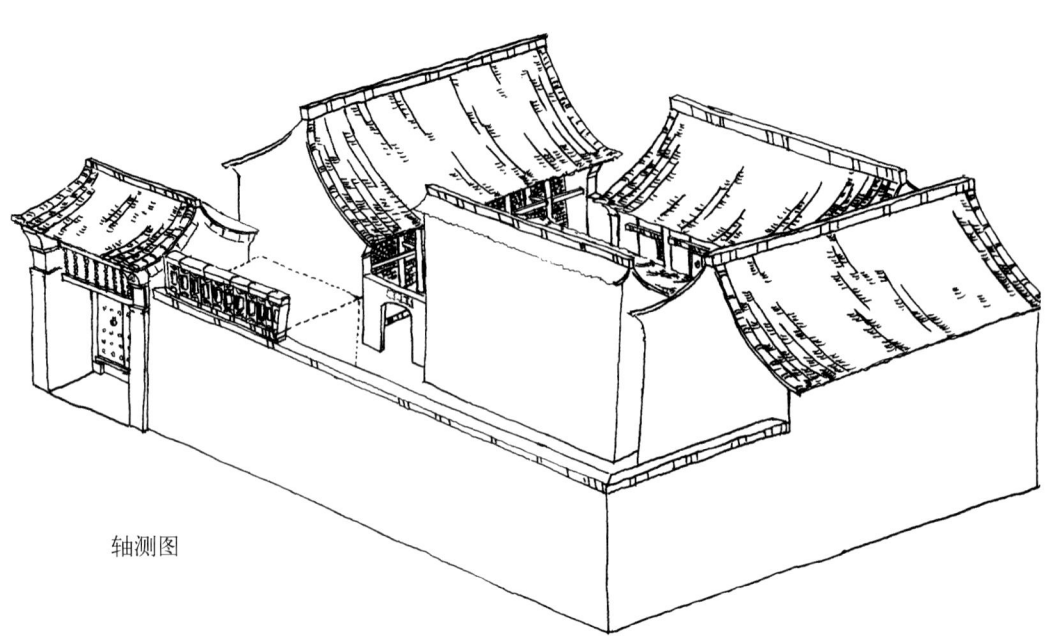

轴测图

庄家老宅（贴廓巷19号）

庄家老宅位于贴廓巷路南，坐北朝南，属庄家清代民居建筑之一。新中国成立后曾为工农村高级社所在地。现存临街房、二进院东西厢房、三进院东西厢房。二进东厢房面阔两间。三进东西厢房为二层，各两间。院内建筑砖雕、石雕精美，图案各异。

临街房正侧面（由西北向东南拍摄）

临街房墀头砖雕

西厢房与临街房背面

二进院内景(由南向北拍摄)

临街房走马板刻有"大吉羊(祥)"字样

院内双孔石构件

东、西厢房前檐壁上"文化大革命"时期的标语

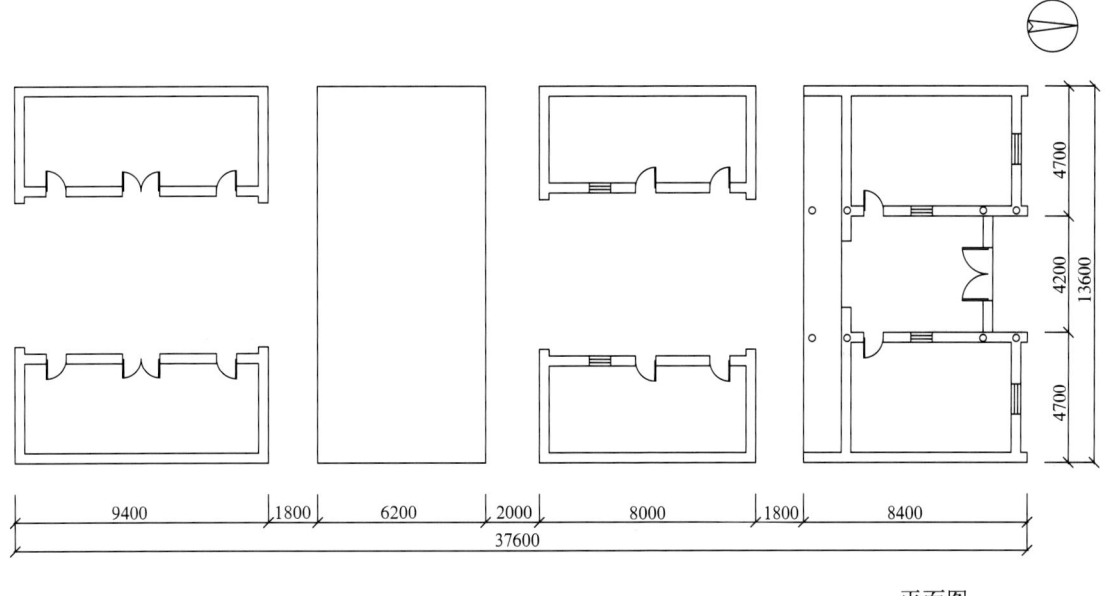

平面图

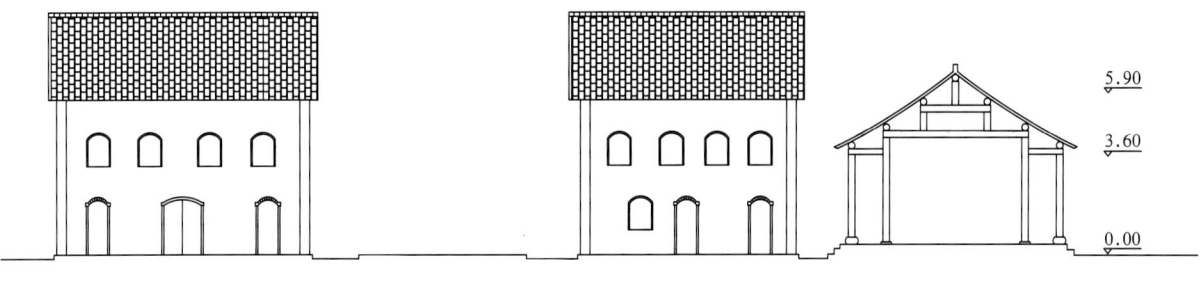

剖面图

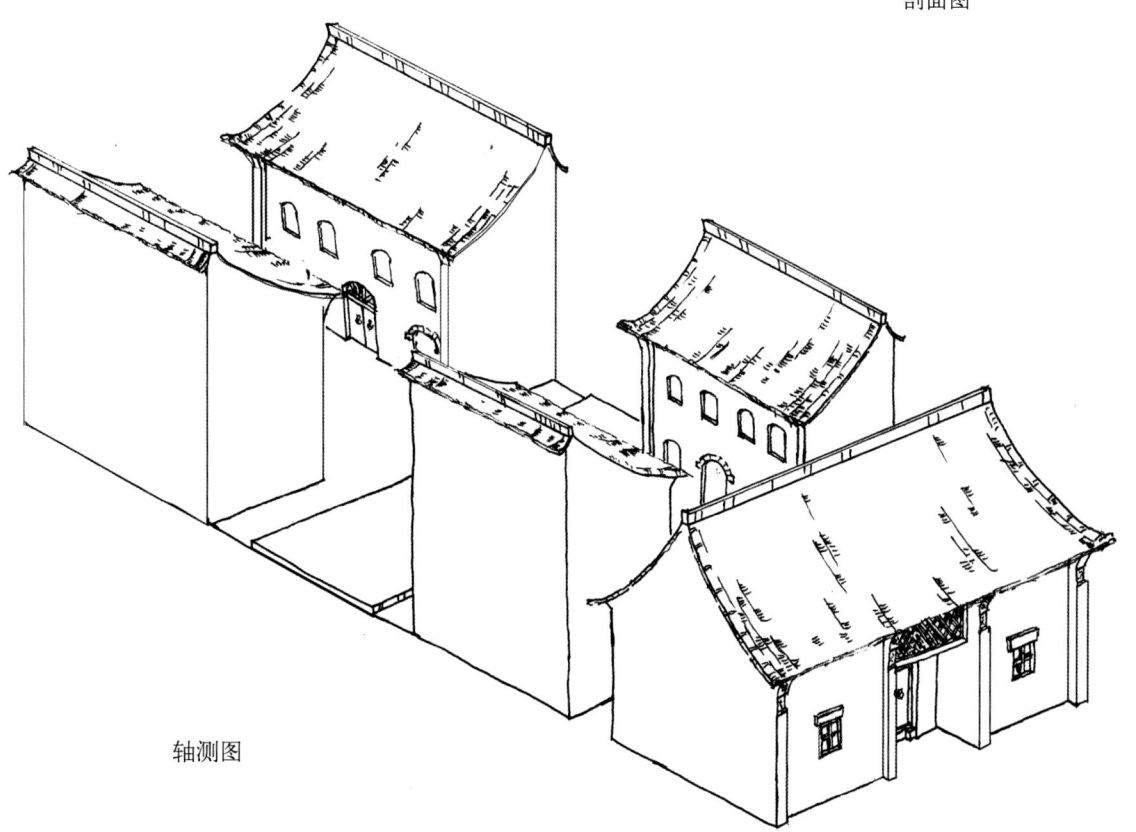

轴测图

庄家老宅（贴廓巷 23 号）

庄家老宅是庄家清代民居建筑群之一，坐南朝北，为三进院落。现存二进院东厢房，三进院东西厢房和上房。二进院厢房面阔两间，三进院东西厢房为二层，各两间，整体建筑保存基本完好。

带铁乳钉的二门

二进院（由北向南拍摄）

二进院过厅

檐柱柱础

三进院（由北向南拍摄）

外墙已坍塌的西厢房

上房方形柱础

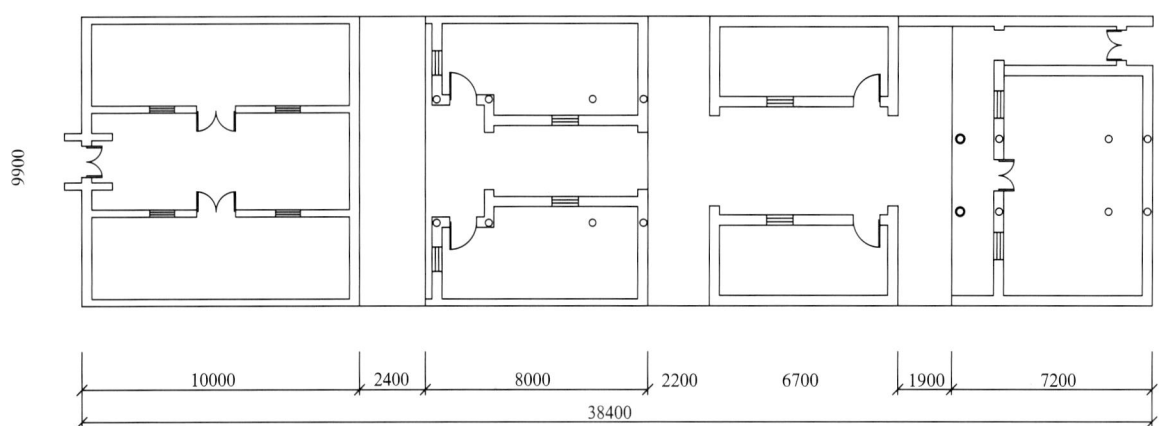

平面图

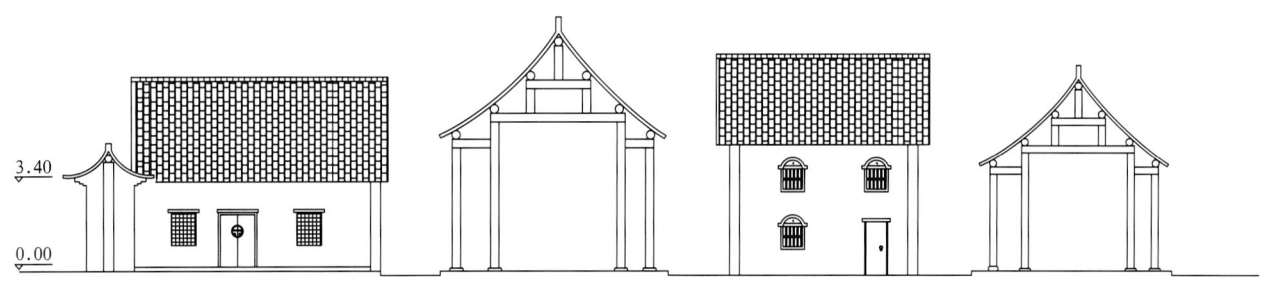

剖面图

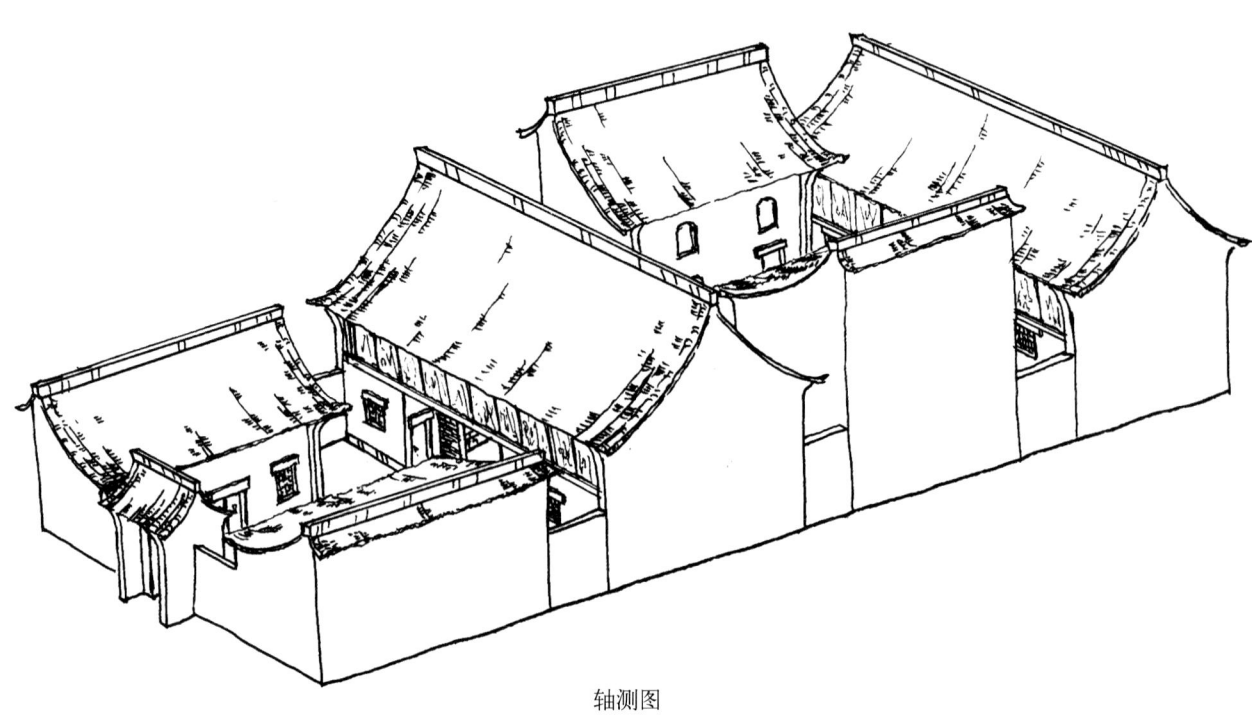

轴测图

庄家老宅（贴廓巷33号）

庄家老宅清代民居建筑群之一，坐北朝南，现存一进院、西厢房、过厅、二进院、西厢房和三层小楼，保存基本完好。

大门（由北向南拍摄）

一进院西厢房（由东南向西北拍摄）

一进院过厅（由东北向西南拍摄）

过厅柱础

小楼台阶

二进院三层小楼与西厢房（由北向南拍摄）

三进院（由南向北拍摄）

宋家老宅（太平街 50 号）

宋家老宅坐北朝南，始建年代不详。毁坏严重，现存临街房，面阔3间，宽7米，檐高5米，进深6.5米。门道宽1.7米。上房3间。宋家祖辈曾为翰林，留传的匾额现存洛阳民俗博物馆。

临街房正面（由南向北拍摄）

临街房背立面

过道券门砖雕（局部）　　　　　　　　　　　　上房（由南向北拍摄）

无名老宅（中兴街21号）

老宅主人和建造年代不详，仅存上房，面阔3间，宽10米，高5米。檐深1.6米，高2.8米。

上房

格扇门裙板、绦环板

庄家老宅（营林街27号）

庄家老宅始建于清代，占地面积2000平方米，坐东朝西，是一座五开间四进式院落。现存临街房5间，过厅5间，上房5间，临街房为拱券式窑洞结构，在市区内极为罕见。正中一间为大门洞，上方嵌石匾，刻有"俭、慎、勤"3字。

券窑式临街房（由西北向东南拍摄）

门洞内部

门洞东侧套间

临街房左、中、右面

临街房背立面

门洞里侧上部

门簪

门匾"俭慎勤"

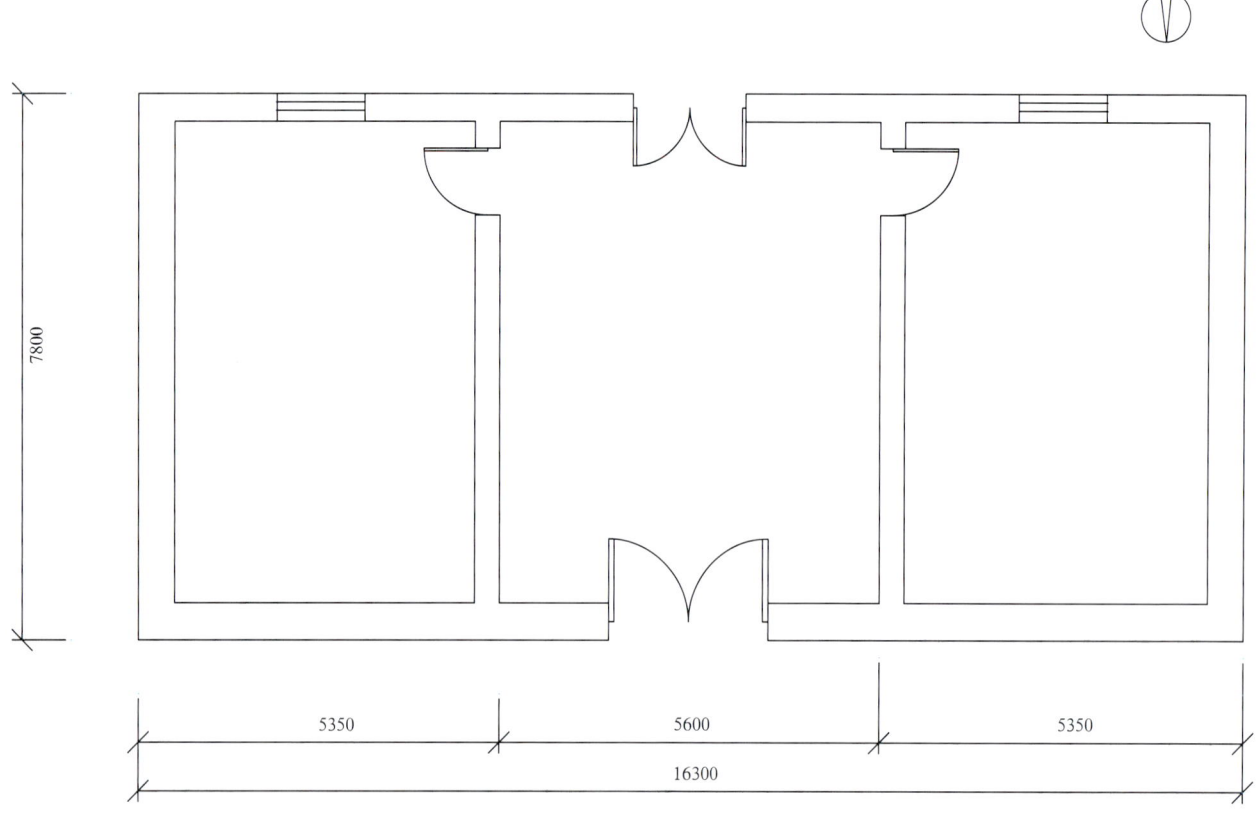

平面图

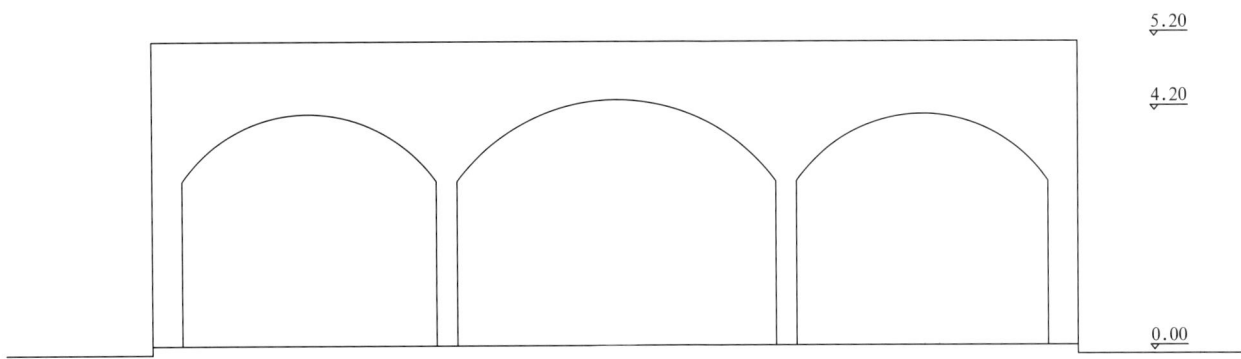

剖面图

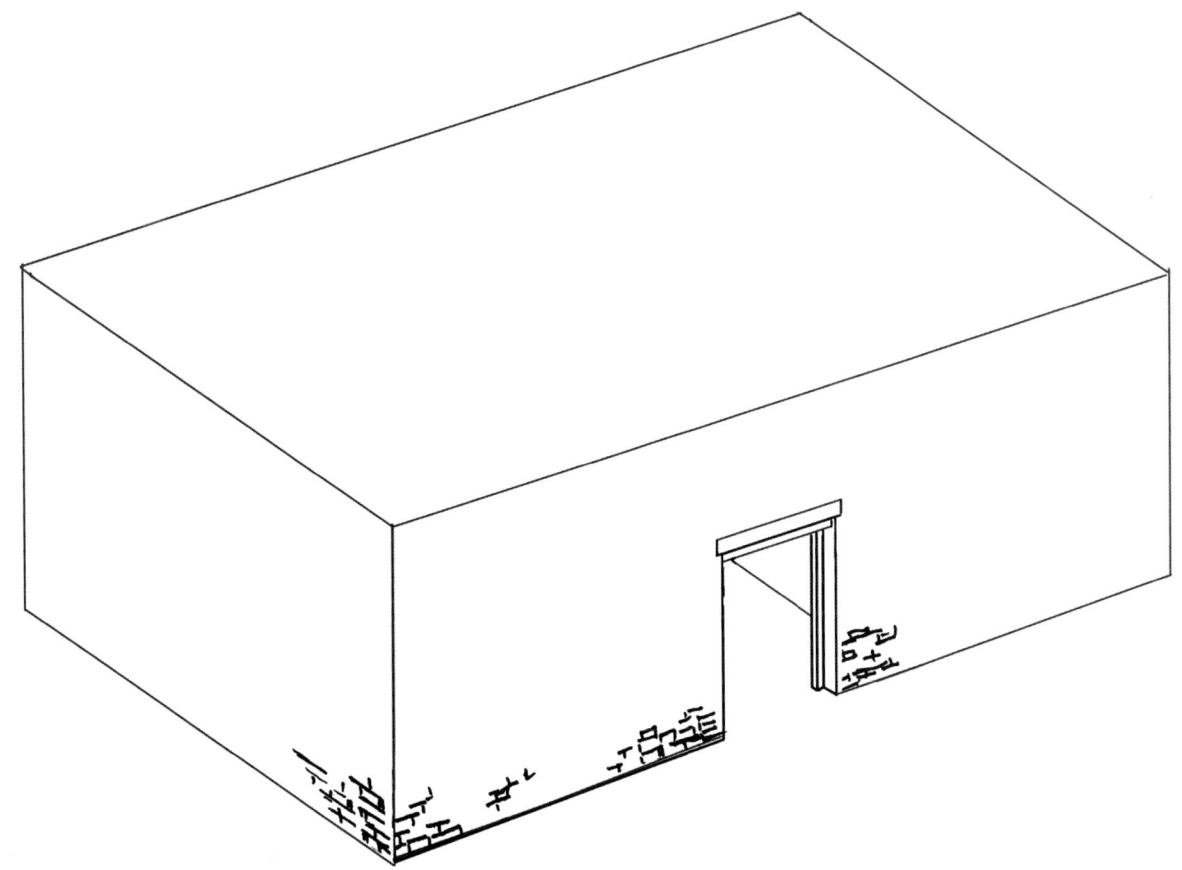

轴测图

刘家窑院（苏滹沱村）

刘家窑院位于邙山镇苏滹沱村废弃的老村内，坐东朝西，始建年代不详。现存为一排靠山窑洞，窑脸用砖砌护，保存基本完好。其中南端三孔窑洞门楣上均有砖雕匾额，分别是"吃亏是福""和气致祥"，有一幅字迹模糊，无法辨认。窑门宽1.2米，高2.6米。

远景一（由西南向东北拍摄）

远景二（由西向东拍摄）

窑院南端（由西向东拍摄）　　　　　　　　　　　　　窑院南窑洞（由北向南拍摄）

窑门　　　　　　　　　　　神龛　　　　　　　　　　窑门上部

门楣匾额

瀍河区

马福运老宅（瀍河乡小李村）

马福运老宅坐北朝南，始建于清代，具体年代不详。现存过厅面阔3间，进深6.9米，宽9.8米，檐深2米，高3.3米。二进院西厢房3间，进深3.5米，宽10.5米，高3.2米；东厢房已毁，院宽3.85米。上房面阔3间，进深约6.5米，宽约10米，檐深1.7米，高3.5米，门宽1.57米，高2.7米。

临街房（由南向北拍摄）

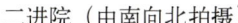

二进院（由南向北拍摄）

檐柱和雀替

屋顶望砖的八卦纹饰

西厢房门墩

上房柱础

巴氏老宅（马坡村东沟 21 号）

巴氏老宅坐北朝南，原由三进四合院组成。东西宽10余米，南北长60余米，占地面积约600平方米。

现临街房仅存四周墙体及大门，梁架、屋面已不存在。一进院仅剩东厢房南山墙（上有照壁），其他皆无存。坐山照壁，上部正脊两端有望兽，正脊由青砖垒砌。筒板瓦屋面，下有滴水、猫头。边框为混砖垒砌，中部有方砖组成的菱形图案。二道门为悬山式卷棚屋顶，筒板瓦屋面，木构架结构。檐檩下有随檩枋，横跨于两侧方梁之上，檩下由卧枋、立枋支撑。檩枋下有上坎，走马板中部有镂空山云图案，两侧为四叶花。檐柱内有框支撑，两柱安放柱础和阶条石之上。现因年久失修，脊兽无存，瓦件破碎。二进西厢房为两门两窗，"一马三箭"棂心窗，单扇板门，墙体为淌白墙。三进院原建筑已拆除，现盖两层楼房。

临街房（由南向北拍摄）

大门

坐山照壁

二门

二门背立面

西院墙（由西南向东北拍摄）

西厢房（由东南向西北拍摄）

何家窑院（乐善街43号）

何家天井窑院建于清朝末期，是洛阳市区现有规模最大、保存较完整的一处窑洞建筑。该窑院长宽各7.9米，院深7.5米。院内5孔窑洞分别位于东、南、北的崖壁，西侧为从地面下到天井的阶梯。北窑深7.8米，宽2.5米，高2.8米，窑门宽1.2米，高2.8米，窑内通风口离地1.4米，宽0.67米，高0.67米。东壁北窑深6.7米，宽2.4米，窑门宽1.2米；东壁南窑深8米，宽2.6米，高6.7米，门宽1.2米，高2.8米；南壁两孔窑均为深4.1米，宽2.5米，高2.7米，窑门宽0.9米，高2.7米，东壁两窑之间离地1.5米设一龛，龛高1.4米，宽0.77米。院内西北角有一口水井，西南靠近阶梯处有一渗坑，为雨季排水设施。从院内到窑里，从地面到四面崖壁，全部用青砖包砌，为"三七墙"结构，承重和保温效果较好。院墙四周高约4米和6米处，均用青砖砌成花边，院顶有高约0.5米的镂空花墙。院中东侧窑洞内和水井中各有一处密室，用来储藏财物。

窑院内景（由西向东拍摄）

窑洞内部

窑内神龛

雕花石墩

窑门

水井

窑外神龛

窑院出入台阶

窑院东壁上部

涧西区

孙氏老宅（前五龙沟）

孙氏老宅位于涧西区孙旗屯乡前五龙沟村北。现存建筑坐西朝东，为4座并排面阔3间的宅院，其中南北两座稍矮于中间两座。建筑均为硬山式，灰色小板瓦覆顶，中间两座共用一山墙。南院临街房较特殊，其南侧山墙全部用石块垒砌，前墙的下碱部用石块，上半部用土坯砌筑。其余三座临街房的山墙下碱部为石块，上半部用土坯砌筑。每座建筑各开一门，其中北院开门于南次间，南院开于北次间，中间两座也均开在次间。门均为简单的长方形，门前有三至四级台阶，门口放置有对称的青石或砂石方形门墩。4座建筑均建在砖石砌筑的台基上，且建筑的正脊在一条线上，正脊均雕有简易的花草纹及兽吻。孙氏老宅4座建筑南北一线，整齐规矩，为一处保存相对不错的清代建筑。

临街房一（由西向东北拍摄）

过道券门上部

临街房二(由东向西北拍摄)

大门过道

坐山照壁

临街房背立面

后院窑洞（由南向北拍摄）

临街房柱础

院内（由北向南拍摄）

北院临街房背立面（由北向南拍摄）

厢房（由西向东拍摄）

李氏老宅（马营村）

李氏老宅位于涧西区孙旗屯乡马营村三组，坐北朝南。始建于清代，具体年代不详。老宅为并排三所宅院，西院已毁，东院仅存二门照壁。中院现存临街房3间，宽7.5米。宅门位于临街房东次间，门洞宽1.75米，深5.8米。上房面阔5间，进深5.8米，宽约10.6米。檐深约0.7米，高3.5米，下有4根檐柱。西端有通向后院的过道，长5.8米，宽1.75米。

临街房一（由东南向北拍摄）

临街房西门和中门（由南向北拍摄）

临街房二（由东向西北拍摄）

中门

中院残存照壁

照壁上部

中院过厅(由南向北拍摄)

中院过厅侧面(由东南向西北拍摄)

过厅过道（由南向北拍摄）

过厅柱础

后院（由南向北拍摄）

东院大门

残留台阶

东院临街房（由南向北拍摄）

东院二进院

东院照壁

照壁上部

照壁下部砖雕草花纹饰

洛龙区

许氏老宅（枣园村）

许氏老宅位于洛龙区白马寺镇枣园村，坐南朝北。始建于清代，具体年代不详。据村中80多岁的倪姓老人说，该村一位倪姓村民做生意发财后，建了并排4所宅院，后卖给许家。许家在枣园渡口开西行，做货物转运。1927年，张治公部在洛阳大肆烧杀，3所宅院被烧，仅存东起第二所宅院，由许氏后人许喜居住。

许氏老宅现存临街房3间，进深3.2米，总宽4米，高2.8米。过厅3间，进深5.2米，总宽9米，东次间有过道通往后院。

临街房（由北向南拍摄）

临街房背立面

过厅（由西北向东南拍摄）

过道门上部

东厢房和临街房背面（由南向北拍摄）

过厅柱础

过厅槛窗

倪氏阁楼（枣园村）

倪氏阁楼位于洛龙区白马寺镇枣园村许氏老宅对面，坐北朝南。阁楼建于民国时期，具体年代不详。据村中倪姓老人讲，现房主倪自由爷爷做生意，后来父亲开货运行，经手买了村中郭宝财的宅院。原有上房3间，厢房6间，后又盖了阁楼。楼为两层，宽5.4米，高5米。楼门在东侧北端，东墙上有上下两个窗户。楼内无法进入，结构详情不明，现已无人居住。

阁楼侧背面（由南向北拍摄）

阁楼上部

阁楼正侧面　　　　　　　　　砖砌牖窗

阁楼的狭窄通道　　　　　　　　二门

孙氏老宅（孙村）

孙氏老宅位于洛龙区白马寺镇孙村正街23号，坐北朝南。始建于清代，具体年代不详，现居住两家孙氏后人。孙氏老宅并排四所宅院，东边第二所和第三所宅院均仅存上房，第四所宅院已毁。其为西边第一所宅院，为二进院落，规整有序，中轴线上从前到后现存建筑依次为临街房、东西厢房、过厅。占地面积480平方米，建筑面积260平方米。大门位于临街房东端，宽约2.4米，高2.1米，抱鼓石门墩正面雕刻为龙衔环铺首图案，在乡村民居中比较罕见，显示出原主人的不凡身份。

据宅院现在主人之一、70多岁的孙楚鄂医生讲，该宅院是由其曾祖父孙二重建造，当时他在黄河边做生意，家中也务农。记得家里曾挂有两三方木匾，内容已不知道。到了爷爷一代，家庭开始衰落。

临街房（由南向北拍摄）

大门幞头抱鼓石

西侧抱鼓石

大门　　　　　　　　　　　　　二门

抱鼓石正面　　　　　东侧抱鼓石　　　　　二门土地龛

二门上部

二门

一进院

二进院

二进院西厢房

二进院东厢房

过厅背立面

过道外部

过厅格扇门

过道内部

过厅内屋顶

过厅屋顶图案

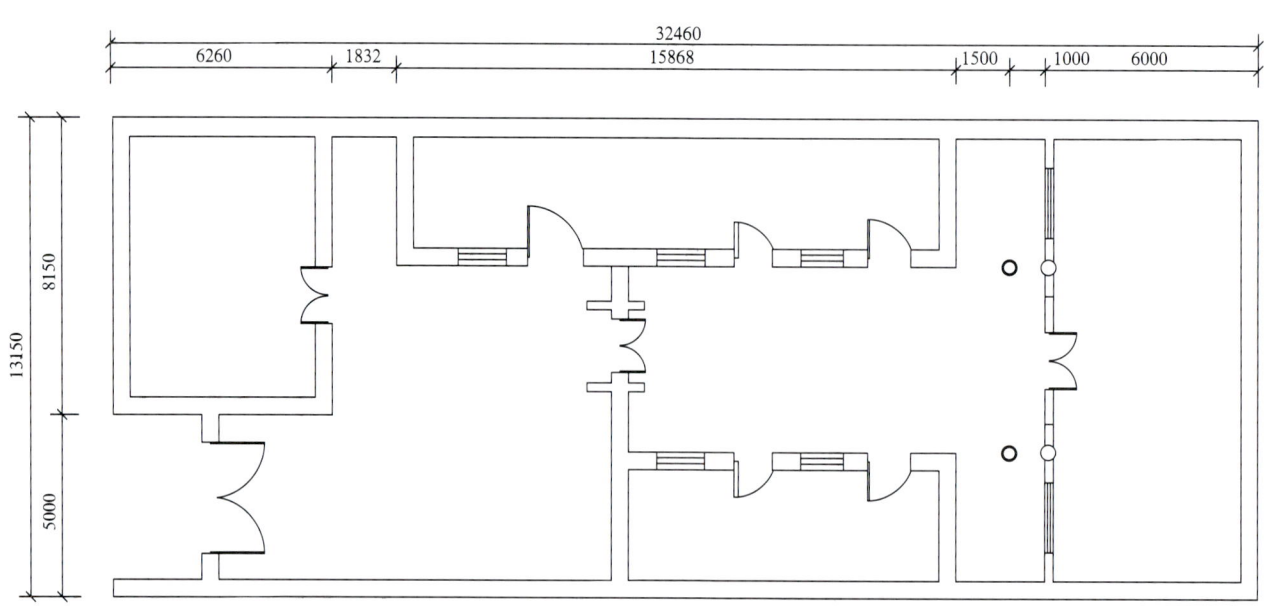
平面图

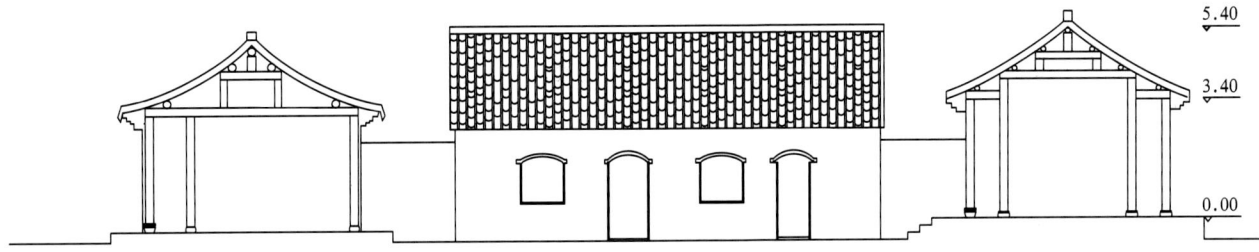

剖面图

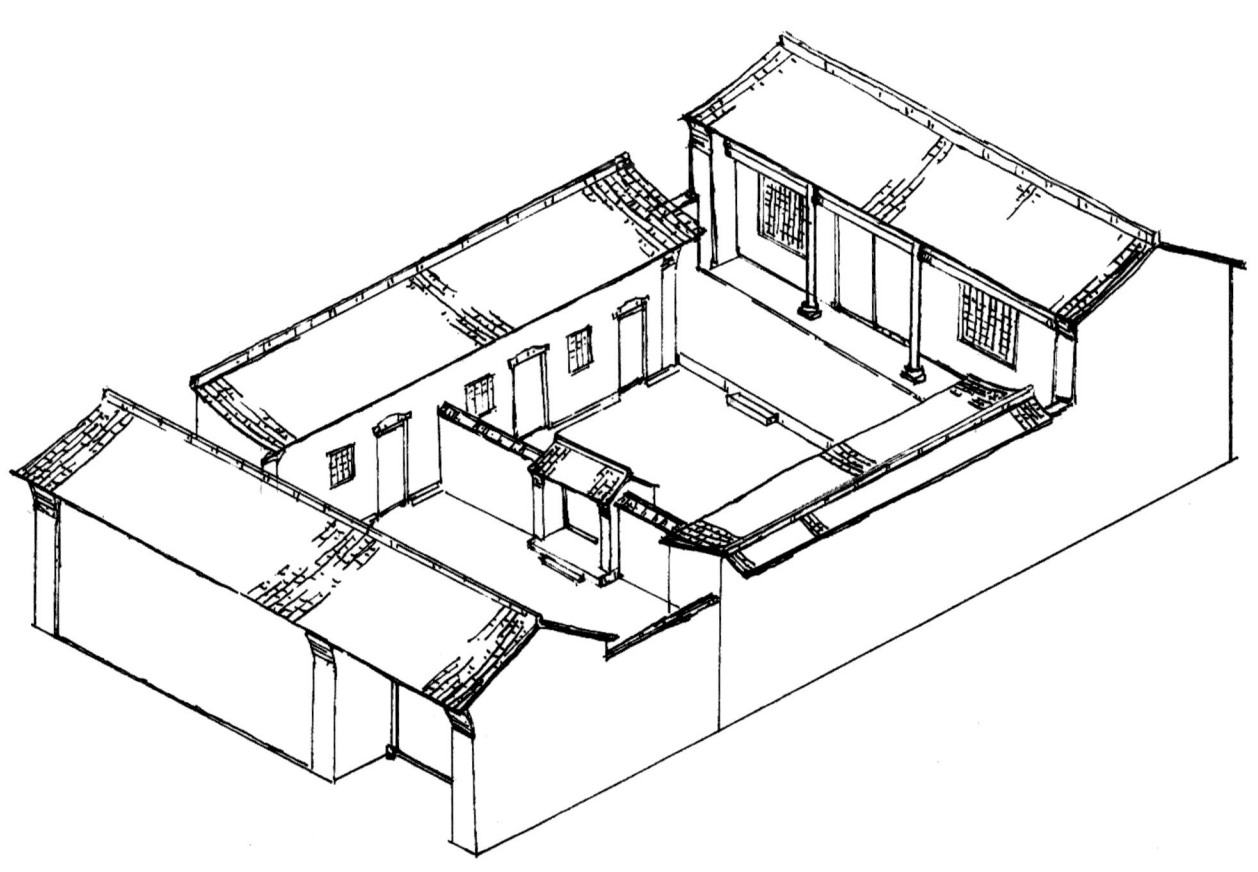

轴测图

张景祥老宅（下黄村）

张景祥老宅位于洛龙区白马寺镇下黄村，坐北朝南。始建于清代，具体年代不详。现仅存上房3间，进深5.2米，总宽10米，檐深1.8米，高3.5米。屋梁上写"光绪年"字样，现状基本完好。

据张氏家族14代后人张聘轩介绍，老宅是张氏11代张景祥建造，据传他曾在长江或黄河上从事航运，家中购置大量土地。据说张景祥每天早上出村拾粪，不用带粪筐，拾到就扔进路边自家的地里。因为东到平乐东赵村，西到平乐马村，北到鹞店，南到孙村，都有他家的农田。因此，当地百姓就编了一首顺口溜："平乐的郭（家），寺里碑的岳（家），抵不上下黄张（景）祥一只脚。"形容郭家和岳家虽然富有，但与张景祥相比，就不值一提。

上房（由南向北拍摄）

上房板门

上房柱础

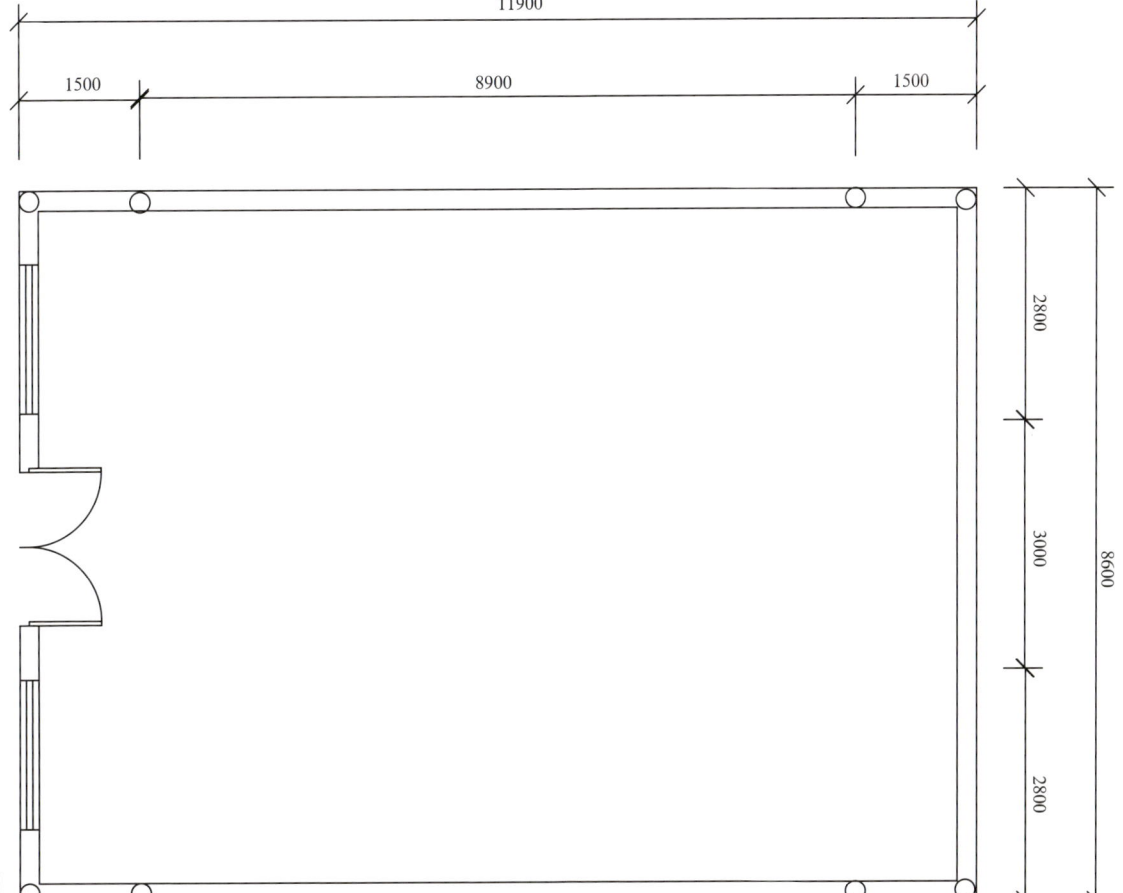
平面图

剖面图

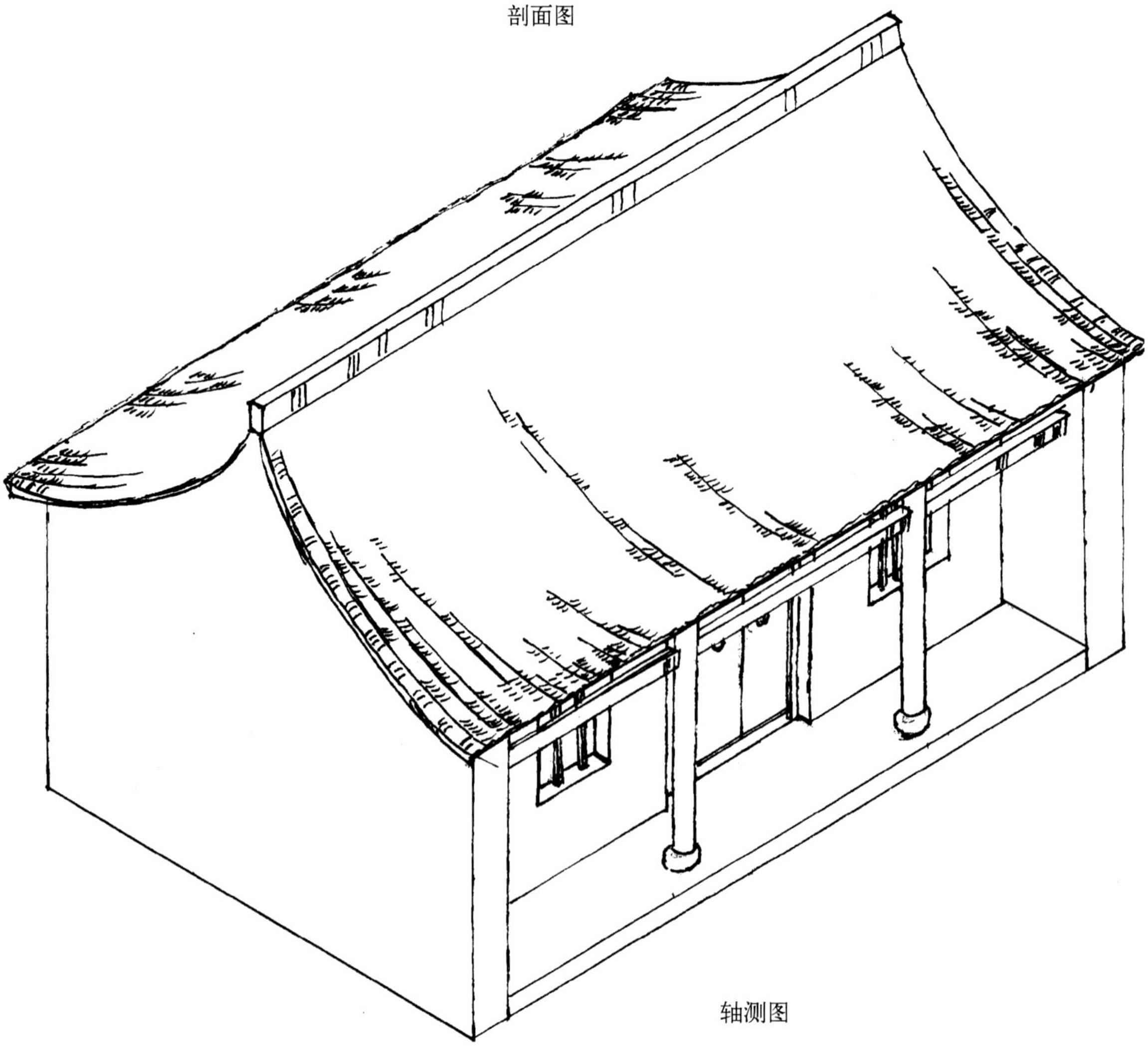

轴测图

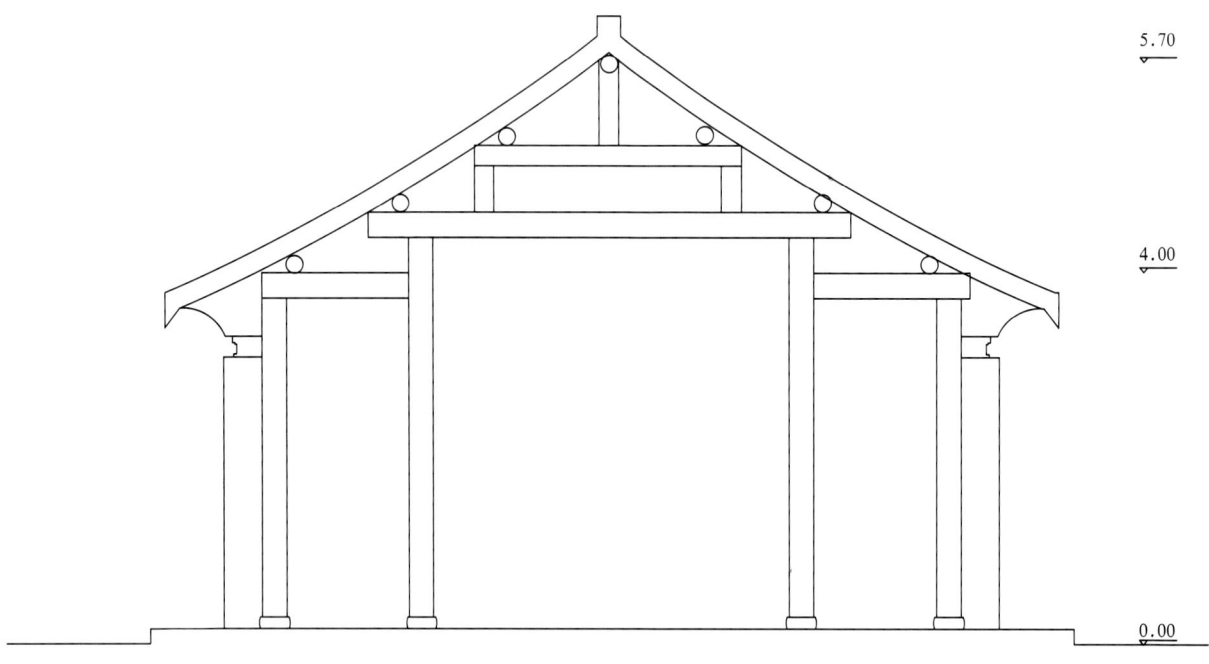

张建统老宅（下黄村）

张建统老宅位于洛龙区白马寺镇下黄村，坐西朝东。始建于清代，具体年代不详。张氏老宅并排4所相同宅院，南边1所，北边2所。其宅院现存上房3间，南次间有一过道通往后院，北厢房3间。

据村民介绍，住宅主人祖上为武状元，具体身世不详。

上房檐廊（由东北向西南拍摄）

上房板门

鼓形柱础

院落（由南向北拍摄）

北厢房（由西北向东南拍摄）

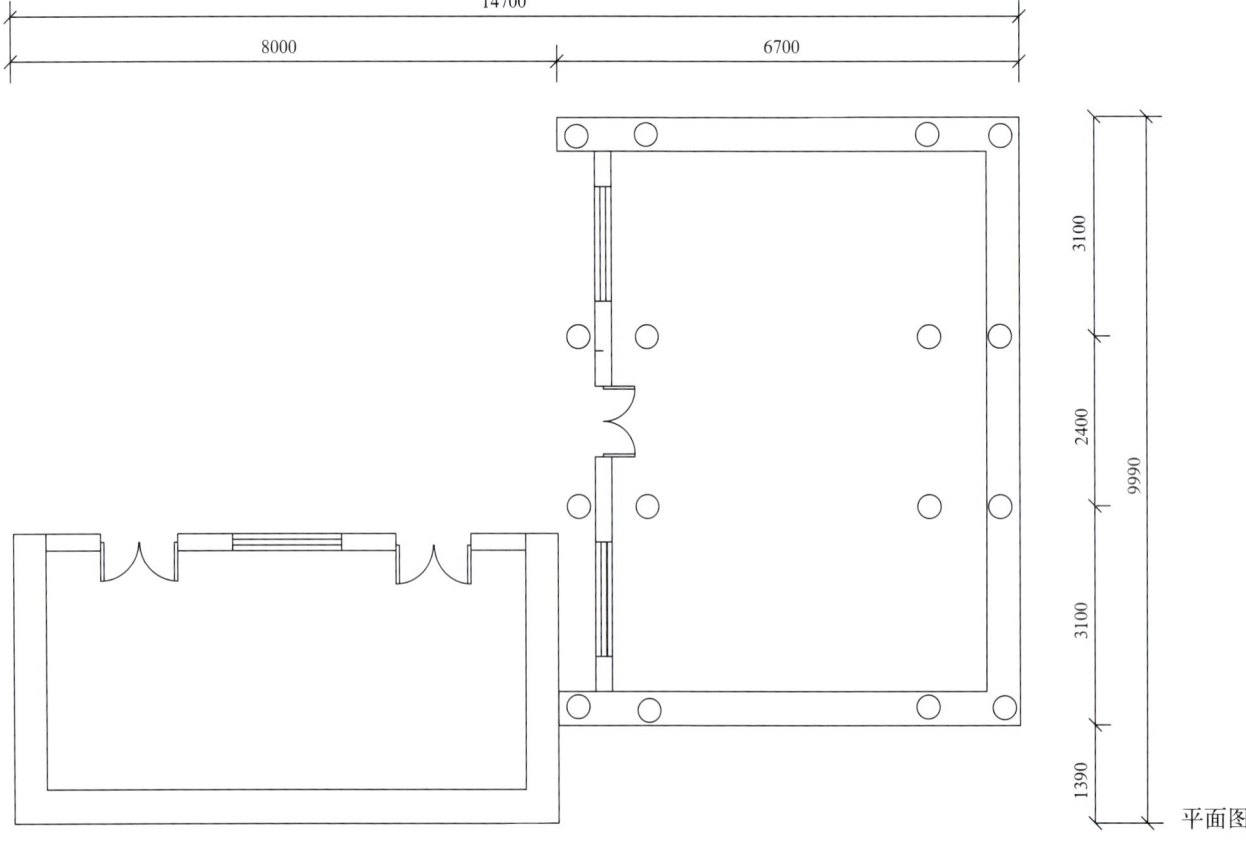

平面图

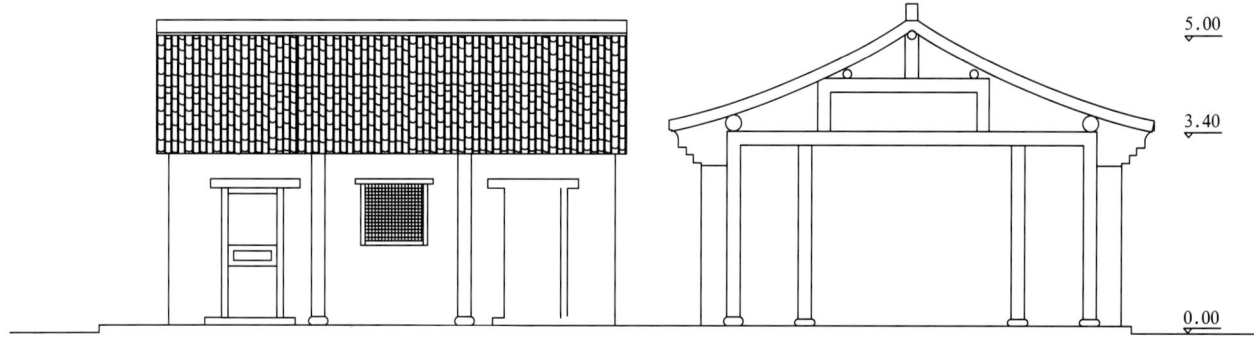

剖面图

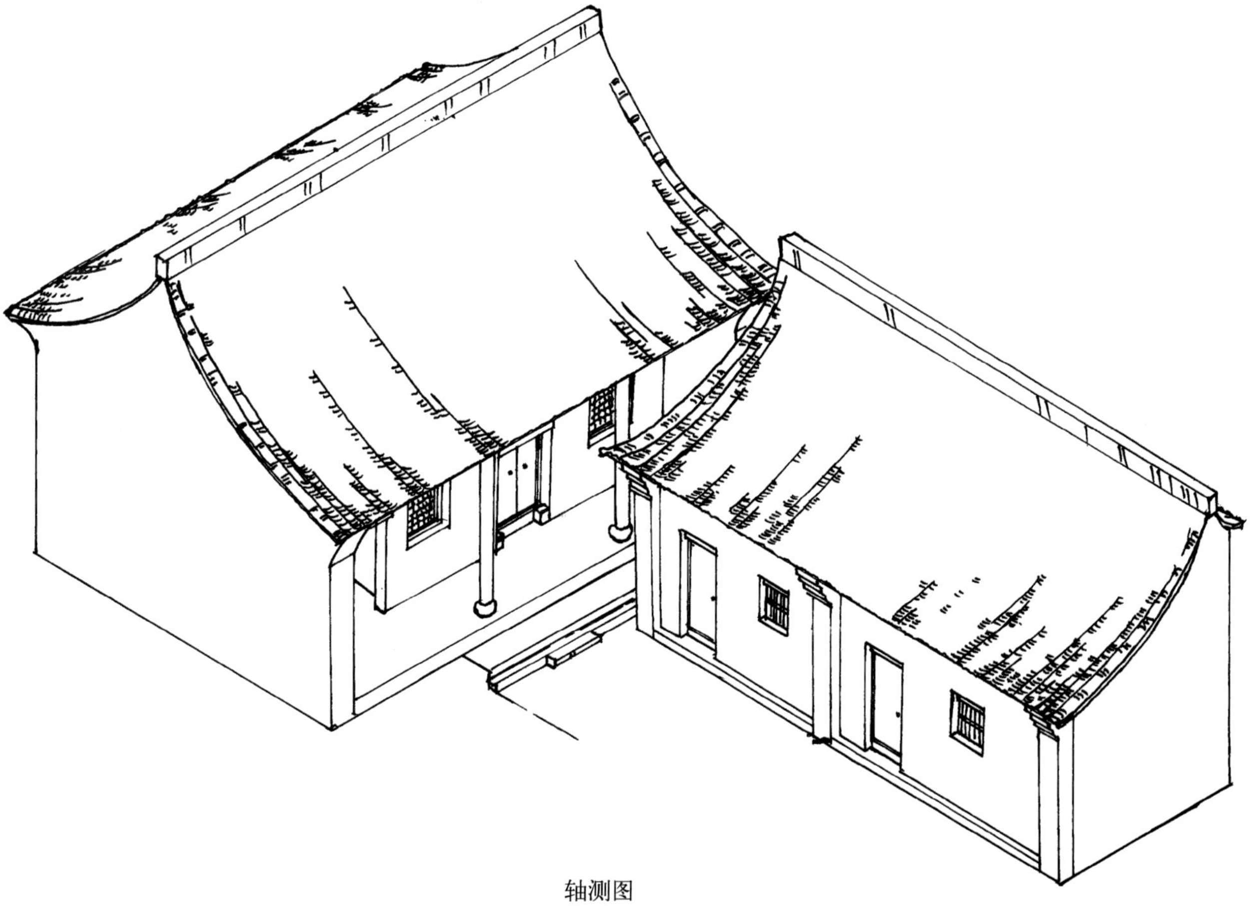

轴测图

郭氏老宅（楼村）

临街房墀头

郭氏老宅位于洛龙区李楼乡楼村北街中部，坐北朝南。现存建筑从前至后的次序为临街房5间，东厢房3间，原有的其他建筑及后花园已毁。大门位于临街房的东次间，东厢房南山墙上有一砖雕照壁，壁上雕刻有福禄寿三星，其中的福星背上有小孩，人物形象神采各异，具有较高的艺术造诣。临街房内檐板中间刻有"汾阳世第"，东西两侧分别为"福禄寿禧"和"永保平安"的吉祥文字。正房檐板上刻有"福、禄、寿、康、宁"5个大字，寓意宅主及家人生活美满幸福。据村中老人讲，正房后面有一楼，传说站在楼上可以看见黄河，因此郭氏老宅所在村子得名"楼村"。

郭氏老宅建于明代，据《郭氏家谱》记载，郭氏八世祖郭世庄为地方巨富，但其一生乐善好施，热心扶贫救难，其事迹在江苏、山西等地方志均有记载，现郭氏老宅是其子郭应第（九世祖）等后辈用他的积蓄建造，距今已400余年。其建筑与一般乡村民居不同，建筑风格豪华大气，木刻砖雕工艺精美，村民称之为"郭氏官府"。传说，郭氏宅院从镶料到竣工落成历时3年，所余材料又在街对面修建了宅院。

郭氏老宅中的木刻"汾阳世第"和《郭氏家谱》中的记载，证明了郭氏家庭系唐代名将郭子仪的后裔。郭子仪曾因战功卓著被封为汾阳郡王。郭氏家族耕读传家，因所居楼村位于隋唐洛阳城建春门附近，受到宫廷祭祀海神乐曲的影响，并与海神乐结缘，很早就成立了海神乐社，并一直传承至今。郭氏家族19代郭红运现为洛阳海神社社长，国家级非物质文化遗产传承人。

临街房（由东南向西北拍摄）

临街房背立面（由北向南拍摄）

临街房走马板镂空篆字

厢房和上房·(由南向北拍摄) 　　　　上房西侧

临街房云墩木雕

上房正面（由南向北拍摄）

上房东侧

东厢房（由西南向东北拍摄）

东厢房南山墙上的照壁（大部分被后建房屋遮挡）　　　　　　要头

坐山照壁上的福禄寿三星图案

木雕雀替上的吉祥纹饰

临街房檐柱柱础

上房柱础

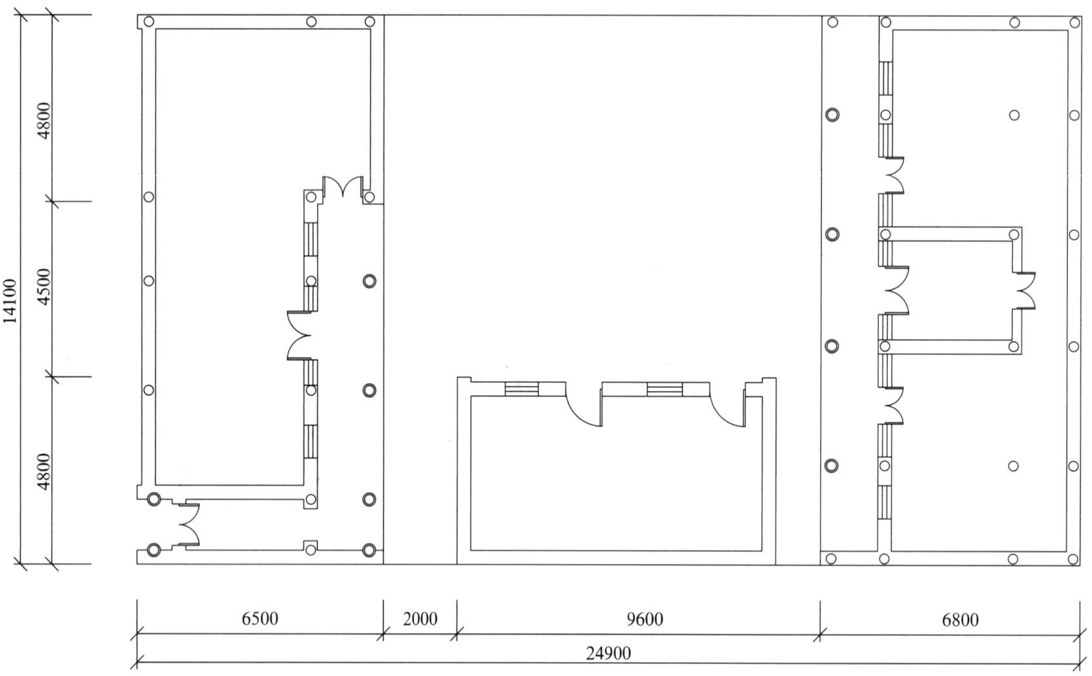
14100
4800
4500
4800
6500
2000
9600
6800
24900

平面图

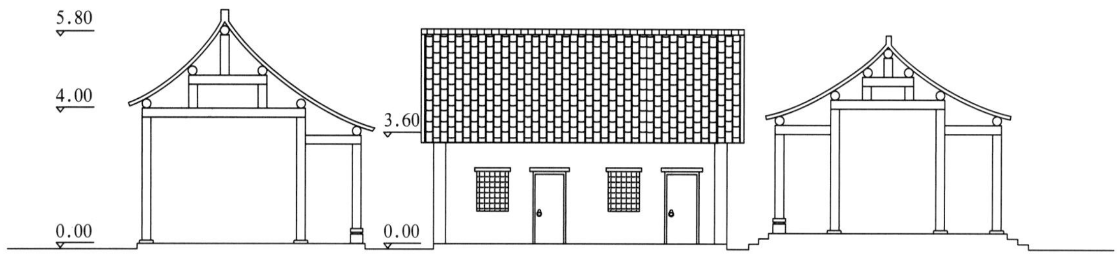
5.80
4.00
3.60
0.00
0.00

剖面图

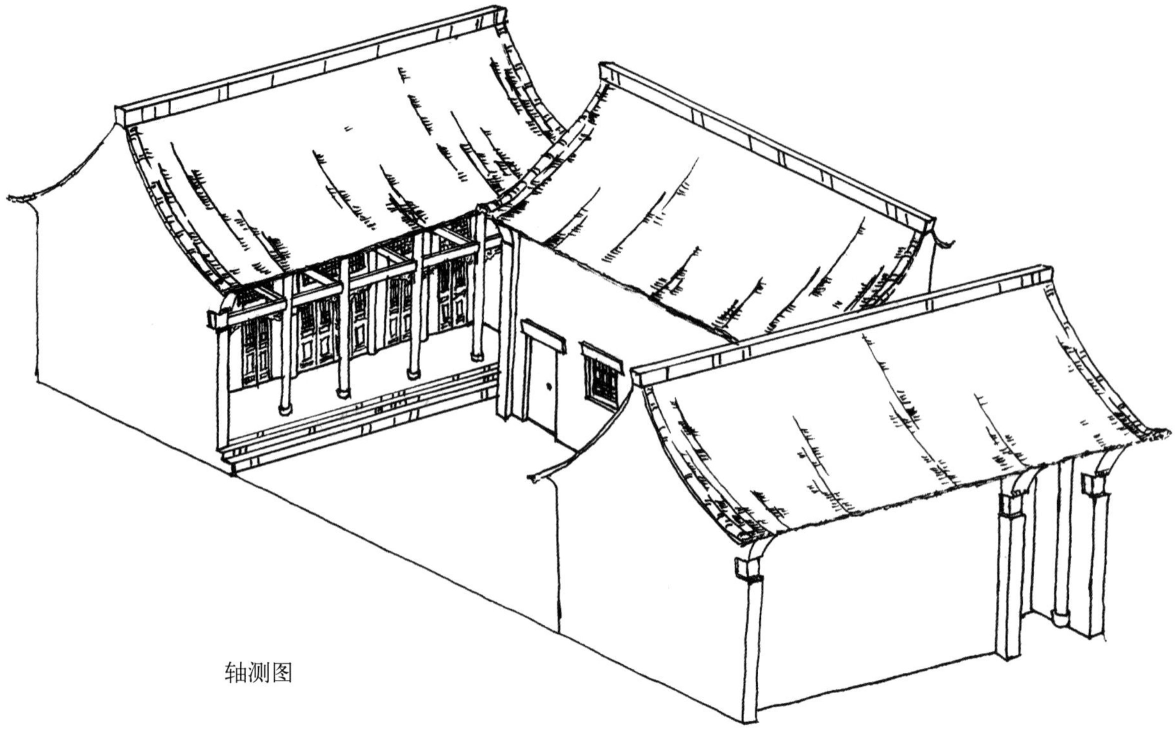

轴测图

宗书有老宅（南石人村）

宗书有老宅位于洛龙区李楼乡南石人村，坐南朝北。始建于清同治十年（1871），由宅主宗书有曾祖父建造。老宅原为东西并排两所宅院，原建筑多数已毁，仅存两座四开间临街房，占地面积388平方米，建筑面积188平方米。

石人村古称雨伦庄，位于当时的斜交叉十字交通要道的中心，一条从东南方向的偃师李村到洛阳老城南关的大路，另一条从东北方向的白马寺到西南方向龙门的大路，在石人村中交会。因占据有利的交通位置，石人村形成了以粮食交易为主的粮食集，每天早上都有附近十里八乡的农民来买卖粮食，俗称"天天集"。民间赶集卖粮称"粜粮"，买粮称"籴粮"。据说宗书有的爷爷就在自家的临街房里开设粮行，为赶集买卖粮食的群众提供中介交易。直到20世纪五六十年代国家实行粮食统购统销政策后，石人村的粮食集市也随之没落。

临街房

挑檐石

大门

车门

老宅·LUOYANGMINGQINGJIANZHU / 159

临街房内立面

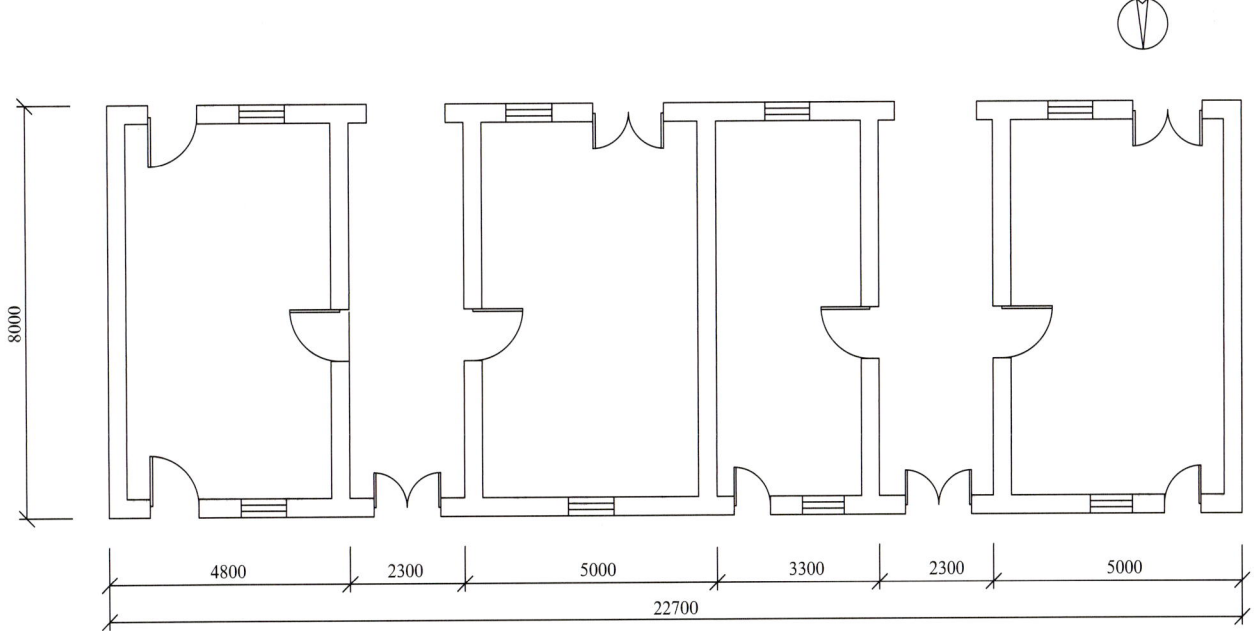

平面图

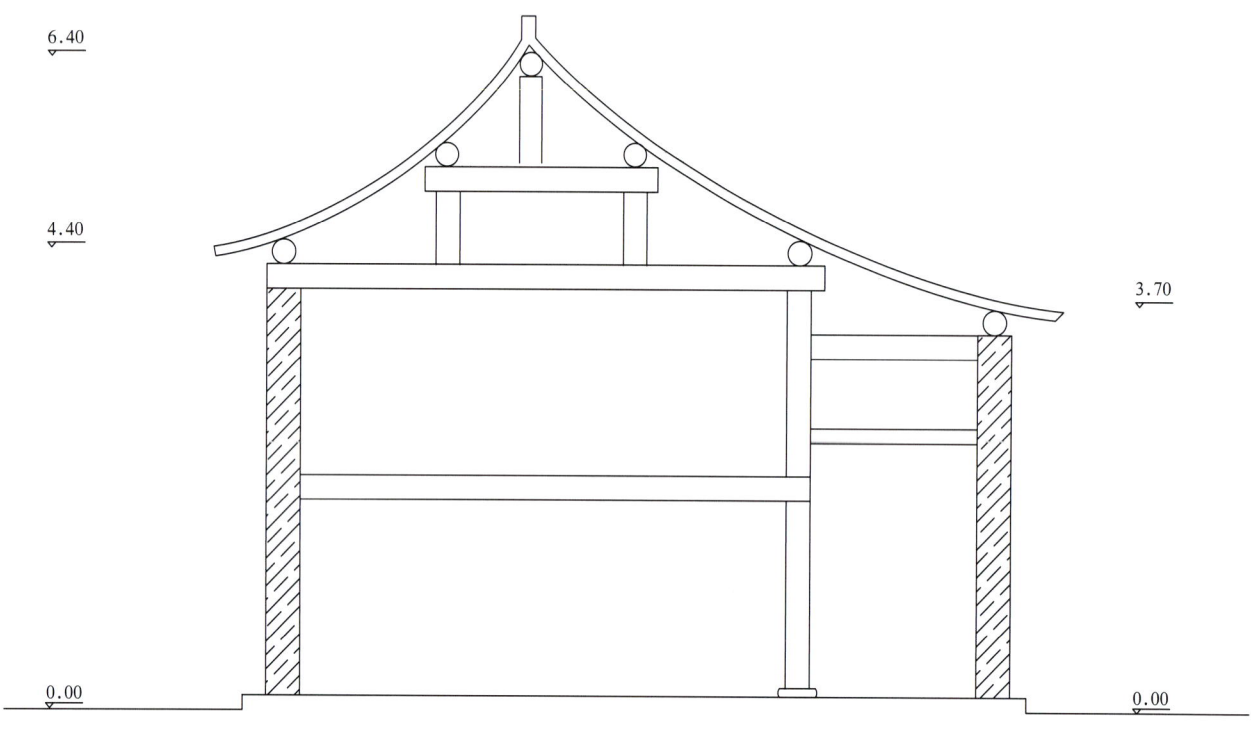

剖面图

轴测图

王聚财老宅（潘寨村）

王聚财老宅位于洛龙区李楼乡潘寨村村委会西，坐南朝北。始建于清代，具体年代不详。老宅院落呈长方形，占地面积484平方米，建筑面积252平方米。现存二门、厢房和上房，二门西侧墙上有一土地龛，龛上刻有对联，上联是"昔在南山得仙意"，下联是"今作土地是中央"，横批"福德宫"。二门与上房之间院内地面上东西南北四角各有一块方形青石，中间有圆孔。主人介绍，每当家中举办红白事时，就在青石孔里插上木柱，用来搭设礼棚。这种设计虽然简单，但体现了老宅建造者的良苦用心。其先祖王定国先从医，后任太平渠长，管理水渠。

院落

二门外部

二门土地龛

宅院内景

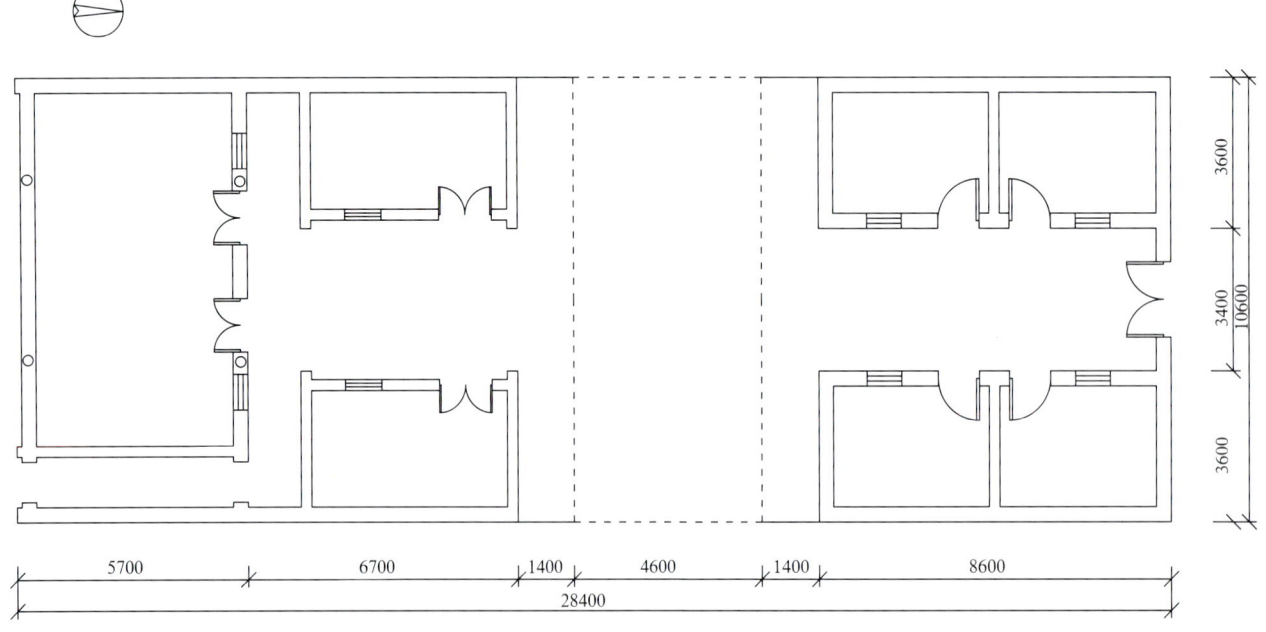

平面图

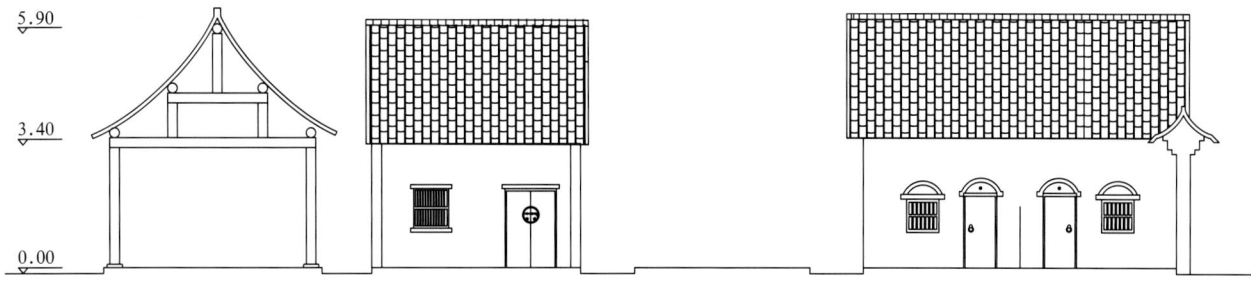

剖面图

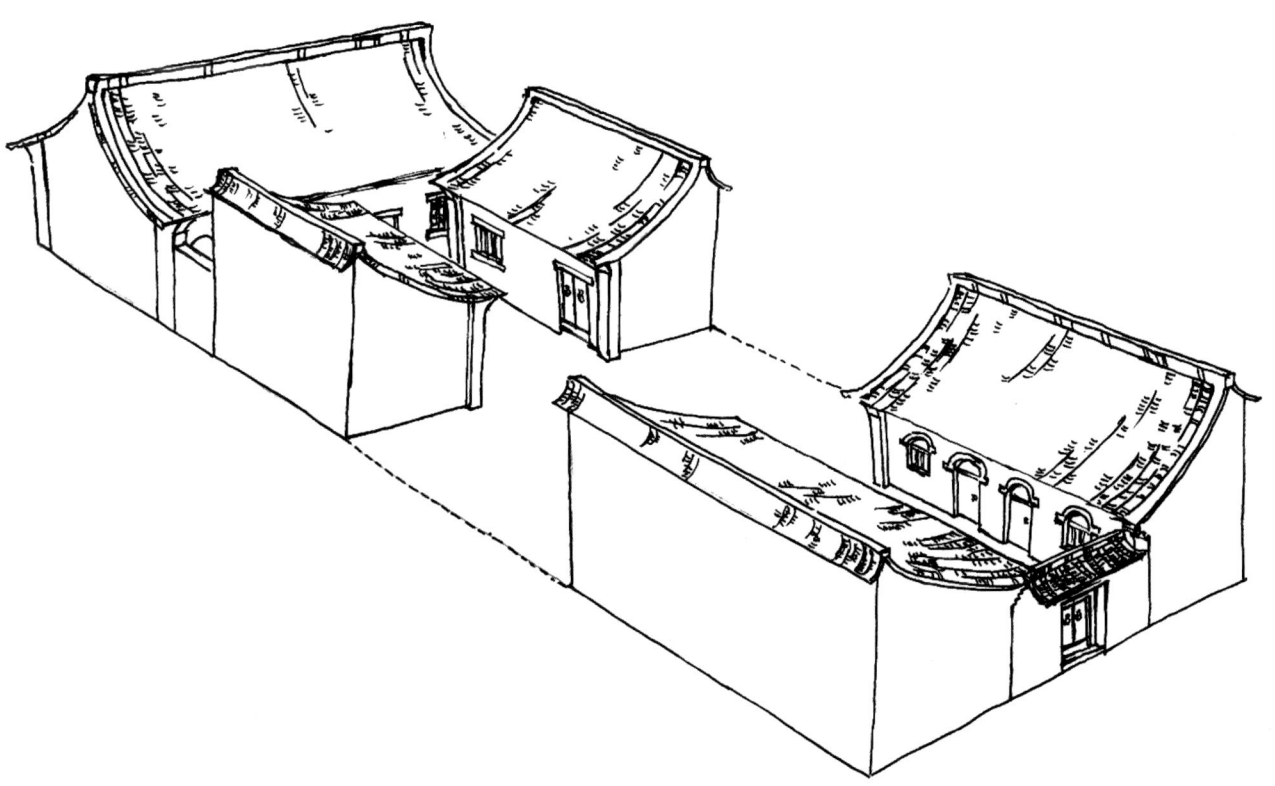

轴测图

萧转运老宅（太平村）

萧转运老宅位于洛龙区李楼乡太平村，始建于清代，具体年代不详，坐北朝南。系硬山式建筑，原院落为三进院，其一进和三进院落已毁坏。现存二进院有东西厢房和过厅，占地面积225平方米，建筑面积150平方米。

大门

厢房板门

厢房格扇窗

上房柱础

宽房窄院

格扇门

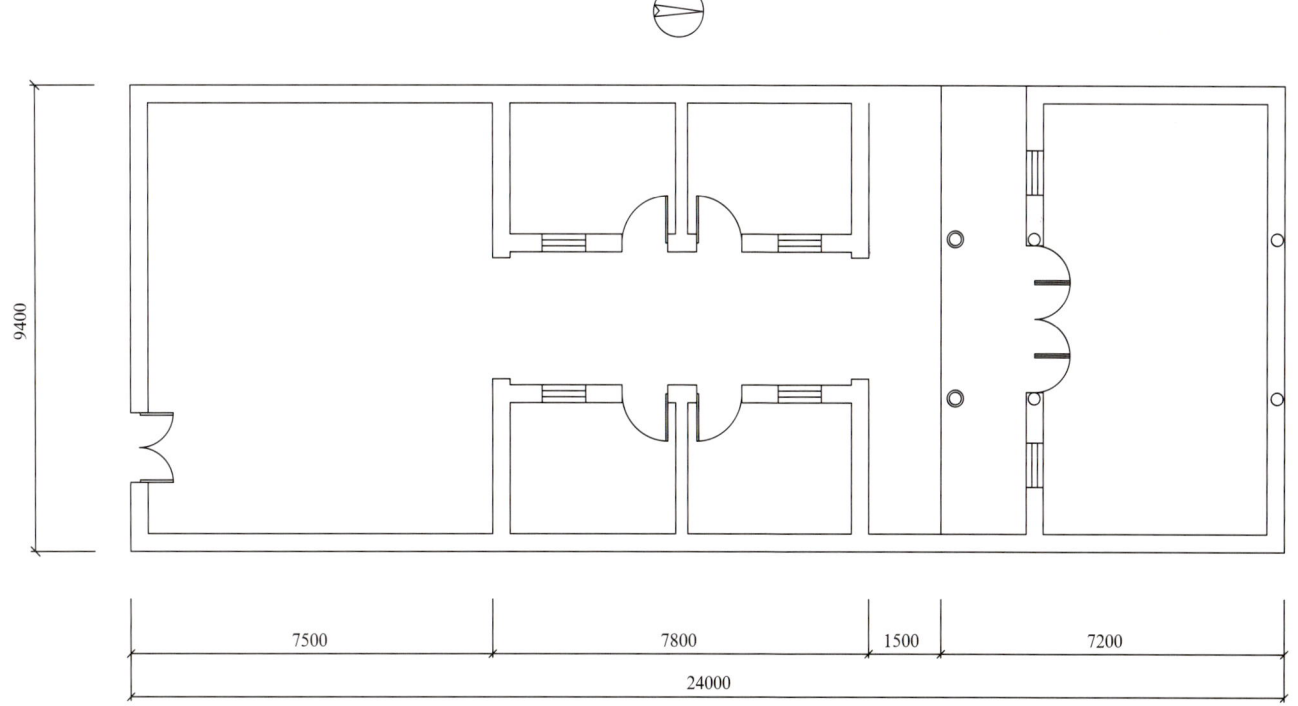
平面图

剖面图

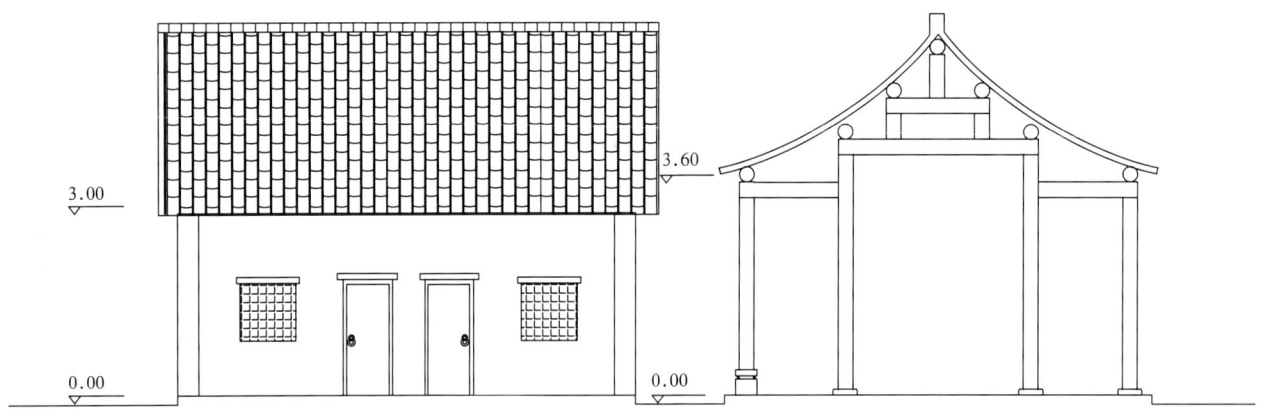

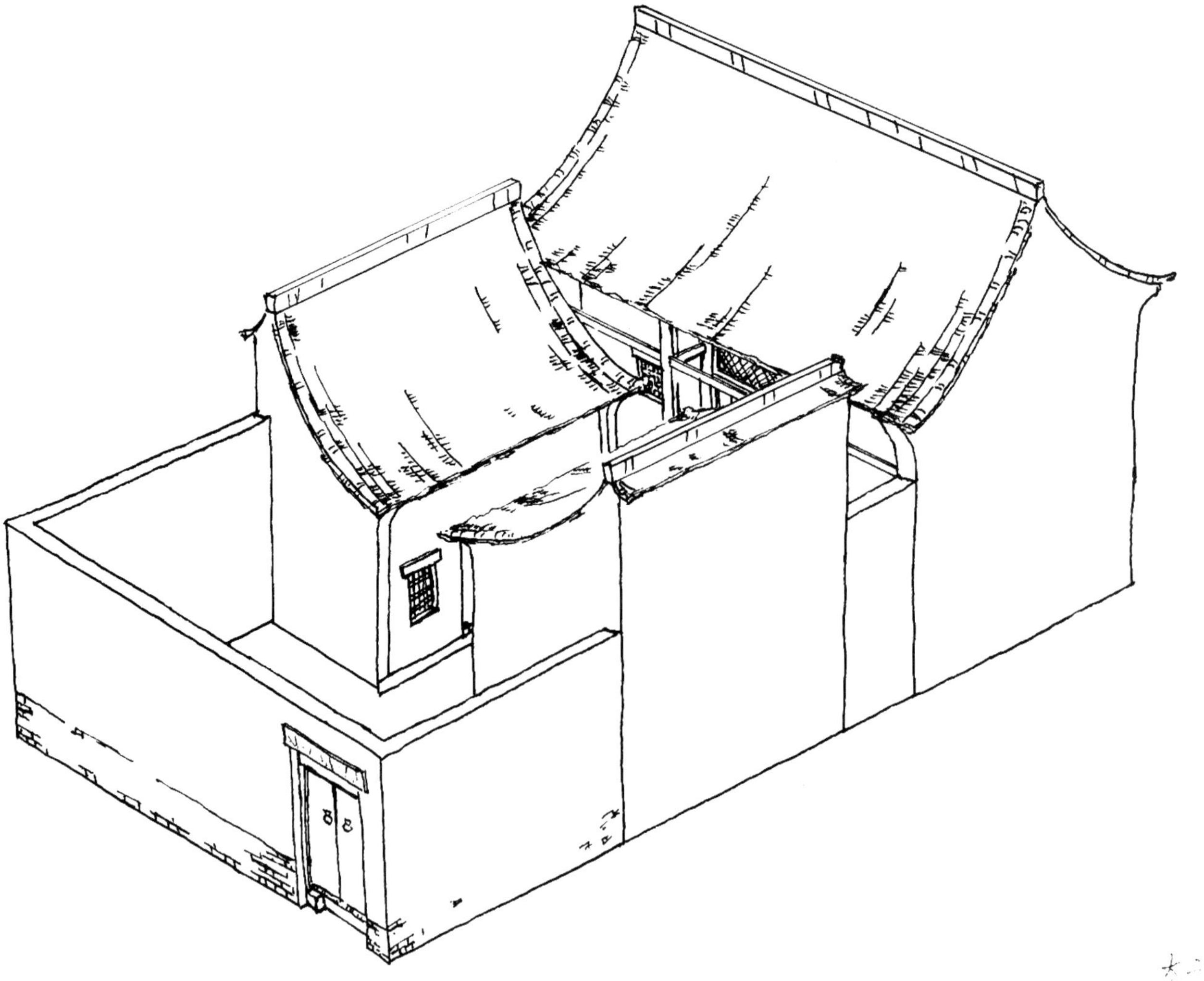

轴测图

李经新老宅（李楼村）

李经新老宅位于洛龙区李楼乡李楼村友谊东街2号，坐南朝北。始建于清代，具体年代不详。现存建筑有临街房、过厅和东西厢房，西厢房北山墙上的土地龛造形独特，砖雕工艺精美，保存完整，上刻对联是"□□进士第，今为福禄神"，横批"土地府"。

据老宅主人讲，其爷爷李振云从医并开药房。

券门上部

大门

过道

照壁

土地龛  土地龛（局部）

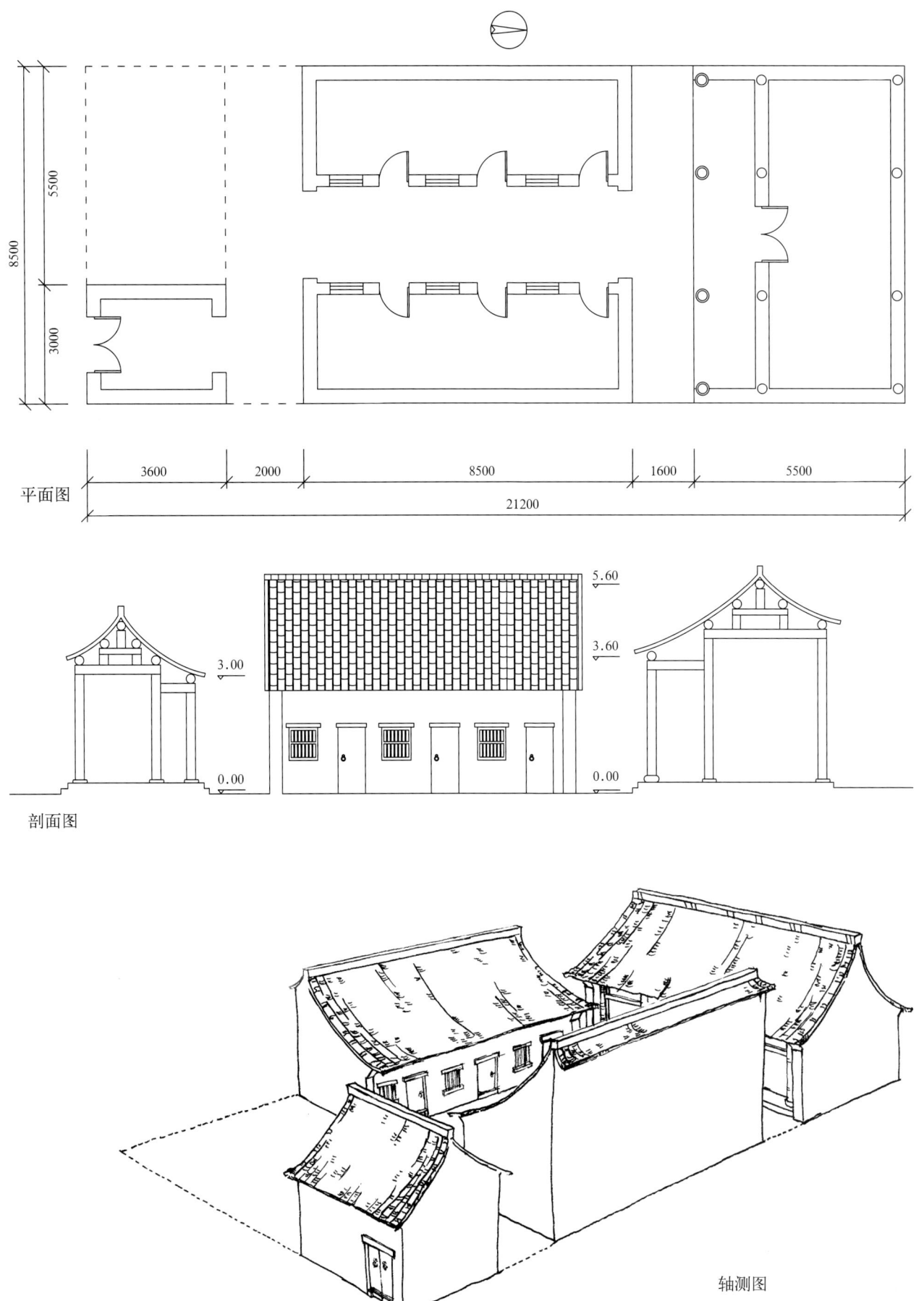

平面图

剖面图

轴测图

吴氏老宅（裴村）

吴氏老宅位于洛龙区龙门镇裴村吴家街56～58号，坐北朝南。始建于清代，具体年代不详。现存临街房5间，西厢房3间，均为硬山式建筑。大门在临街房东次间，其他建筑已毁。新中国成立后分为东西两个院落，东院为田姓村民居住。

据吴氏后人讲，该宅院是其曾祖父建的宅院，爷爷吴双禄从医，父亲吴文明执教，伯父吴文焕曾任嵩县县长。其祖辈在栾川县叫河乡经商发财，在当地有100多间房，6顷地，所以家境殷实。

临街房（由东南向西北拍摄）

临街房背立面

大门

柱础

墀头砖雕

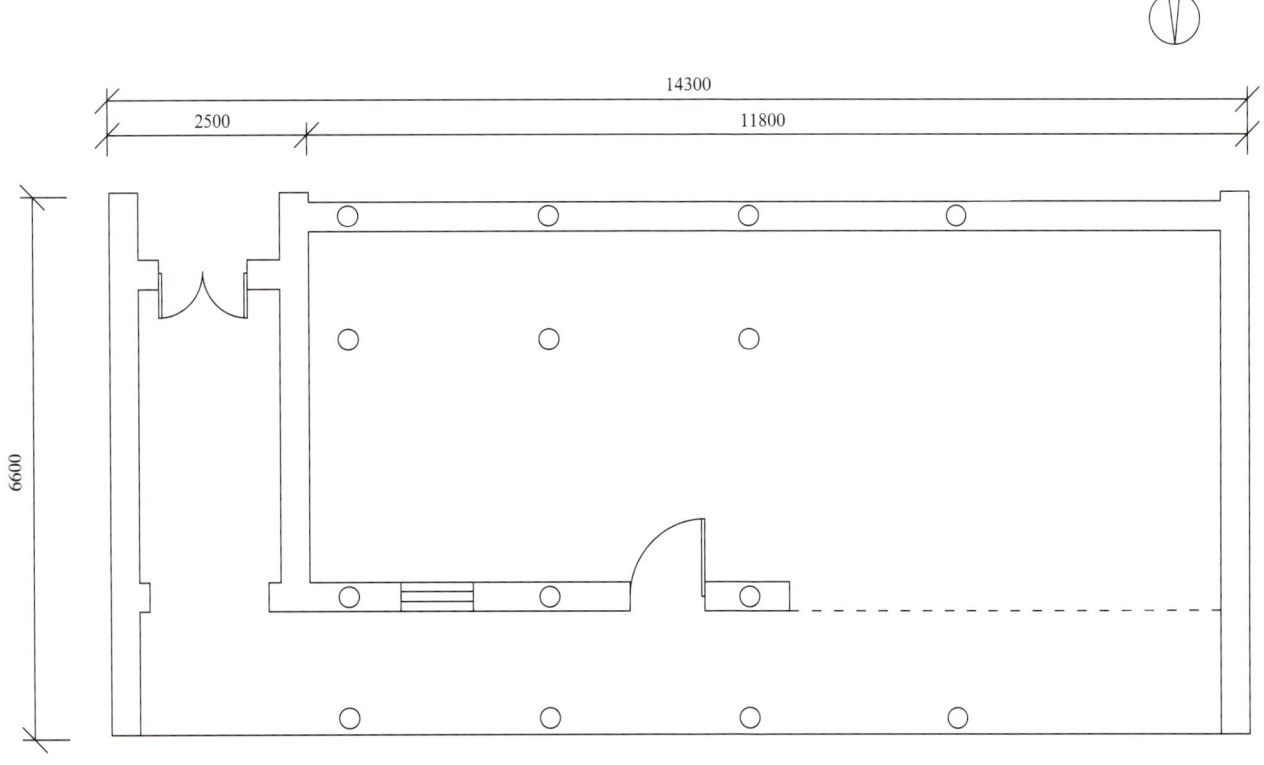

平面图

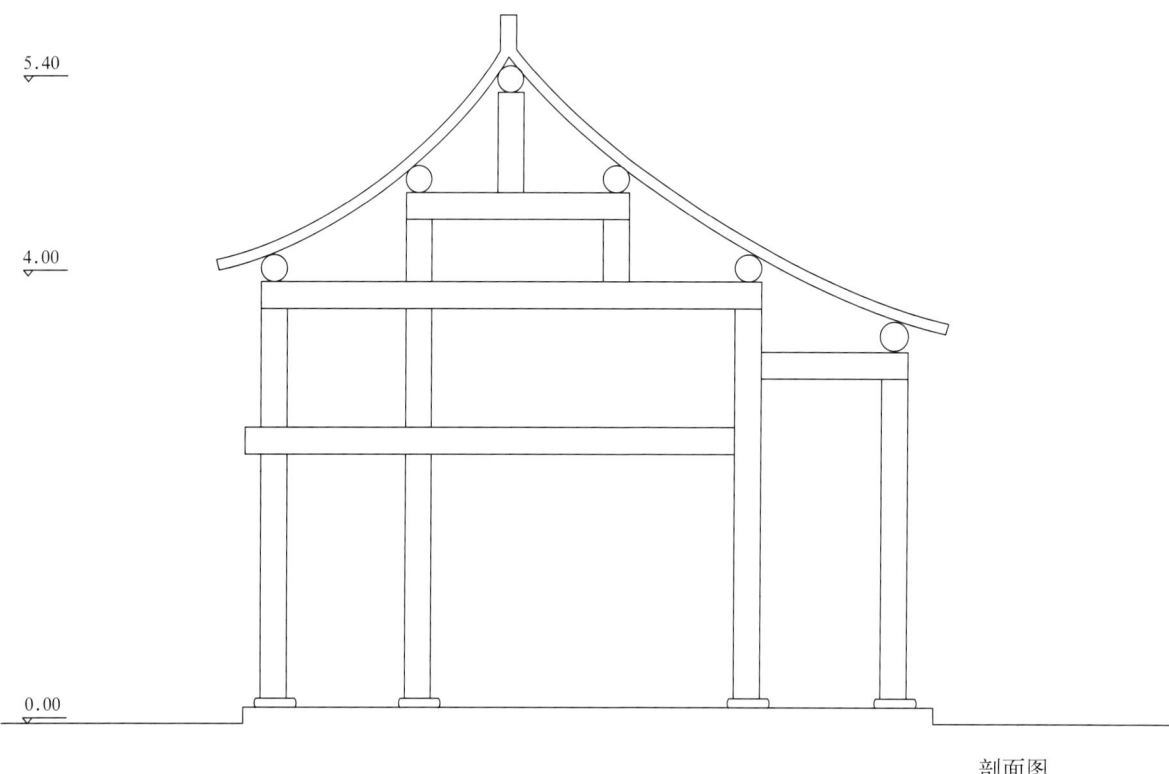

剖面图

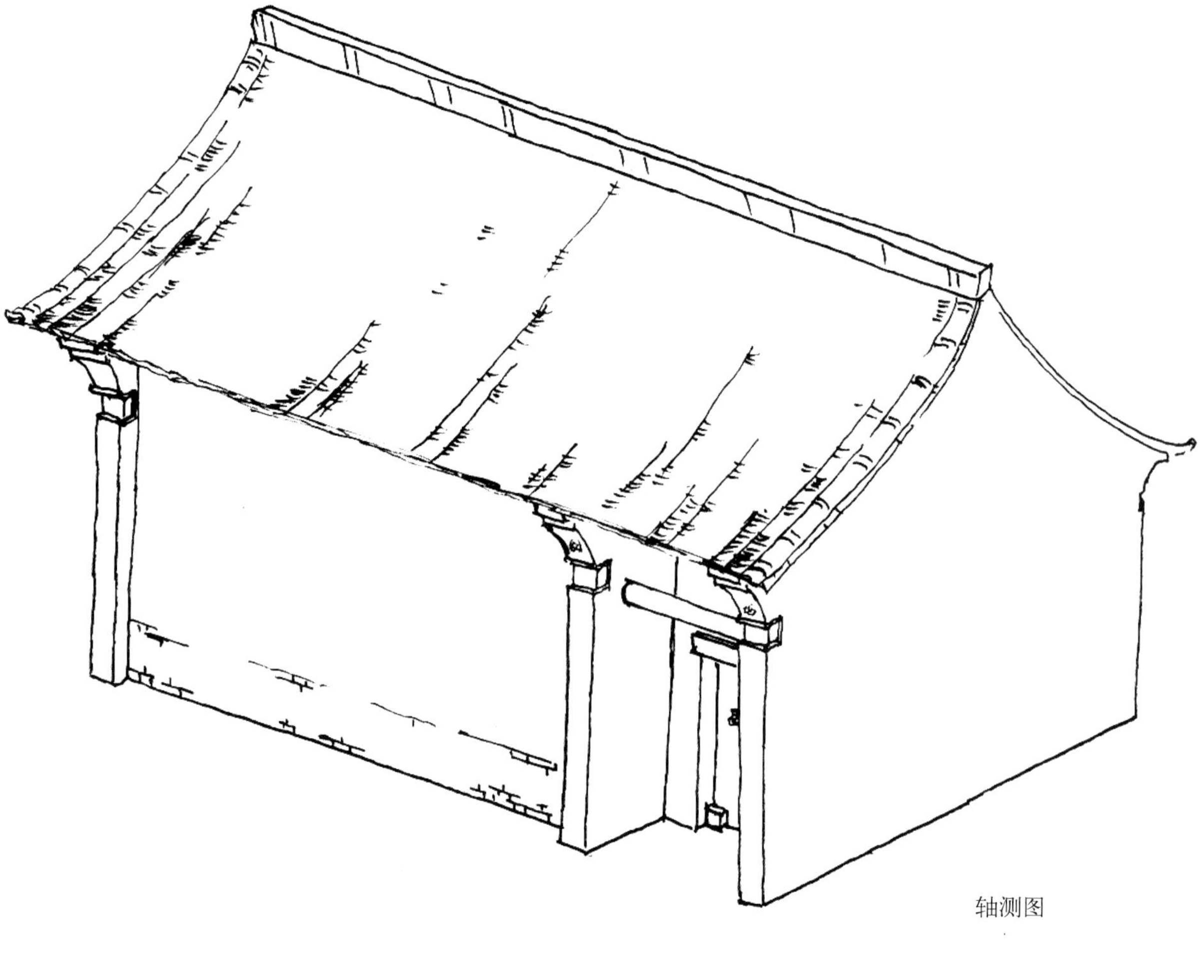

轴测图

田朝孝老宅（裴村）

田朝孝老宅位于洛龙区龙门镇裴村吴家街78号，始建于清代同治八年（1869），坐南朝北，长方形院落，占地面积330平方米，建筑面积134.9平方米。现存一进院东西厢房4间，上房3间。

上房西部（由东北向西南拍摄）

槅窗

上房雀替

云墩木雕

柱础

左侧门墩

右侧门墩

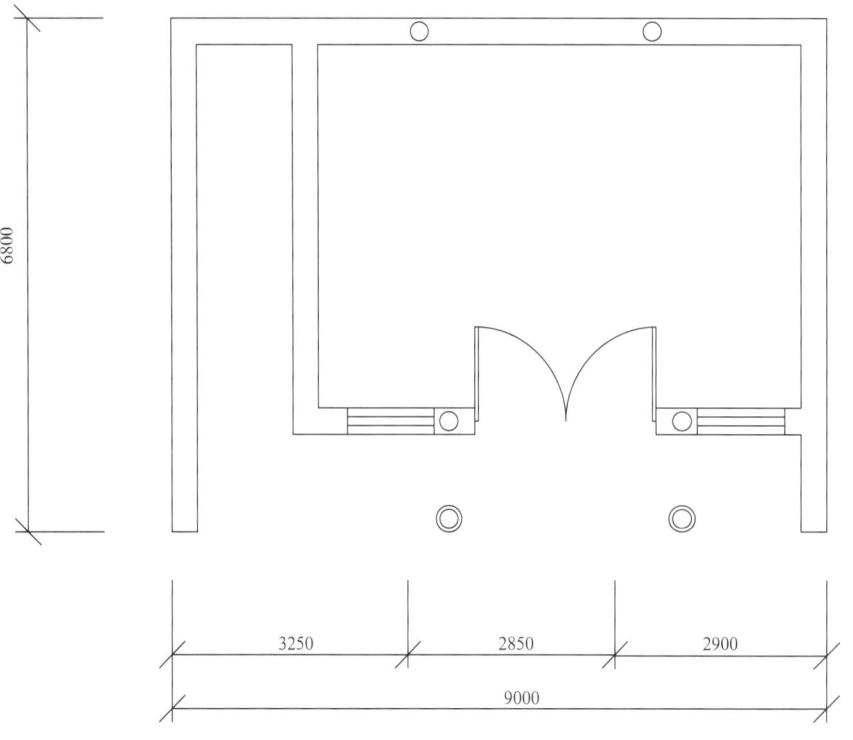
平面图

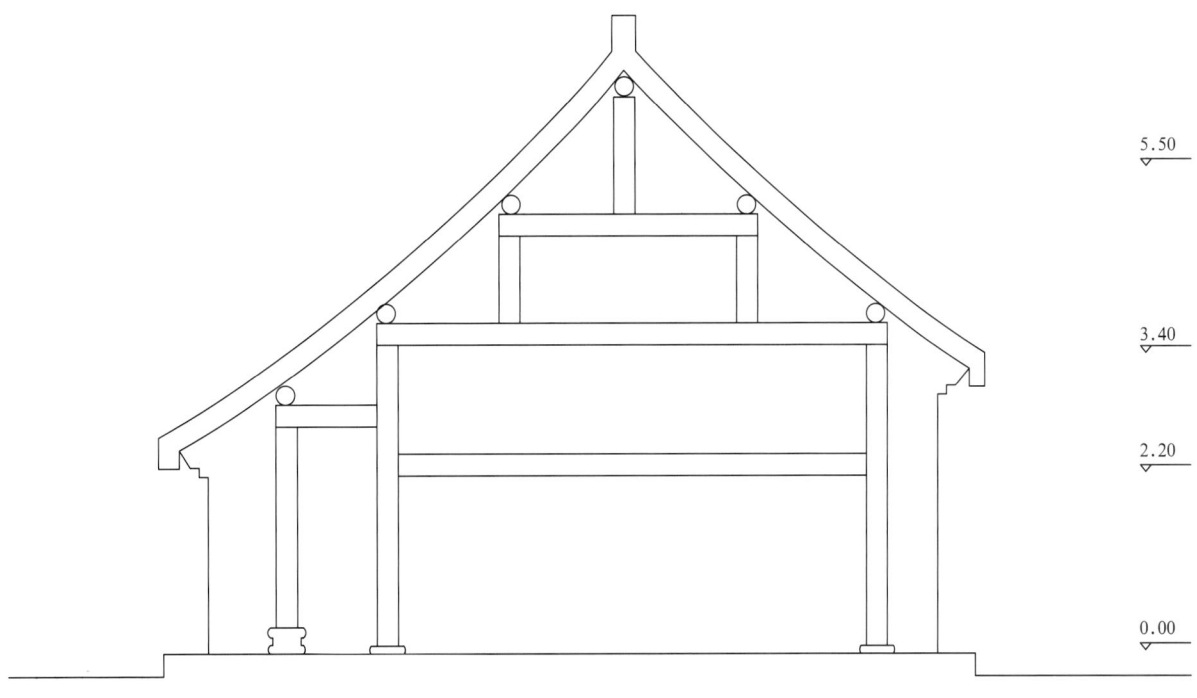

剖面图

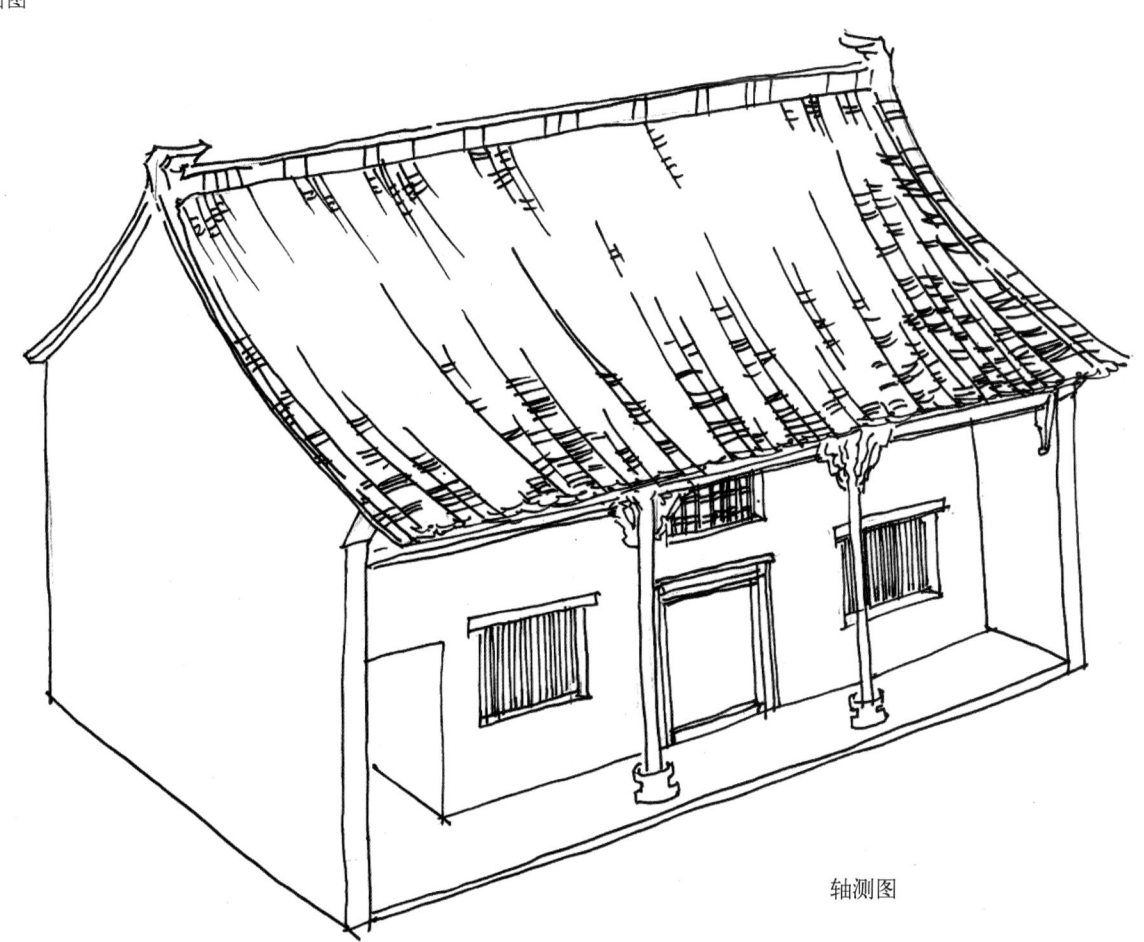

轴测图

贾同元老宅（裴村）

贾同元老宅位于洛龙区龙门镇裴村北街，始建于清代，坐南朝北。为一南北向长方形院落，规整有序。保存下来的建筑有过厅、西厢房及照壁，照壁位于西厢房北山墙上，上部正脊两端有望兽，中间脊砖雕有花卉图案。檐口有滴水、勾檐，下为仿木斗拱砖雕。边框为云纹图案，中部圆形雕有人物，整体雕刻工艺精美，虽然个别部位残损，但也是洛龙区农村中罕见的照壁精品。

照壁

照壁上部

照壁砖雕封护檐和斗拱

照壁砖雕封护檐和斗拱

照壁砖雕花卉（局部）和脊兽

照壁中上左侧

照壁中部

照壁左下部

杨氏老宅（八里堂村）

杨氏老宅位于洛龙区关林镇八里堂村中街中部，始建于清代，硬山式建筑，坐北朝南，占地面积1500平方米，原宅院为3个三开间二进院落，规制相同。现仅存西厢房3间，过厅西侧1.5间，东半边过厅已毁。

过厅外立面

过厅东侧

正脊砖雕

过厅西侧

格扇门

柱础

裙板

绦环板

梁架

韩氏三门老宅（茹凹村）

韩氏三门老宅位于洛龙区安乐镇茹凹村老西街，坐西朝东。始建于清代，具体年代不详。老宅并排三个院落，南院现存过厅和上房，中院仅存过厅，北院只有南厢房，为两间一屋结构，其东山墙照壁为菱形砖雕图案。

据《韩氏三门家谱》记载，其祖辈从山西洪洞迁洛，先在老城凤化街，后又迁到茹凹，以务农种地为生。据韩氏族人韩君照介绍，老宅是高祖父韩绪建造，曾祖父曾任直隶候补县丞。家中的"妙手回春"匾额现存洛阳民俗博物馆。另有两块匾额失落，其中一块为"品学兼优"，均为友人送族人韩礼堂（韩克己）的。

南院上房

中院过厅

中院过厅横披窗

支摘窗

北院南厢房 北院照壁

南院过厅

南院上房槛窗　　　　　　　　　　南院上房券门上部

梁架　　　　　　　　　　　　　　梁架（局部）

博缝砖雕

柱础

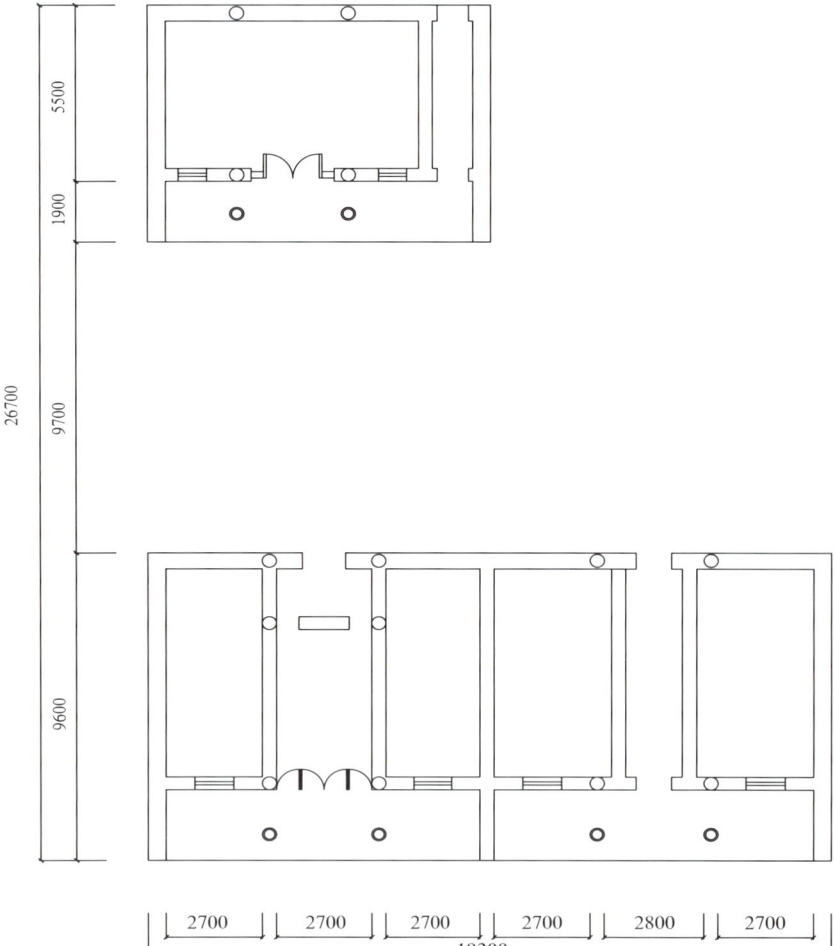
平面图

剖面图

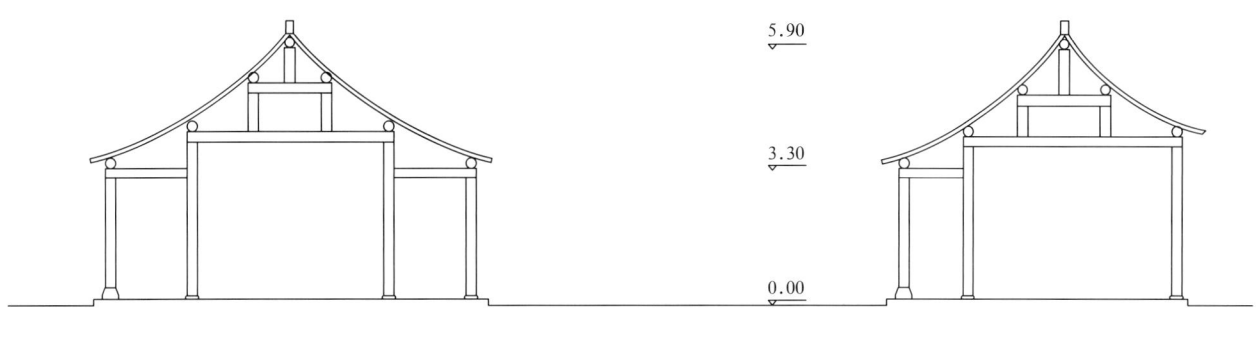

轴测图

韩庆栓老宅（茹凹村）

韩庆栓为韩氏二门族人，其老宅位于洛龙区安乐镇茹凹村韩氏三门老宅南面，坐东朝西。仅存过厅3间，建造年代不详。

过道

槛窗

柱础

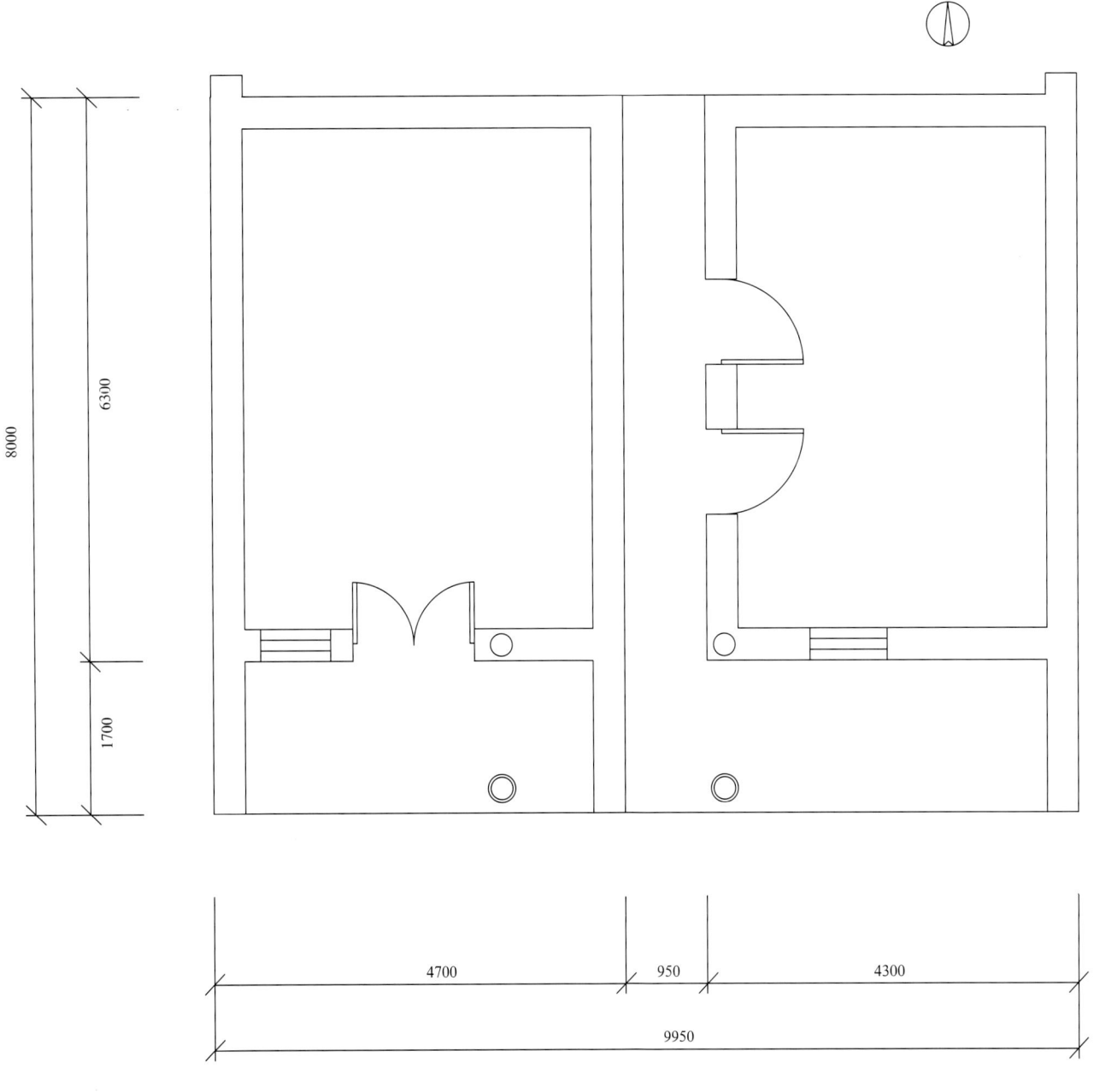

平面图

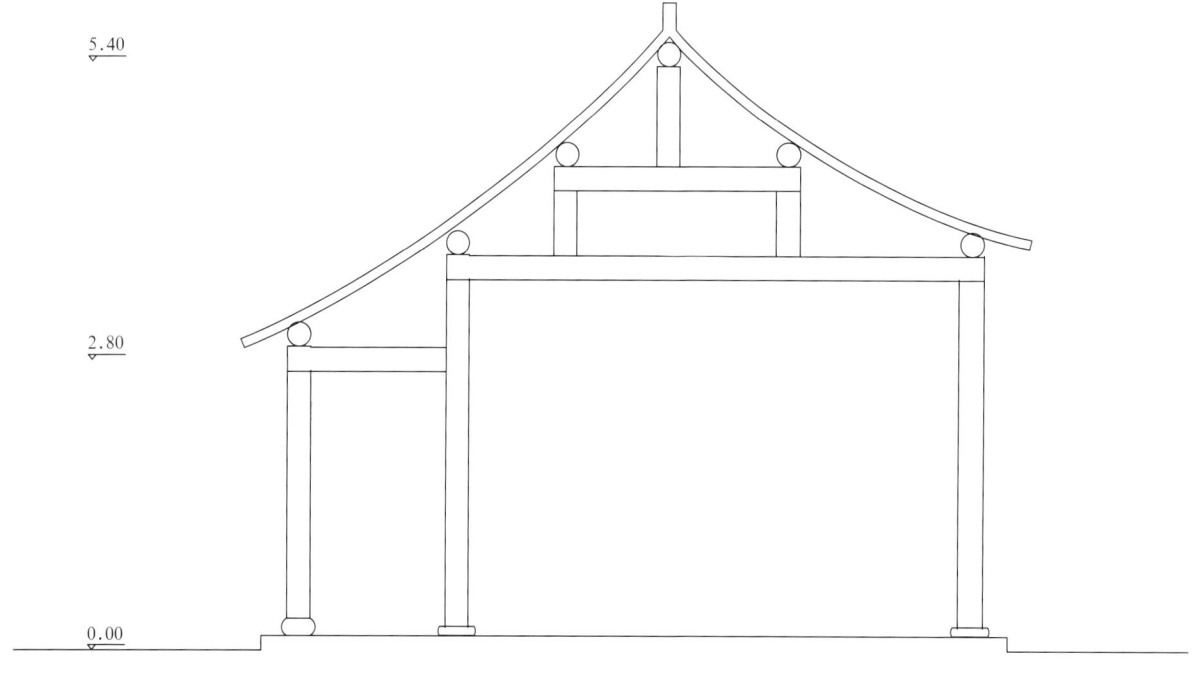

剖面图

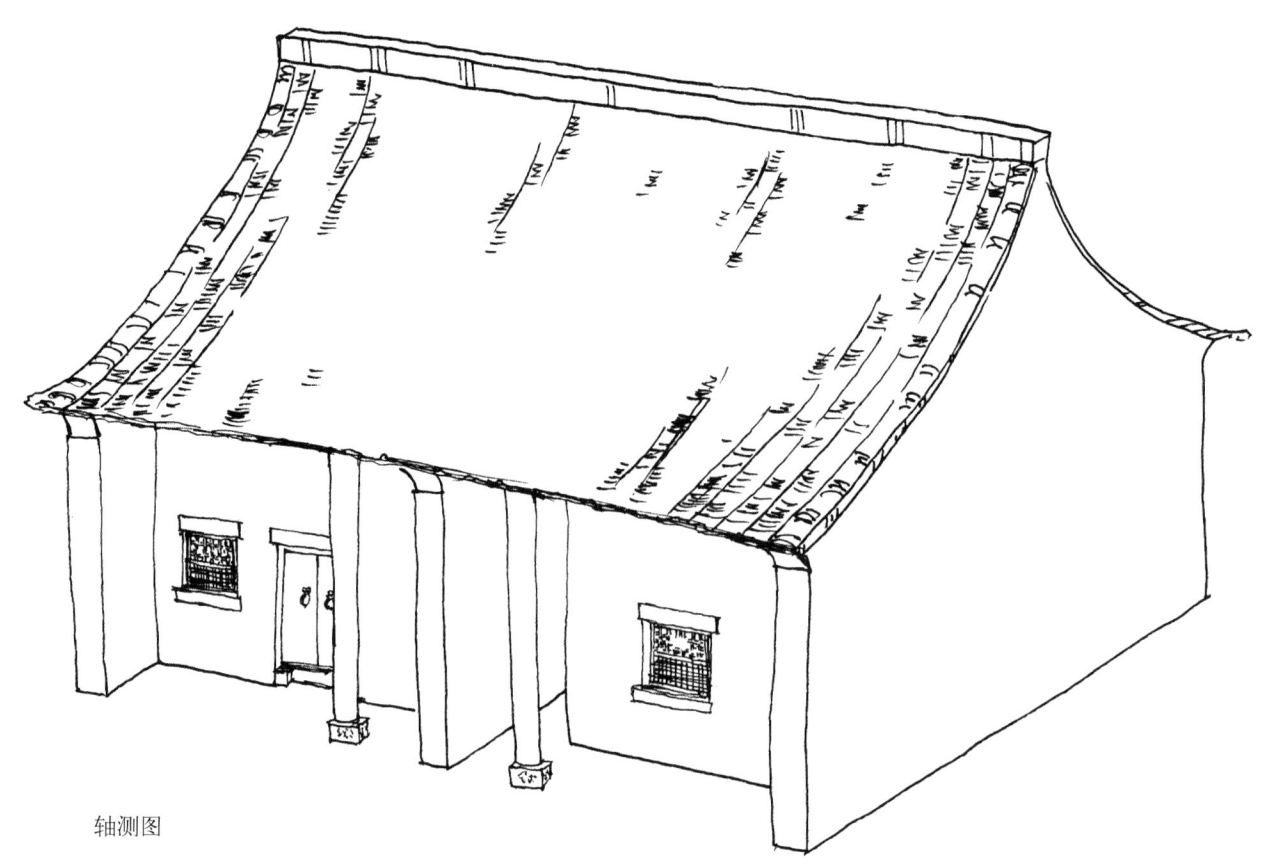

轴测图

王氏老宅（军屯村）

王氏老宅位于洛龙区安乐镇军屯村老南街，坐北朝南。始建于清宣统元年（1909），是王氏老宅中院主人王天柱的曾祖父王宗仿建造。据说王宗坊曾在卢氏做生意，由此积累家业。王氏老宅并排3所宅院，东院和西院均仅存临街房3间。中院临街房后檐下悬挂一块木匾，上书"总集福荫"4个大字。两根木柱上挂一副木制对联，上联是"门第兆三槐，积德累仁，永庇万年福荫"，下联是"事功传两晋，铭钟勒鼎，不愧一代名臣"。根据对联上下款分析，这是卢氏秀才高维岳在1917年撰联并书写，送给王宗仿（字守轩）的。在临街房内供奉的王氏先祖牌位上悬挂一块木匾，上书"槐堂福荫"4个大字。牌位两边挂一副木制对联，上联是"乌衣传家声，风流宛在"，下联是"燕翼诒孙谋，俎豆常新"。屋内顶部方形望砖上绘有阴阳八卦图。院内二门上方有"云蒸霞蔚"匾额，其他建筑已毁。王氏族人王建乐家中也藏有一块民国六年（1917）木匾，上书"笃厚朴成"4个大字，也是高维岳书写。其制作工艺精美，现状如新。

临街房背面俯视

临街房（由西南向东北拍摄）

车门

墀头砖雕

大门门楣上部

大门　　　　　　　　　　　临街房内立面（由北向南拍摄）

屋面

板门

临街房门

过道门拱顶

板门门环

临街房槛窗

后檐上部

建房题记

梁架

屋顶八卦图

屋顶图案

匾额

中堂匾额

檐柱上联

檐柱下联

中堂上联　中堂下联

柱础

柱础石雕（局部）

照壁

原二门匾额（现嵌于照壁上）

原二门砖雕（现嵌于照壁上）

王家传世的民国时期匾额

匾额局部浮雕　　　　　　　　　　　匾额边框纹饰

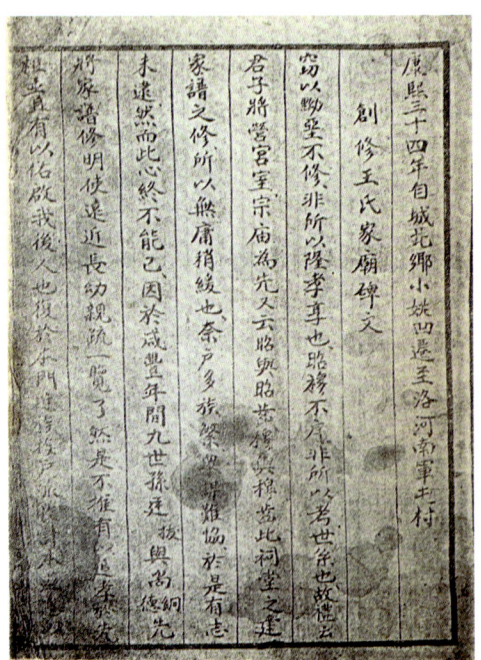

王氏家庙碑文

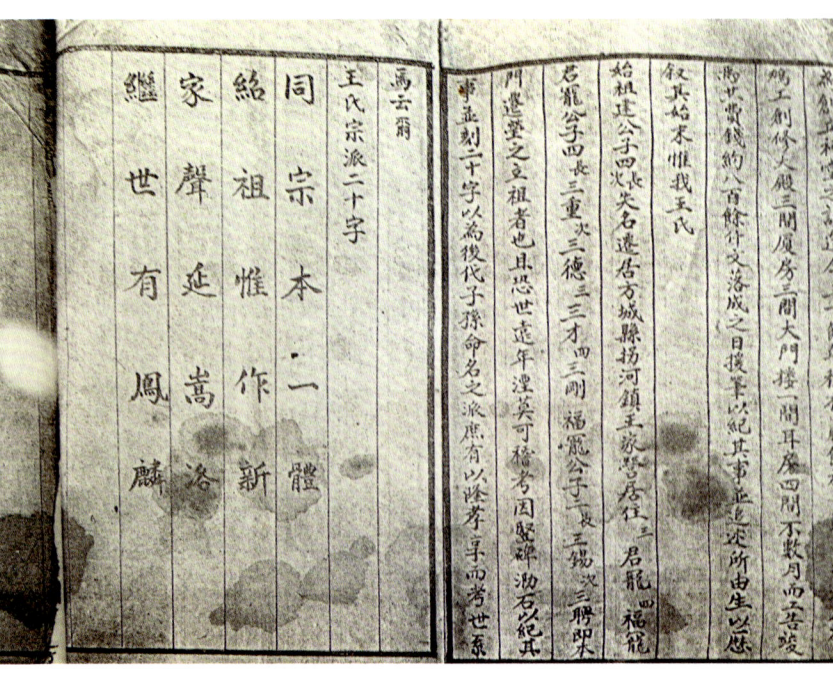

王氏家谱内文

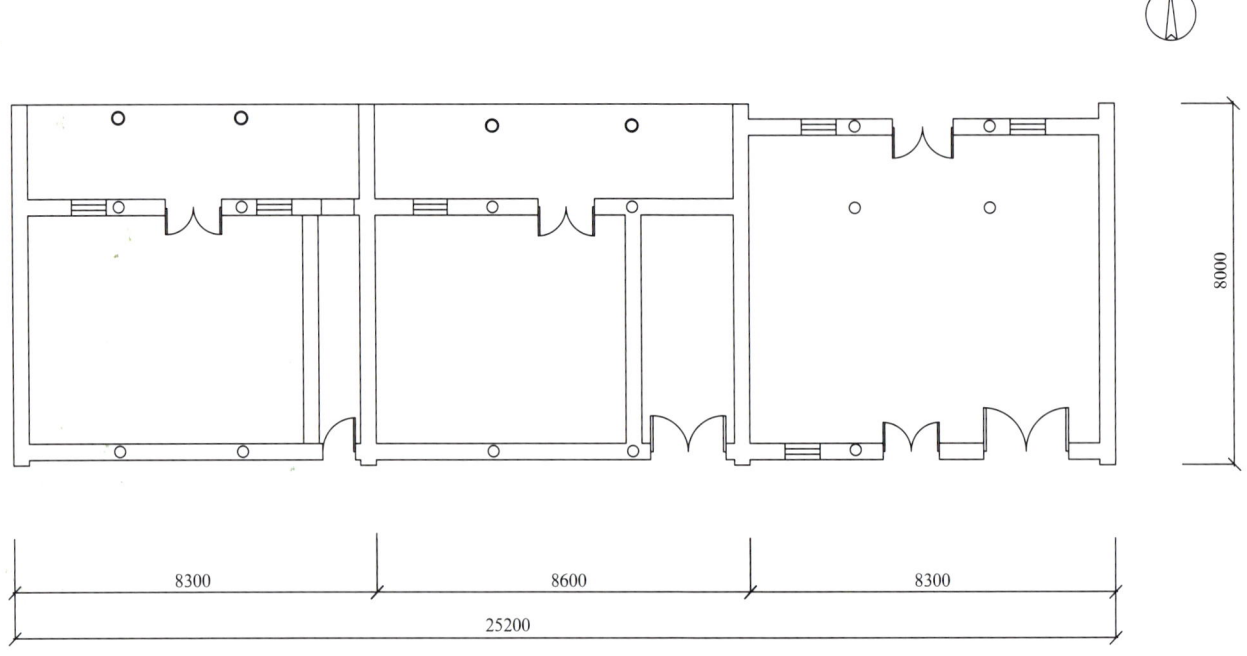

平面图

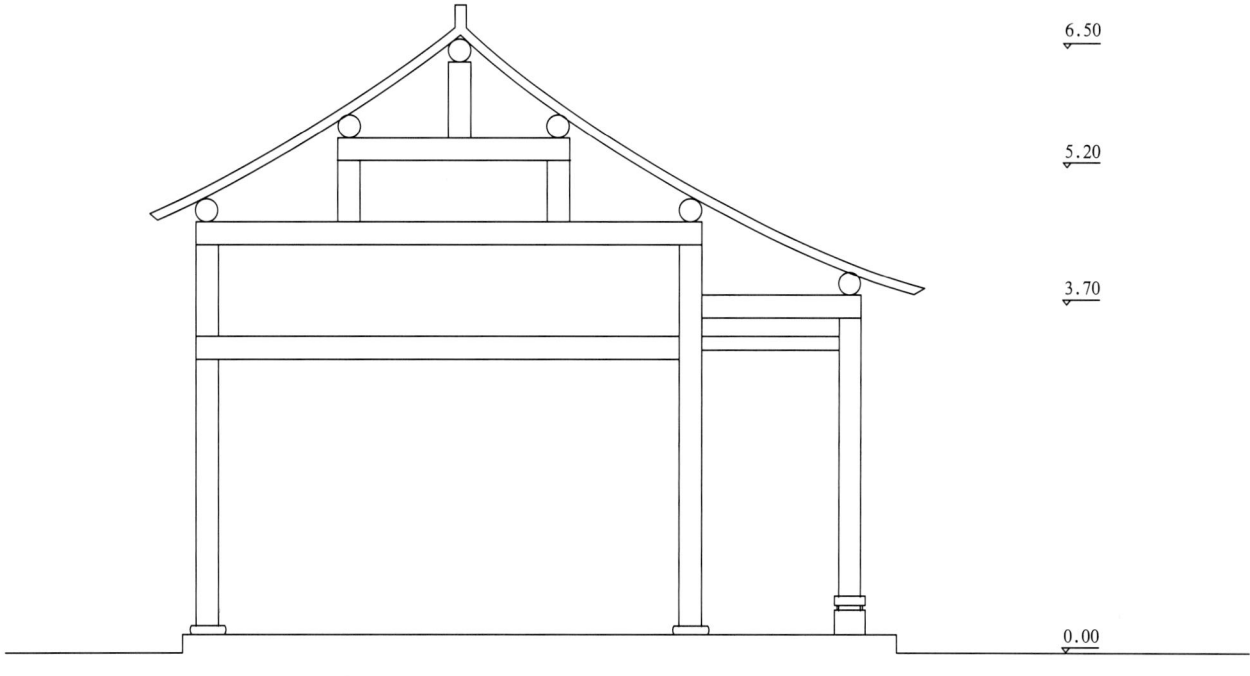

剖面图

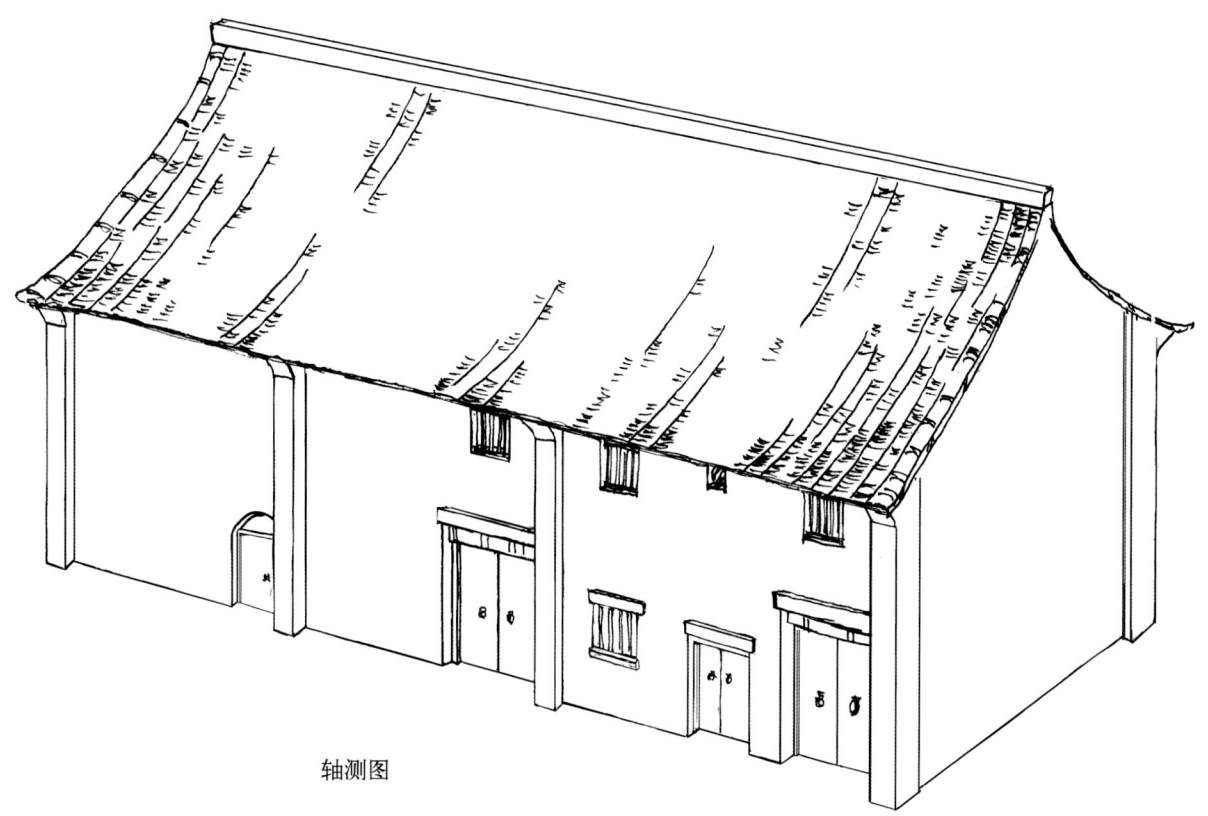

轴测图

殷氏老宅（后河村）

殷氏老宅位于洛龙区科技园办事处（原古城乡）后河村中东北部，坐南朝北。始建年代不详，但其山墙盘头底部有垫石，具有明代建筑特色。仅存临街房3间，院门位于其西次间。前檐墙东下部嵌有一拴马石，上部墙上原有一长方形凹进的地方，是挂匾的位置，俗称"匾窝"，已用石灰抹平。现为刘氏村民居住。

临街房（由北向南拍摄）

挑檐石

嵌在前檐墙的拴马石

临街房檐部

内侧柱础

西山墙

山尖底角的博缝砖

家传匾额（字体已毁）

老宅拆下的博缝砖　　　　　　　　匾额局部纹饰

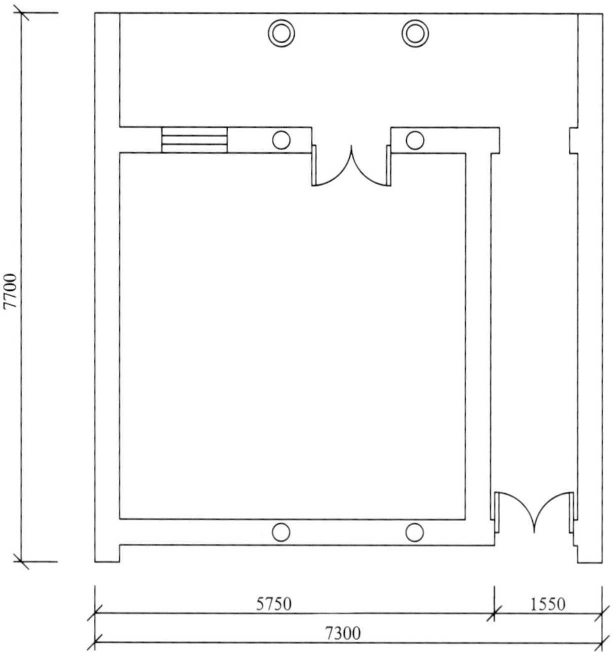

平面图

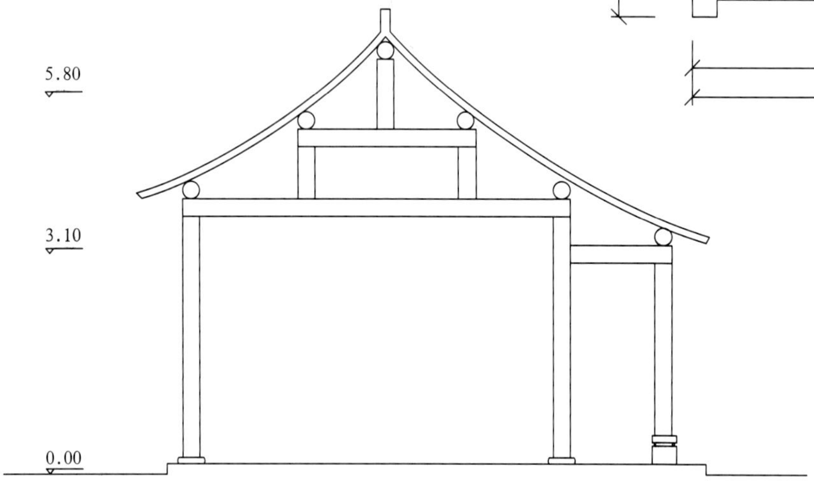

剖面图

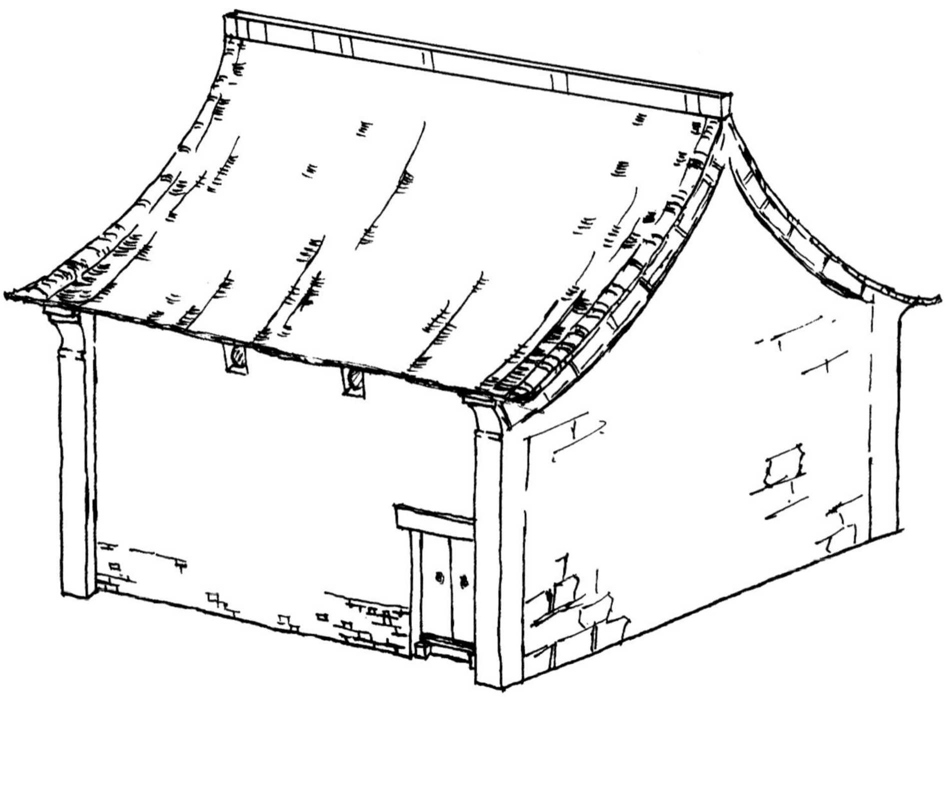

轴测图

杨氏老宅（后河村）

杨氏老宅位于洛龙区科技园办事处（原古城乡）后河村中街东部，坐北朝南。始建于清代，具体年代不详。东西厢房北墙之间建有二门楼，东厢房为三间两室，西厢和其他建筑已毁。新中国成立后曾作为后河大队办公场所。

东厢房

二门

东厢房北山墙

平面图　　　剖面图

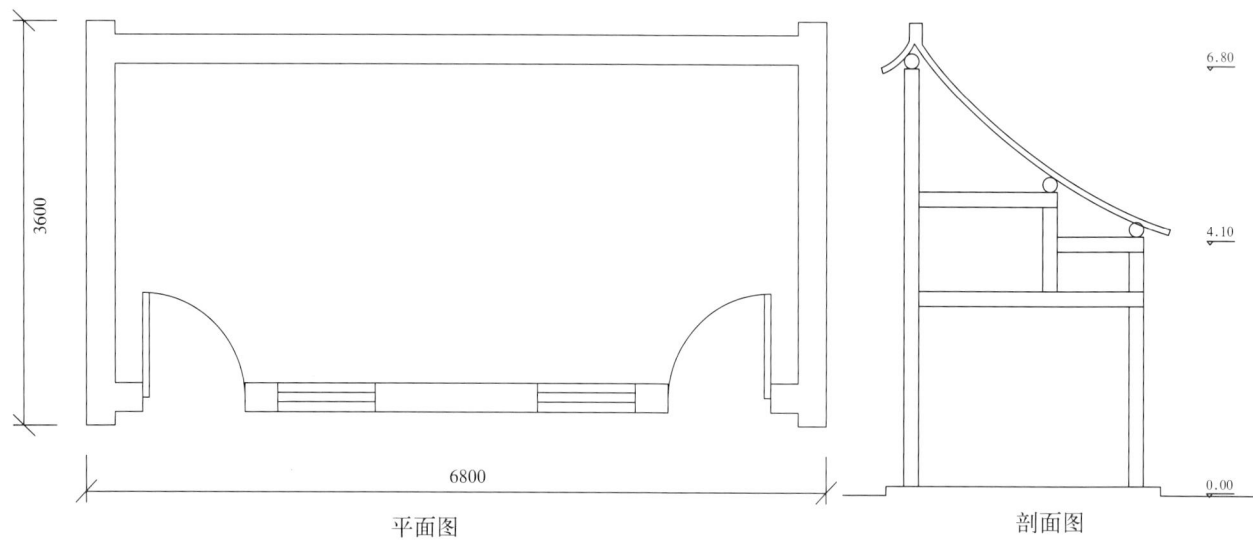

轴测图

刘氏老宅（后河村）

刘氏老宅位于洛龙区科技园办事处（原古城乡）后河村中街西部，坐北朝南。始建于清代，具体年代不详。仅存临街房3间。大门位于其西次间，门上方匾额为"福禄寿"3字。前檐墙偏东上部有长方形凹进的地方，是挂匾的位置。内檐下有两根木柱，过道内门上方有一横长方形砖雕，中间为一寿星，东边是一仙鹤，西边是一只鹿，寓意"鹿鹤同春"，表示吉祥。

临街房（由西北向东南拍摄）

大门

临街房前檐墙匾额框

临街房背立面

大门匾额

大门上部砖雕

西墀头北侧

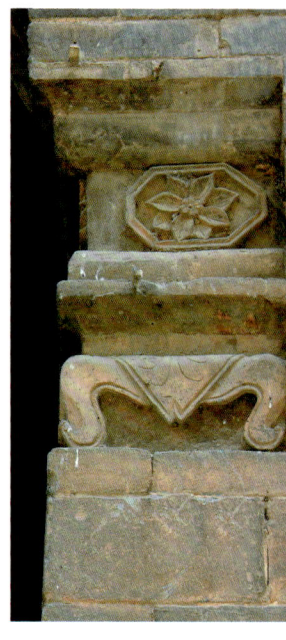

西墀头西侧

过道内门上部砖雕

过道内门额砖雕

门墩　　　　　　　　　　　　　　柱础

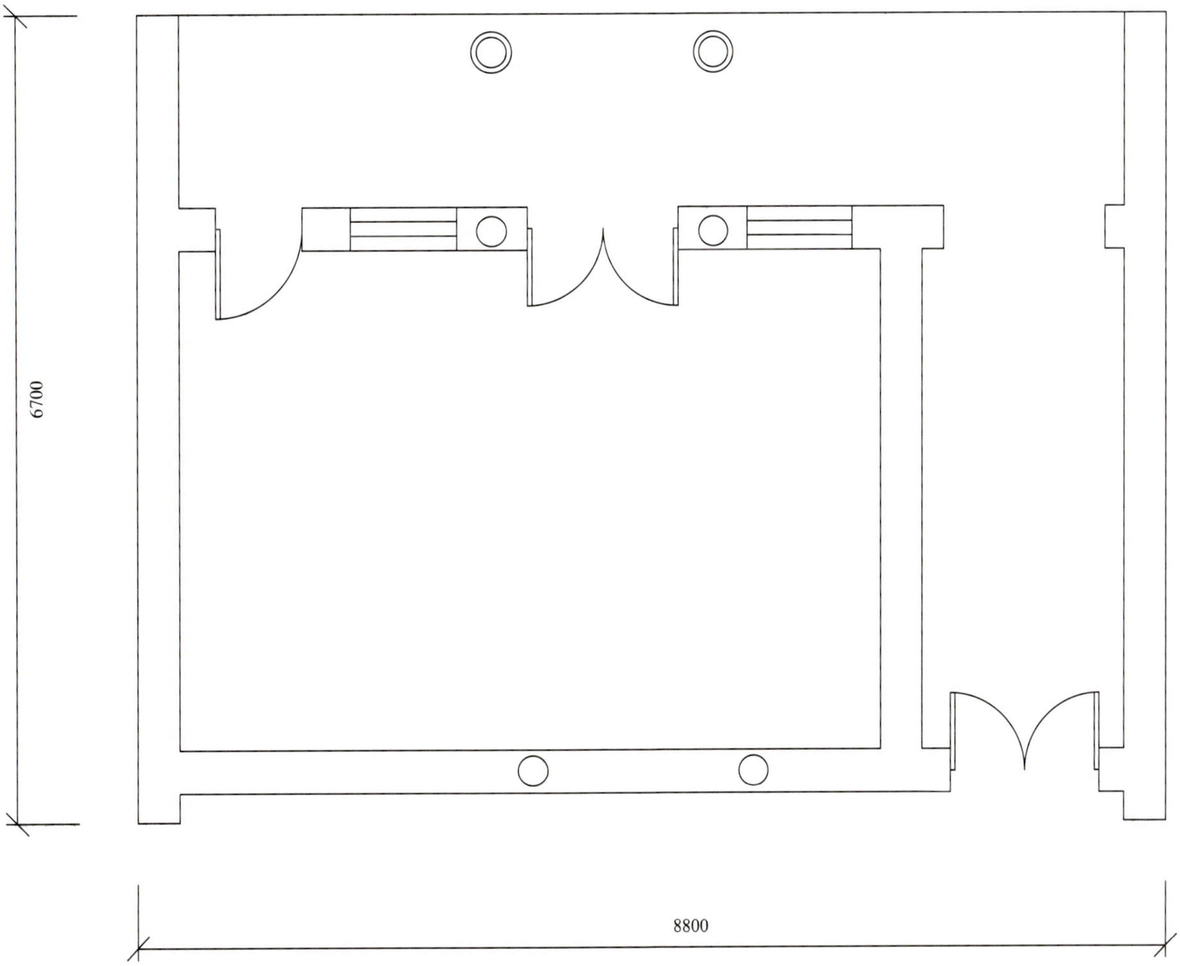

平面图

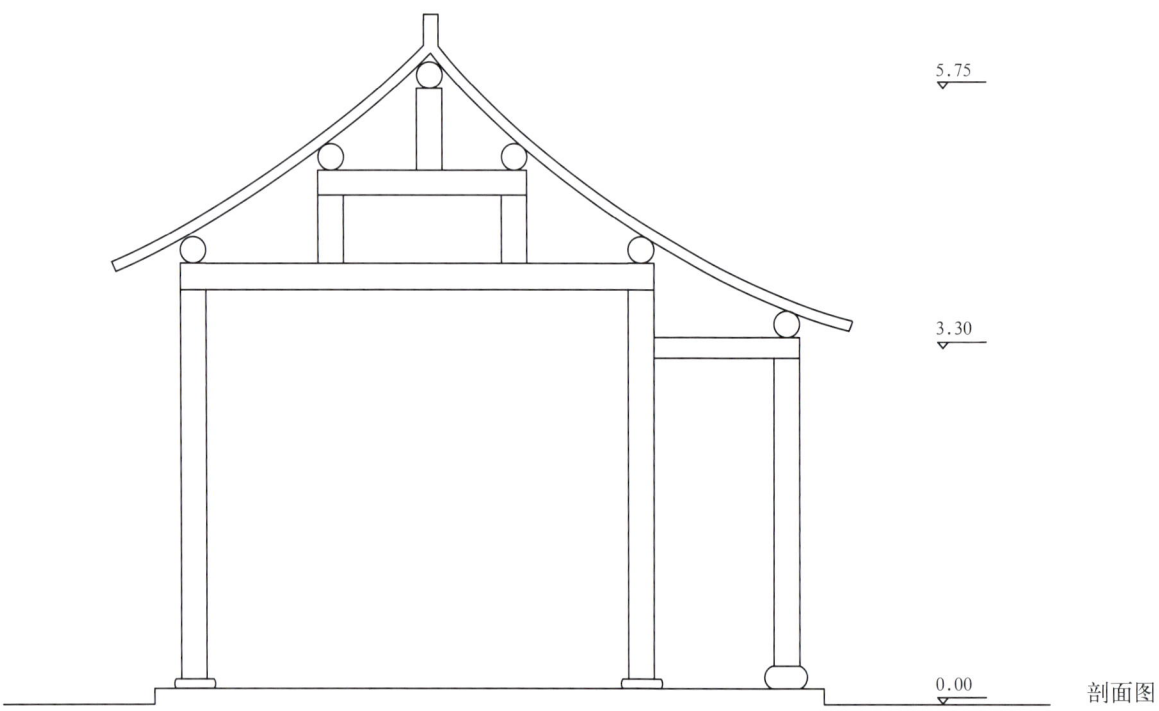

剖面图

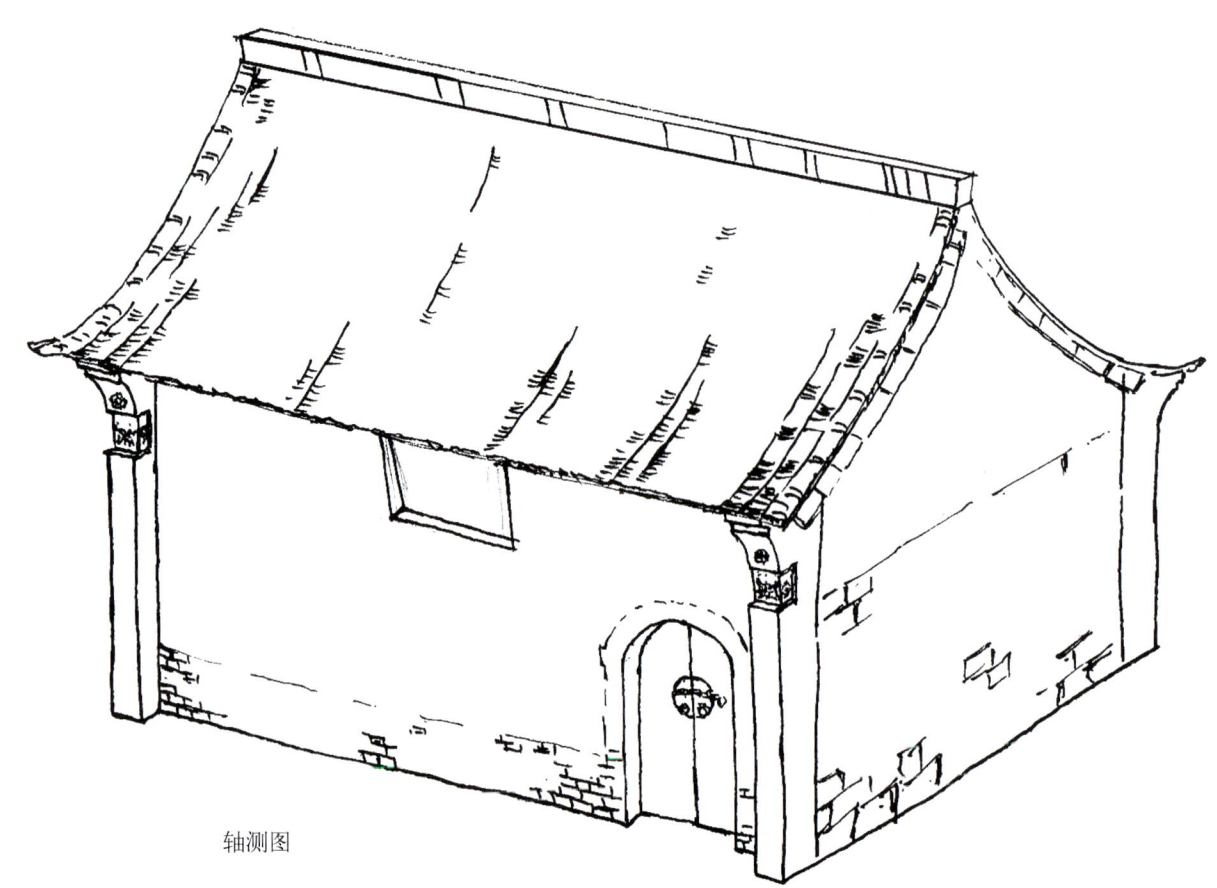

轴测图

韩氏老宅（油坊头村）

韩氏老宅位于洛龙区科技园办事处（原古城乡）油坊头村正街西部，坐南朝北。始建于清代，具体年代不详。仅存上房3间，进深5.5米，总宽9米。前檐深1.7米，高3.2米。东次间有通向后院的过道，宽1米，高2米。后院原有一通往南边街道的大门，可供马车进出，俗称"大车门"。后院还有磨棚、茅厕等生活设施，均已不存。

上房正面与东厢房（由北向南拍摄）

上房板门

过道（由北向南拍摄）

上房室内板壁

高新技术开发区

李安石老宅（延秋村）

　　李安石老宅位于洛阳市高新技术开发区辛店镇延秋村东部中街北侧，坐北朝南。现存临街房、上房和东西照壁。临街房和过厅均为面阔3间的五架梁带前廊砖木结构建筑。临街房和上房均建于砖石砌筑的台基之上，面阔10米，进深9.2米。宅院的大门位于西次间，大门两侧各置一抱鼓石。檐墙下碱部分为青砖，上身为土坯。屋顶覆以灰色仰板瓦，正脊经过改动。临街房北侧原为二门，现二门不存，仅余其两侧的照壁墙。照壁中间为方砖砌成，上下有"福""禄""寿"及砖雕的吉祥图案。过厅台基高约0.3米，其建筑讲究。平板枋上有精美的"富贵牡丹"、梅花、双鹿等图案的木雕，雀替为花草纹。该民居原主人为李宗先，曾为清代侍郎。虽保存不完整，但木雕、砖雕、石雕均制作考究，为一处清代晚期建筑。

临街房（由南向北拍摄）

大门

原二门处遗存的里外抱鼓石

西侧抱鼓石

上房雀替

东侧抱鼓石

檐下云墩

上房（由南向北拍摄）

后院（由南向北拍摄）

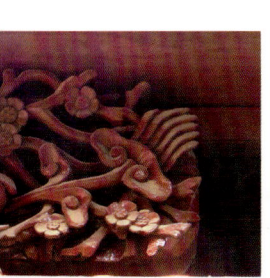

原建筑格扇门

原建筑格扇窗

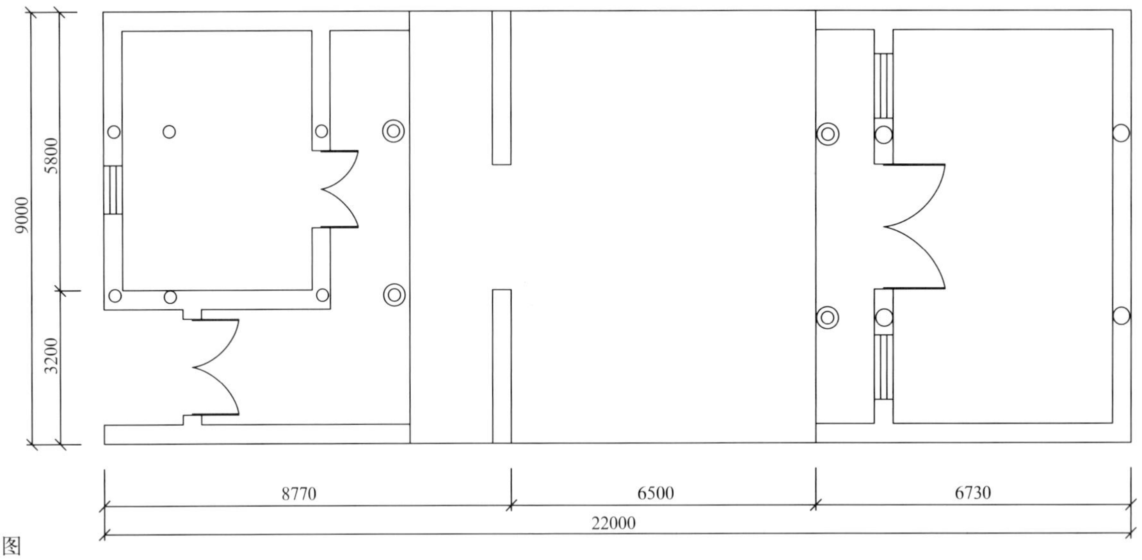

平面图

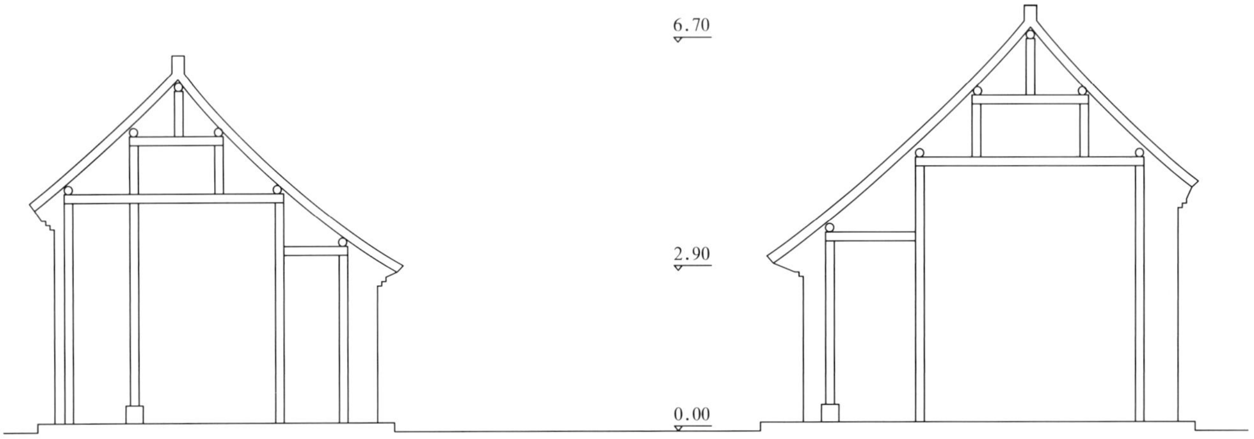

剖面图

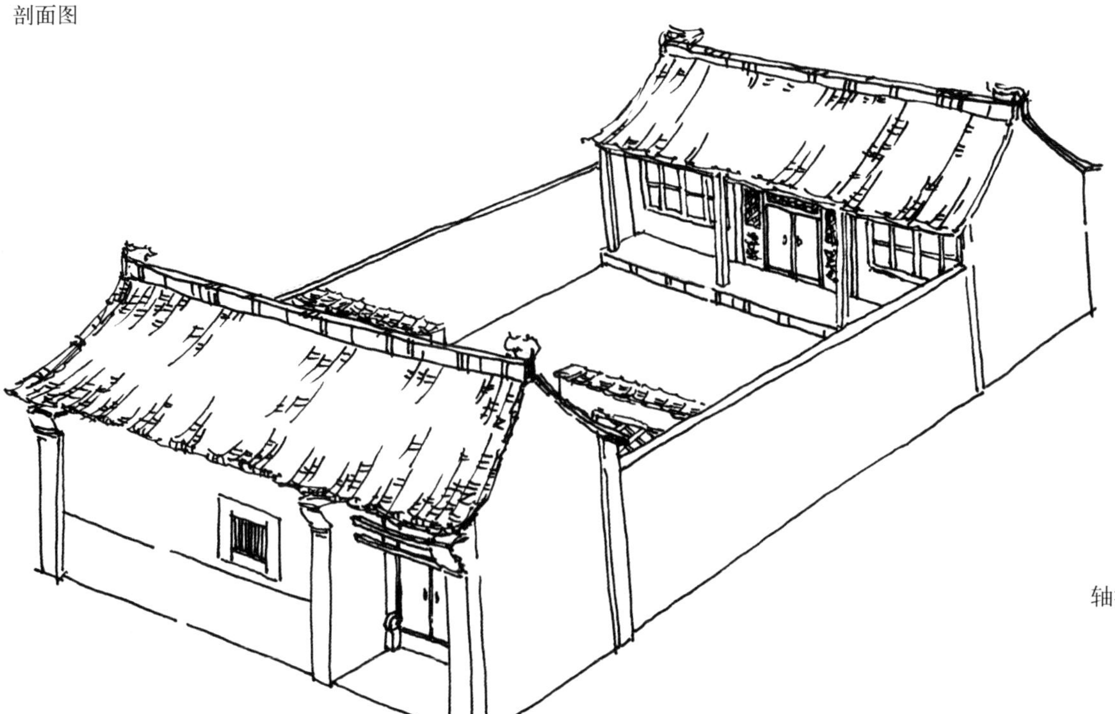

轴测图

陈平安老宅（延秋村）

陈平安老宅位于洛阳市高新技术开发区辛店镇延秋村东部正街北侧，坐北朝南，建筑年代不详。现仅存临街房，面阔3间，硬山式五架梁带前廊砖木结构。建筑面阔10.1米，进深7.45米。屋面覆以灰色板瓦，正脊不存。前墙已经被更换，大门两侧存有抱鼓石1对。

临街房（由东南向西北拍摄）

过道内侧护檐板木雕

西侧抱鼓石

东侧抱鼓石

临街房梁架

赵氏老宅（老井村）

赵氏老宅位于洛阳市高新技术开发区辛店镇老井村。该民居坐北朝南。原为东中西并排三所宅院，西院已毁，现存东院临街房、过厅和上房，均为面阔2间，中院临街房3间。临街房为硬山式砖木结构，建于高约0.7米的砖砌台基之上。其梁架为五架梁，前檐辟廊。屋顶覆灰色小板瓦，屋脊现已不存。前墙为青砖砌成，后墙下碱部分为青砖，上身为土坯。两山墙亦为青砖砌筑，房门开西间，为对开板门。门两边各开一槛窗。院门开于临街房东次间，过道前为长方形大门，过道内为砖券拱门。屋内地面铺方砖，屋顶用木板隔开，作为仓储之用。过厅亦为面阔2间的硬山式建筑，屋脊上雕花草纹饰。该民居为赵广恩所建，为典型的清代民居风格。

临街房（由东南向西北拍摄）

东院临街房（由南到北拍摄）

东院临街房内立面（由北向南拍摄）

东山墙为干摆墙

赵家传世匾额

匾额两侧文字

中院临街房

中院大门

中院临街房背立面

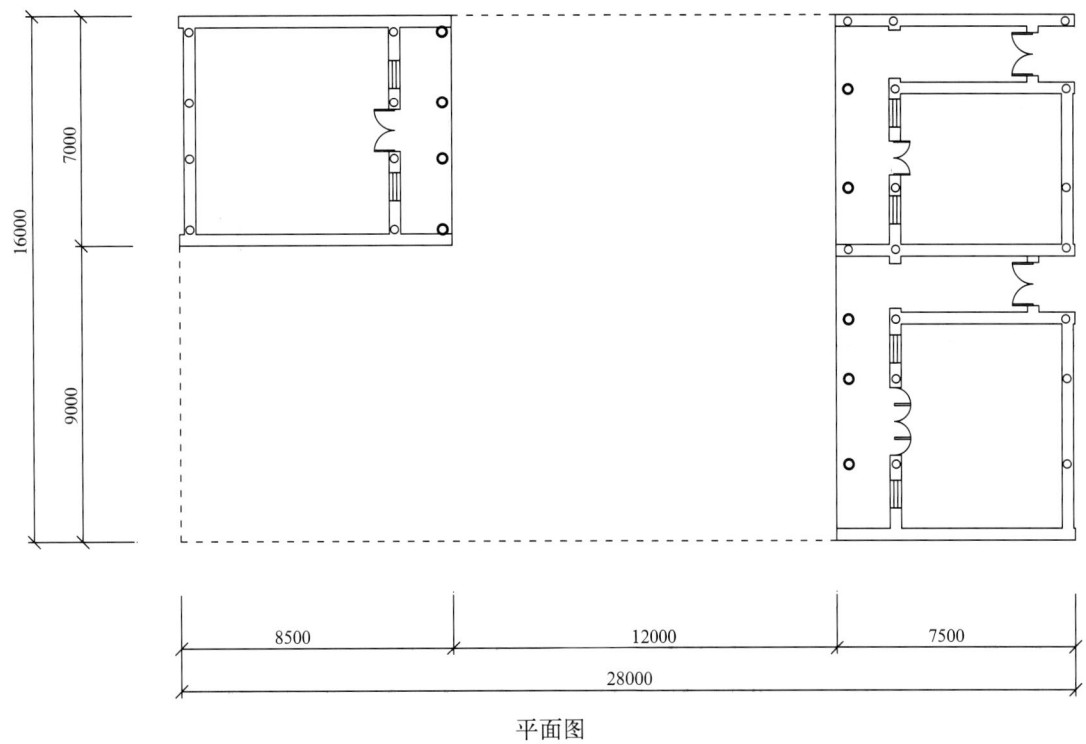

平面图

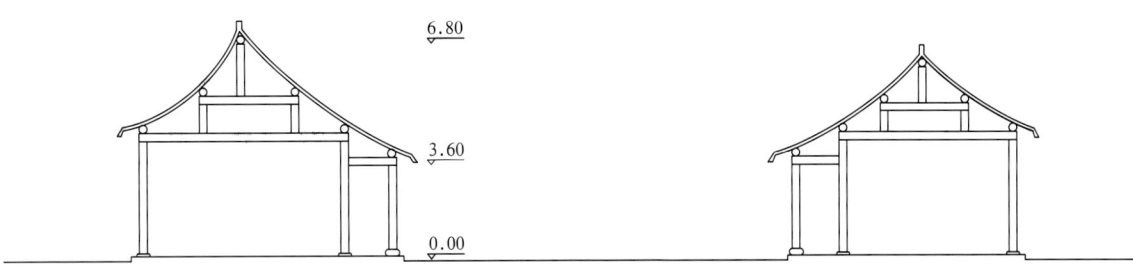

剖面图

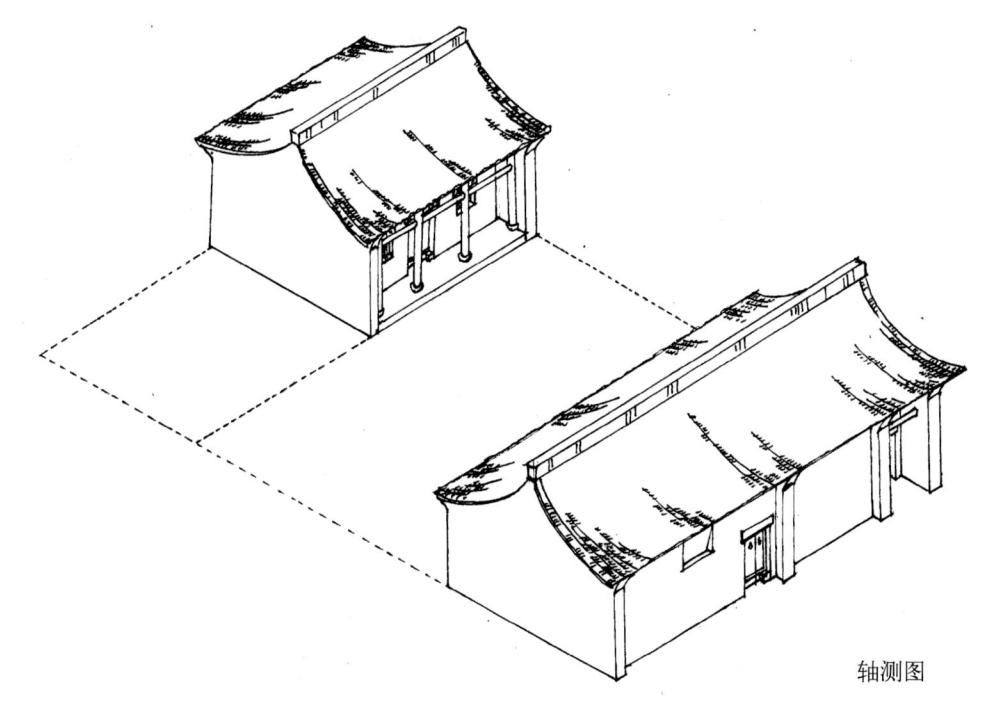

轴测图

赵铁栓老宅（马赵营村）

赵铁栓老宅位于洛阳市高新技术开发区辛店镇马赵营村。坐南朝北，由临街房、东西厢房和上房组成。临街房面阔3间，硬山式砖木结构，五架梁带前廊，顶覆板瓦，明间对开板门，两次间各开一窗。两山墙下部为石砌，上部为青砖砌，临街房下为石砌，上为土坯。院门位于临街房西次间。东西厢房面阔两间，单坡顶，覆板瓦。正房与临街房形制规模相同，亦为五架梁带前廊的硬山式建筑。

临街房（由东北向西南拍摄）

大门（由北向南拍摄）

过道顶棚

临街房背立面中部

临街房明间屋门

临街房檐廊西端

临街房檐廊东端

檐下云墩

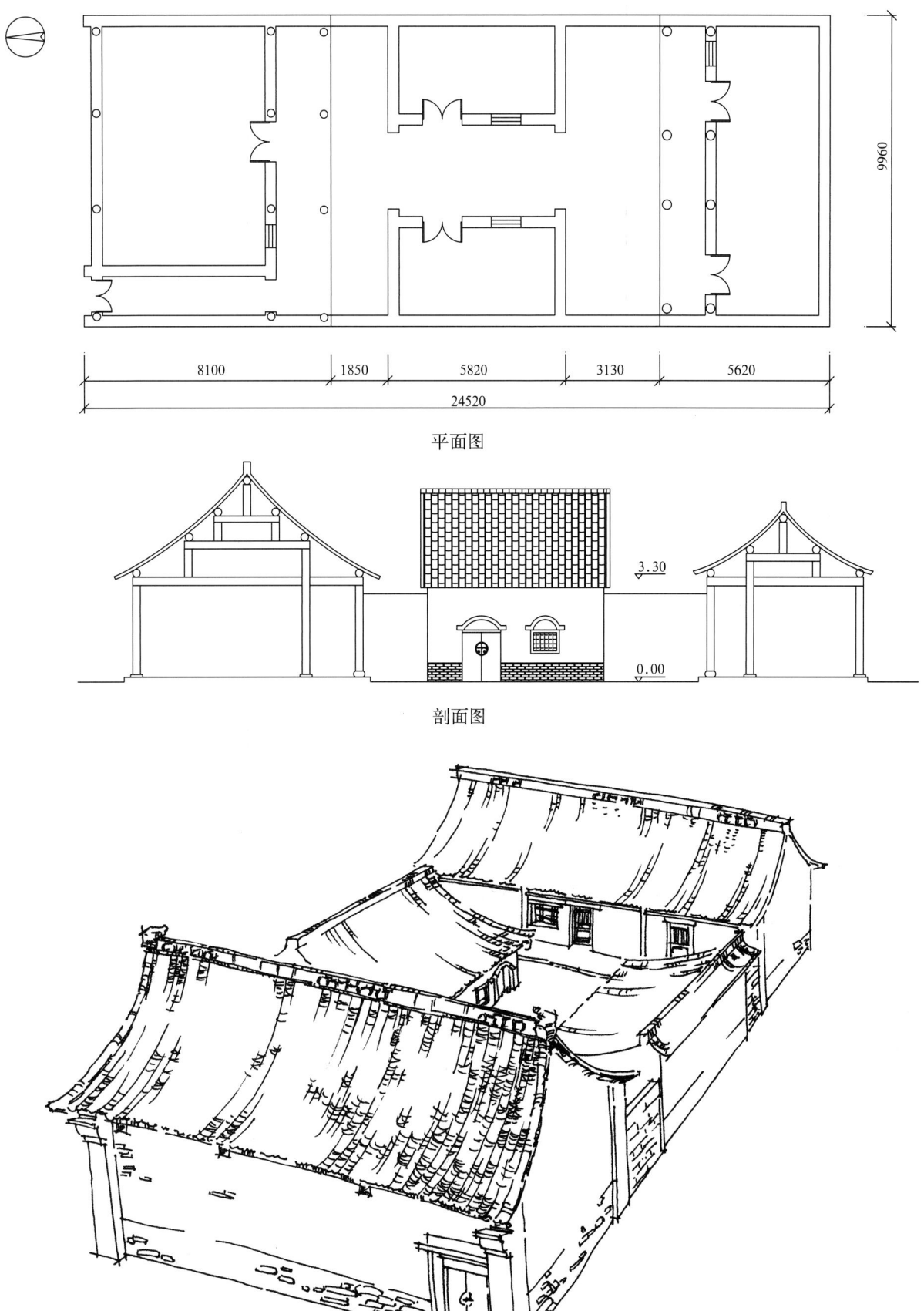

平面图

剖面图

轴测图

赵龙蛟老宅（马赵营村）

赵龙蛟老宅位于洛阳市高新技术开发区辛店镇马赵营村，坐北朝南。始建于清代，具体年代不详。原有的3间上房仅存东边两间，内檐墙已改造，总宽7米。上房三开间，入深4.7米，总宽8.5米，檐深1.8米，高3米。

大门

临街房（由南向北拍摄）

东山墙

临街房内立面

西厢房（由东北向西南拍摄）

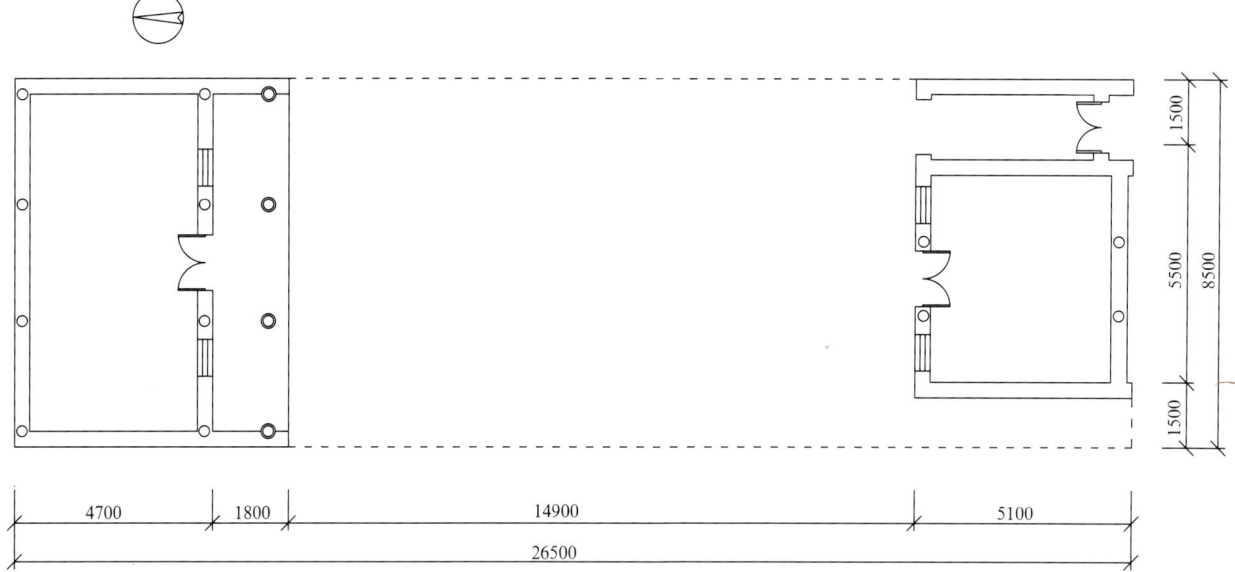

平面图

剖面图

轴测图

王怀林老宅（马赵营村）

王怀林老宅位于洛阳市高新技术开发区辛店镇马赵营村。坐北朝南。现仅存过厅，面阔3间，硬山式五架梁砖木结构正中开一门，两侧各一窗。前后檐墙下碱部为青砖，上身为土坯。该民居为清代建筑，始建年代不详。

过厅背立面

过厅（由南向北拍摄）

大门抱鼓石

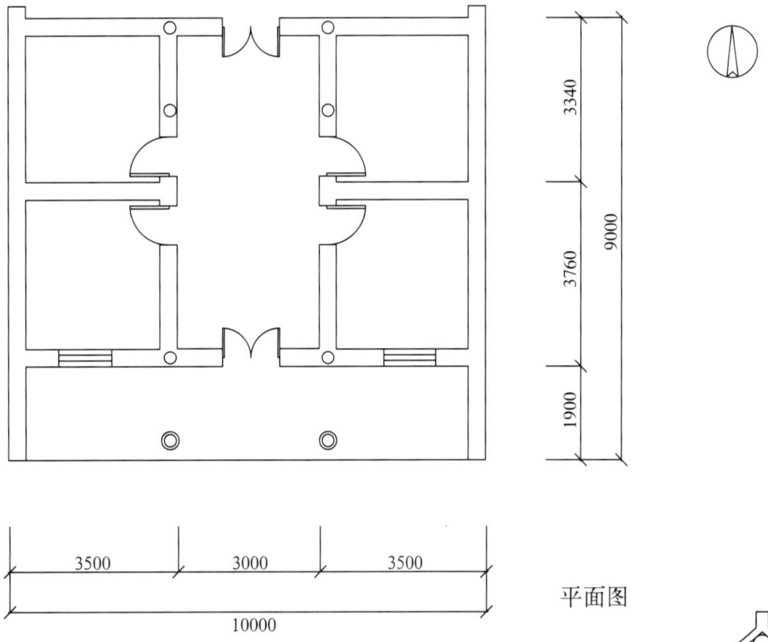

平面图

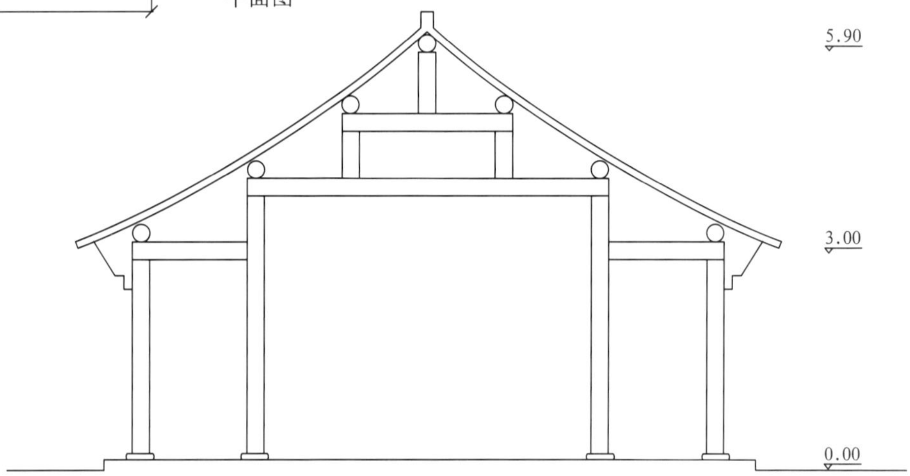

剖面图

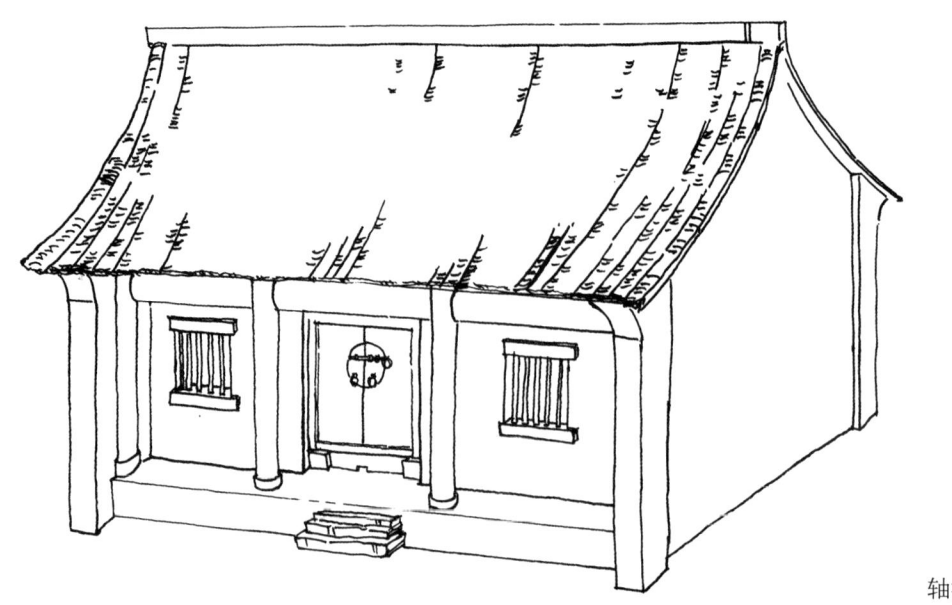

轴测图

张忠良老宅（白营村）

张忠良老宅位于洛阳市高新区技术开发区辛店镇白营村中部偏西，坐北朝南。现仅存过厅，毁坏严重。过厅为面阔3间的五架梁带前廊砖木结构，分上下两层，一层中间开门，两侧各开一窗。门窗保存相对较好，为格扇门，裙板上有马、梅花、祥云等富含吉祥寓意的木雕图案。檐柱下部腐朽，柱础为下方形上扁鼓的青石质。张氏老宅虽保存不善，但其砖雕、木雕均非常精美，体现了清代民间乡土建筑特点。

过厅正立面

四扇板门

内部结构

上部结构

原建筑隔扇门

绦环板木雕

墀头砖雕

残石柱

杨运来老宅（杨窑村）

杨运来老宅位于洛阳市高新技术开发区辛店镇董窑村杨窑自然村，坐北朝南。现仅存临街房，面阔5间，硬山式砖木结构，5架梁带前廊，屋面覆灰色板瓦，屋脊经过翻修。山墙下为青砖砌，上为料礓石，墀头部分雕有瑞兽图案，临街墙下为青砖，上为土坯。宅门位于东尽间，门廊额枋上施荷叶墩，下有骑马雀替。另临街房尽间还辟有一双开门，供车马出入。杨窑杨家民居虽仅存临街房，但其建筑规模较大，建筑较为清细，对于研究清代民居有较高的价值。

大门

大门东侧门垛和上部木雕

临街房（由北向南拍摄）

过道内券门

槛窗

抱头梁、穿插枋的耍头

山墙

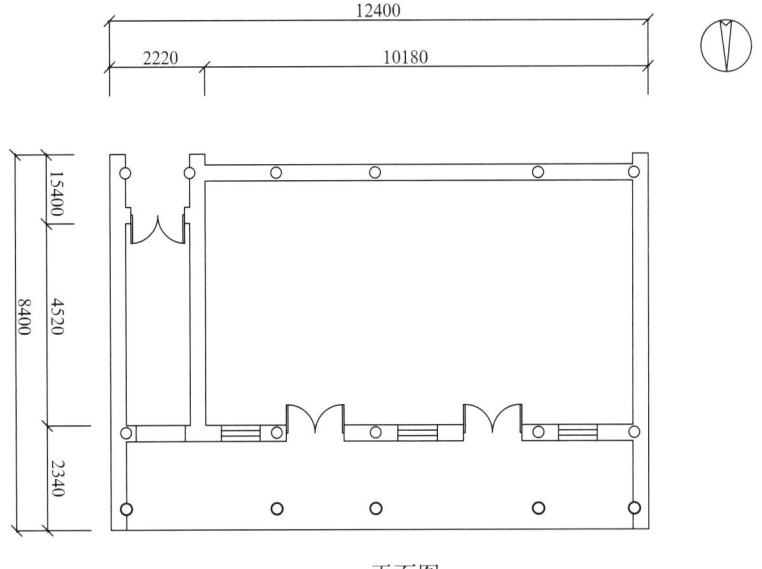

平面图

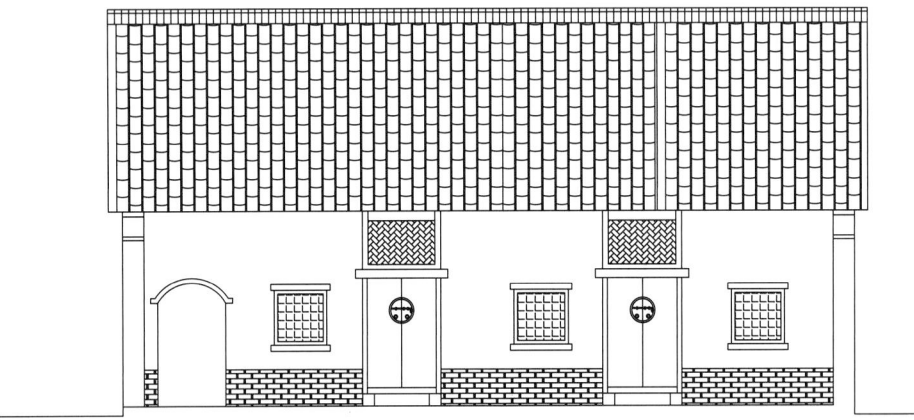

剖面图

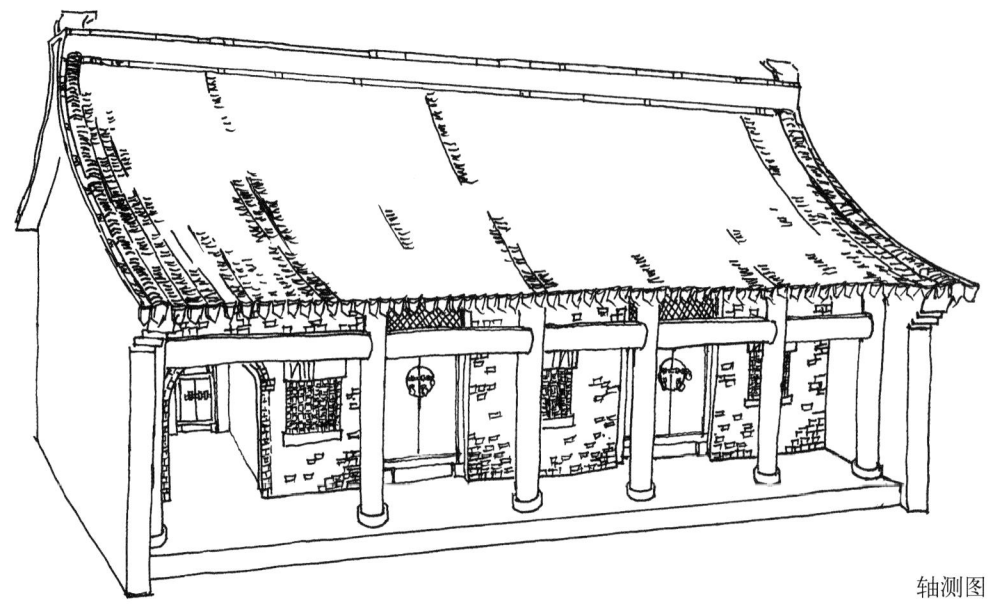

轴测图

杨宏斌老宅（杨窑村）

杨宏斌老宅位于洛阳市高新技术开发区辛店镇董窑村杨窑自然村，坐北朝南。始建于清代，具体年代不详。仅存临街房3间，进深4.4米，总宽8.1米，檐深1.7米，高2.6米。

临街房

临街房背面

山墙

大木构架

柱础

杨万邦老宅（董窑村）

杨万邦老宅位于洛阳市高新技术开发区辛店镇董窑村董窑，坐北朝南。始建年代不详，现仅存上房3间，为硬山式砖木结构。其梁架为五架梁，屋顶覆灰色板瓦，屋脊经过翻修。前檐辟廊，檐柱为扁鼓式石柱础。前檐明间对开板门，两次间各开1窗。两山墙外包石块，内为土坯。后檐墙下为石块，上为土坯。董窑杨万邦老宅虽仅存上房，且局部经过翻修，但总体上保持了清代建筑风格。

上房

门上部横披窗

木质门墩

吉利区

张来法老宅（北陈村）

张来法老宅位于吉利区北陈村南部，坐北朝南，始建年代不详，硬山式建筑。南北长51米，东西宽12米，面积约600平方米。现存建筑有临街房、过厅、二门、东西厢房、上房等。老宅保存基本完好，建筑中的砖雕、石雕和木雕图案寓意吉祥，工艺精美，是吉利区农村一处少见的民居建筑。

临街房侧立面（由东南向西北拍摄）

大门

大门上部

大门墀头砖雕　　　　　　　　　　大门立枋上的花草图案和"福""寿""禄"字样

大门云墩木雕　　　　　　　　　　大门立枋木雕（局部）

门墩内侧

门墩外侧

临街房背立面（由北向南拍摄）

过厅背立面（由南向北拍摄）

过厅格扇门

过厅梁头木刻"诗""礼"二字

过厅檐柱柱础

格扇门裙板及绦环板

过厅柱础

柱础六棱面图案之一

二门　　　　　　　　　　二门背立面

砖雕门额"有孚威如"

二进院（由北向南拍摄）

二进院东厢房

二进院西厢房

二门正脊

厢房券门

西厢房板壁

厢房方形牖窗

厢房椭圆形牖窗

厢房墀头砖雕

二进院上房（由南向北拍摄）

上房内西侧

上房格扇窗

上房门墩

张文禄老宅（北陈村）

张文禄老宅属清代建筑，始建年代不详。现存临街房、大门楼、二门、过厅，布局基本完整，部分建筑损毁。

临街房（由东南向西北拍摄）

大门正面（由南向北拍摄）

临街房背立面

二门

上房柱础

上房（由南向北拍摄）

上房门墩

东侧门

老宅·LUOYANGMINGQINGJIANZHU / 253

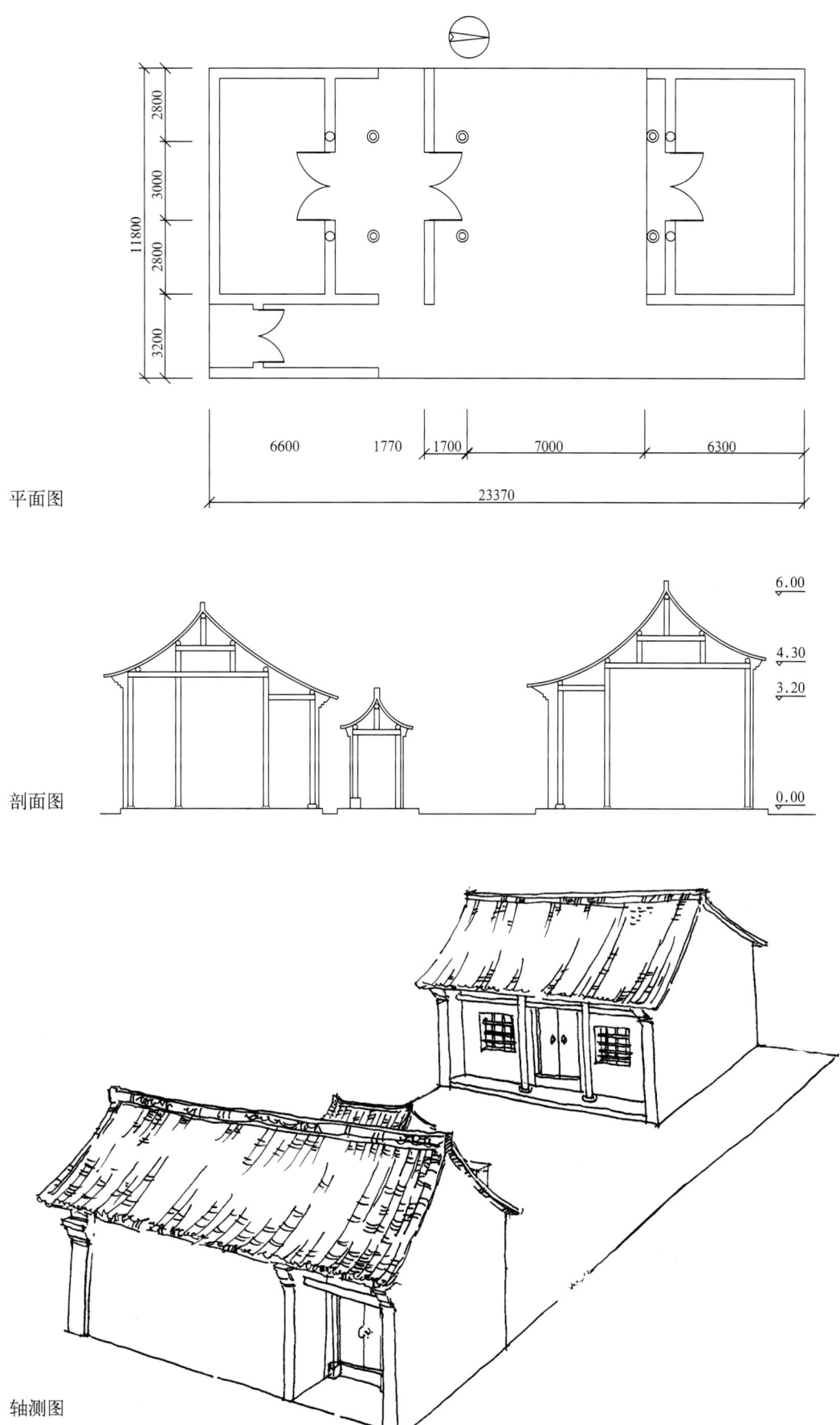

平面图

剖面图

轴测图

吴守正老宅（送庄村）

吴守正老宅位于吉利区送庄村中部，坐北朝南，始建年代不详，硬山式建筑。南北长33米，东西宽15米，面积约500平方米。现存建筑有临街房、过厅、二门、东厢房等。老宅保存基本完好，建筑中的砖雕、石雕和木雕图案寓意吉祥，工艺精美。

临街房

大门门墩

东侧墀头

门墩下部石雕

二门

上房西端

上房云墩木雕

上房中部

上房格扇门

上房云墩木雕

东厢房

须弥座柱础

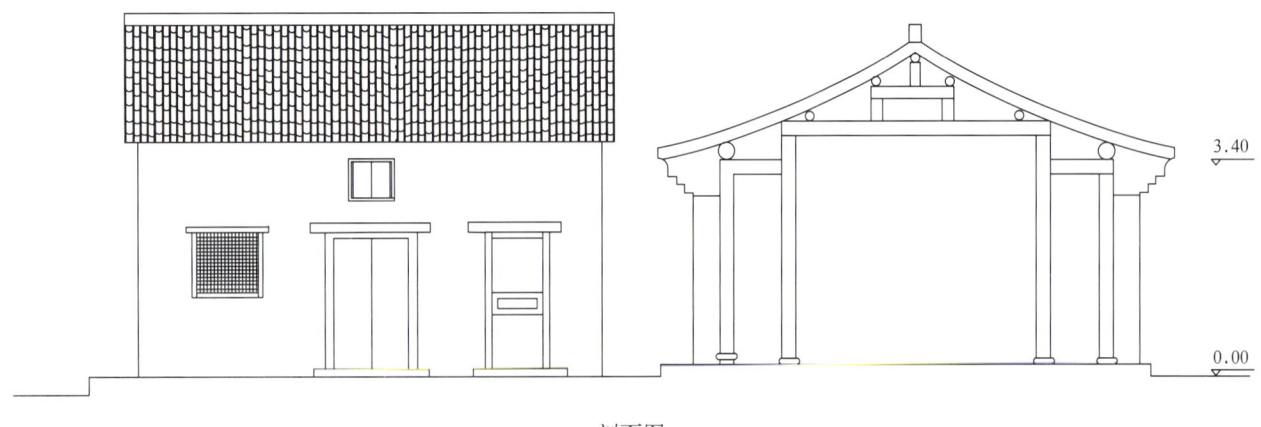

剖面图

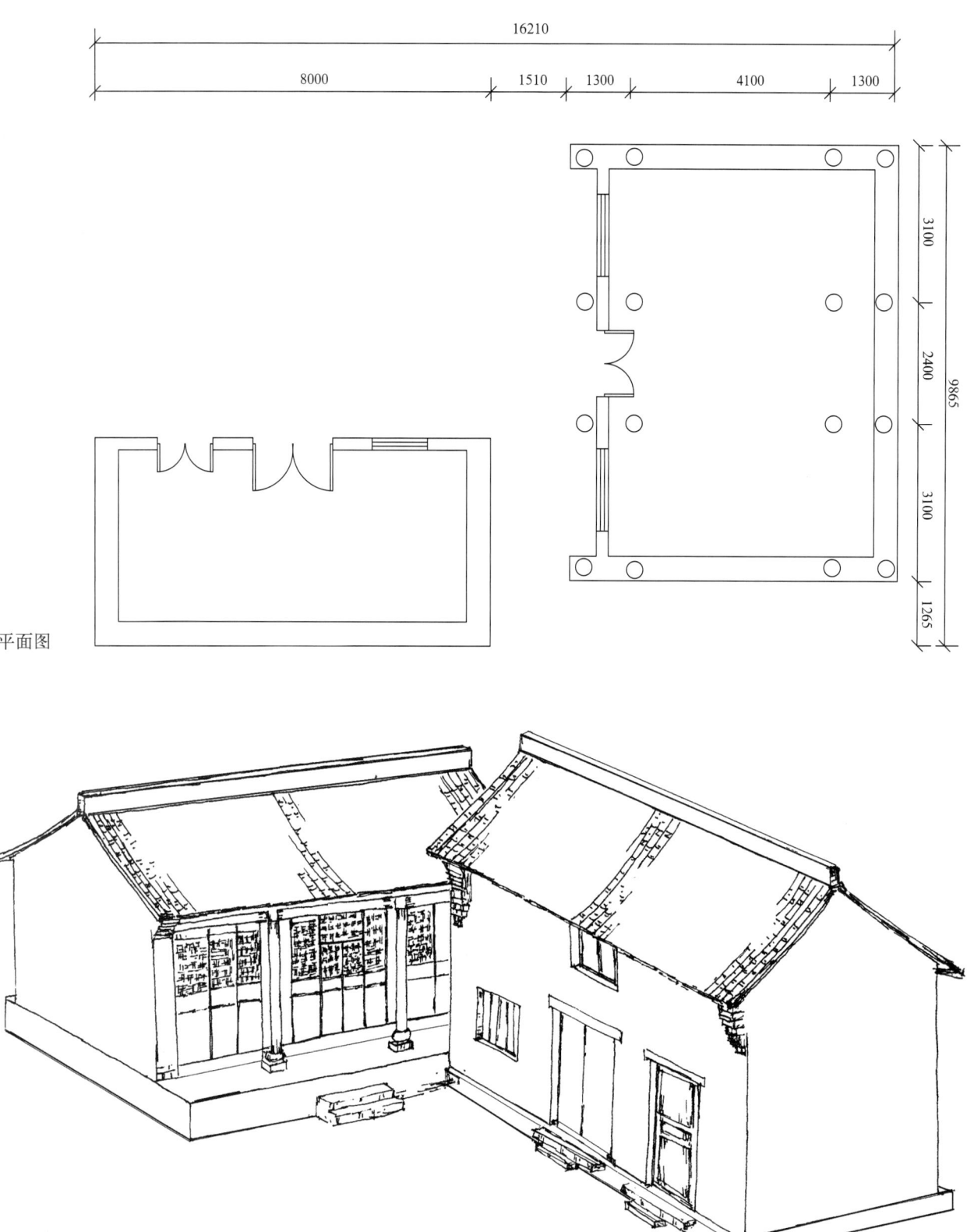

平面图

轴测图

洛阳明清建筑

市区卷（下）

洛阳市文物考古研究院
洛阳师范学院 编

luoyang

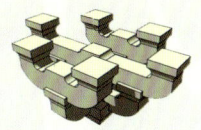

祠堂

CITANG

　　洛阳民间的祠堂大多建于村中正街或同姓族人聚居之处，是族人聚会、商议族事、修续家谱、定期祭祀先祖的场所。小型者仅有3间瓦房和一个小院，房中设置四龛，敬奉高、曾、祖、考四世先祖神位。大中型祠堂，建有临街房、门楼、耳房、拜殿和正殿，围以院墙。正殿为三间或五间，内设祖龛和祭台，两边嵌有碑石，上刻历代先祖世系。正殿檐廊两侧立有历代石碑，上刻家族由来、迁徙和族内各支辈分、嫡庶序列，以及历代建祠修祠经过，也有记叙族中公共财产、土地和族人捐资情况。院内砌有甬道，植有松柏，其大门额上书以"某氏家庙"或"某氏祠堂"。大的家族有总祠堂，也有分支祠堂。

　　每个家族都十分重视奉祀祖先的祭拜活动，一般多在每年春节或清明节进行，依各族情况自定日期。也有重视教育的家族，平时将其做为族人子弟读书的教育场所。现在农村中的一些家族祠堂仍然定期祭祖，同时成为老年人的娱乐活动场所。

老城区

董公祠（东大街132号）

董公祠，坐北朝南，是为纪念东汉洛阳令董宣而建。据《老城区志》记载："门前地下铺有一通石碑，只能看出'乾隆四十一年（1776）岁次丙申'。"等字。这可能是重修董公祠的碑记。祠堂内原有正殿和拜殿等建筑，后祠堂改为旅社。仅存古槐一棵，高8米，树干高4.2米，周径3.2米。树干已空，仅存10厘米厚外层，树冠覆盖地面100多平方米。

董公祠外景一（由东南向西北拍摄）

董公祠外景二（由西向东拍摄）

涧 西 区

苗氏祠堂（苗湾村）

苗氏祠堂位于涧西区孙旗屯乡苗湾村苗湾小学院内，现仅存硬山式砖木结构正堂一座，坐北朝南，面阔3间。

祠堂正面（由南向北拍摄）

墀头砖雕

祠堂正立面

祠堂背面（由东北向西南拍摄）

云墩木雕

正脊与吞兽

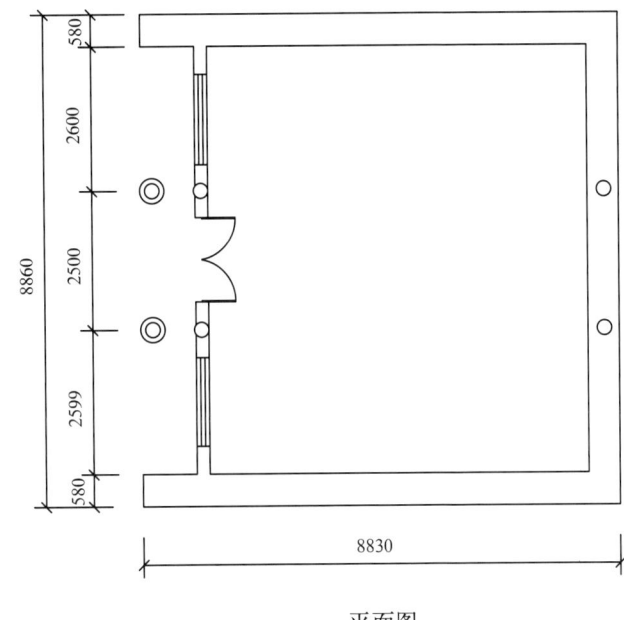

平面图

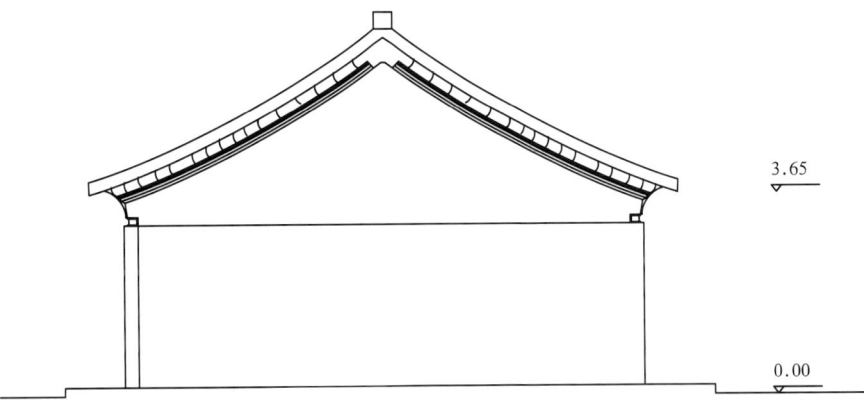

剖面图

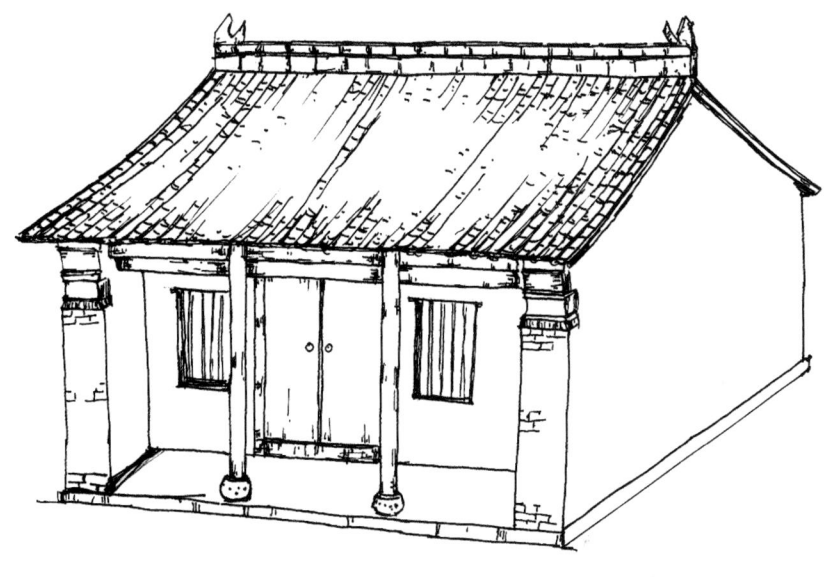

轴测图

任氏祠堂（苗湾村）

祠堂正面（由南向北拍摄）

任氏祠堂位于涧西区孙旗屯乡苗湾村西，坐北朝南，损毁严重。仅存正殿3间，屋顶覆以灰色小板瓦，脊部经过改修。前墙明间辟门，门两侧各开一窗。祠堂顶部为五架梁，正中有一立于砖砌台基上的木质阁楼式神龛。神龛上部有垂花柱及精美的动物、花草木雕图案，龛门上亦有精美木雕。两山墙内壁绘卷轴画及对联，分别为福禄寿三星图及老人童子对话图，左右对联分别为"有诗书气生子必贤，得山水情其人多寿"；"敬胜者吉谦尊而光，在道则冲有容乃大"。在檐廊东侧有1通清乾隆三十六年（1771）杏月立的"任氏祠堂碑记"，记载了任氏家族自明代洪武年间由山西洪洞县迁至洛邑苗家湾的经过，另刻有任让支系九代序列。

东壁壁画

西壁壁画

神龛

凤凰麒麟

神龛垂花柱

太师少师

凤戏牡丹

隔门

隔额木雕

神龙喷水

福禄双全

鲤跃龙门

禄寿双全

神龙喷水

一路连科

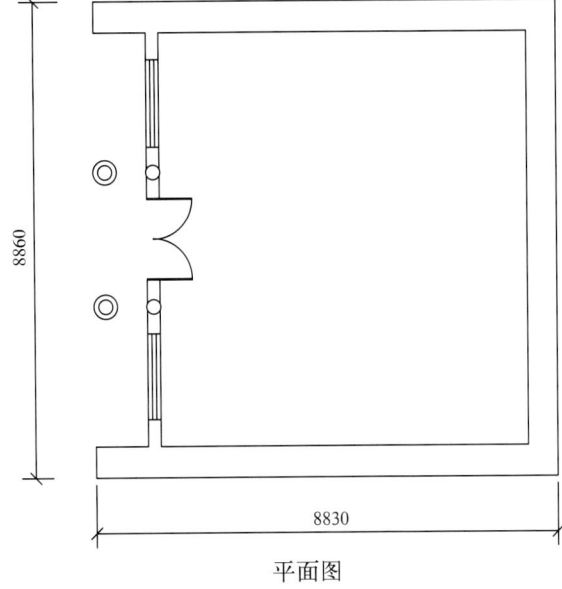

平面图

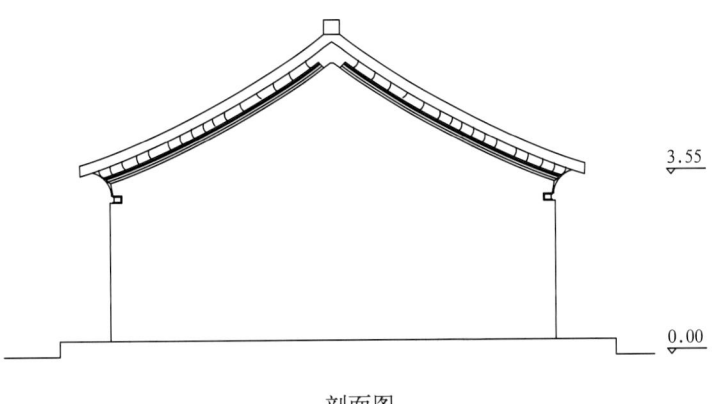

剖面图

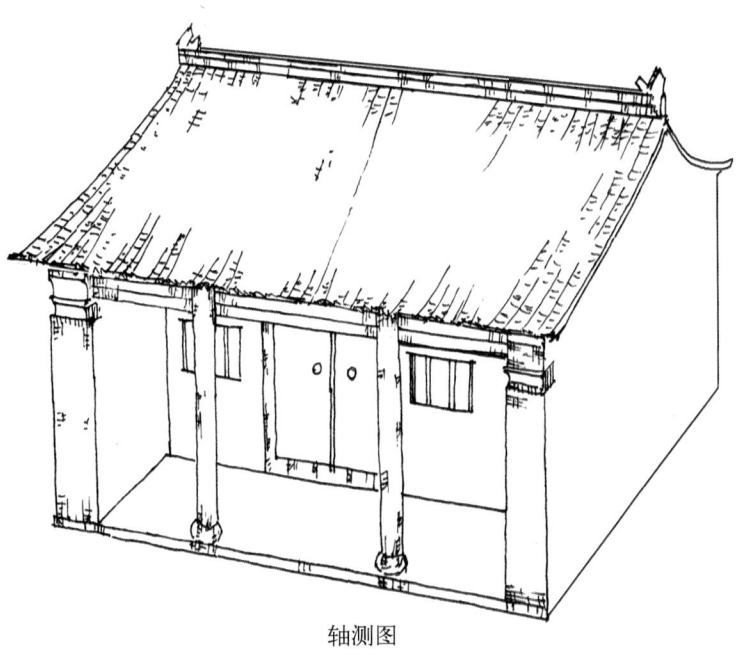

轴测图

刘氏祠堂（南村）

刘氏祠堂位于涧西区工农乡南村。坐北朝南，建于民国初年。原有东西厢房已毁，现仅存正殿，面宽3间，为传统的硬山式建筑。整座建筑位于砖砌台基之上，台基原高近2米，现高0.46米，前方辟青石踏步，气势颇为宏伟。前檐墙及两山墙为青砖砌成，后墙则使用土坯。另外，两山墙靠近山尖处镶嵌料礓石，并用青砖分隔成矩形图案。屋面为小板瓦覆盖，屋脊两端原有吻兽，"文化大革命"期间拆除。正殿梁架为常见的五架梁前出单步梁，前檐额枋上原有雕花斗拱，早已损毁。殿门开于明间，为六抹隔扇门，绦环及裙板上雕兰、荷等传统花卉图案。正殿前方现存有民国二十四年（1935）碑刻1通，碑名《洛阳刘氏祠堂记》，记述了刘氏祠堂的兴建及捐资人姓名。据刘氏后人讲，其家族自明朝初年由山西迁居洛阳，至今数百余年，后世为纪念先祖而兴修祠堂，并存于今。

此次调查时，南村正在拆迁，祠堂前堆满杂物，因此无法拍摄正面照片。

东山墙

祠堂正面（由南向北拍摄）

东墀头

石柱柱础

前檐柱梁枋

格扇门

裙板

绦环板

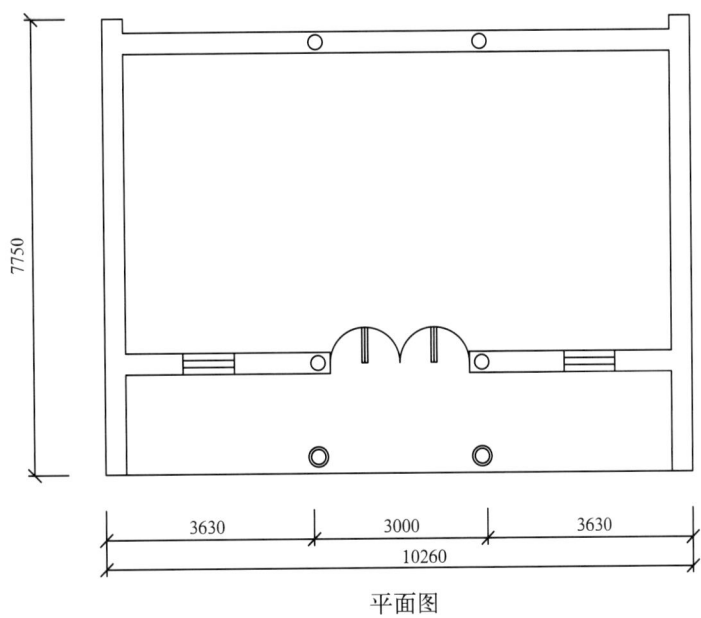

平面图

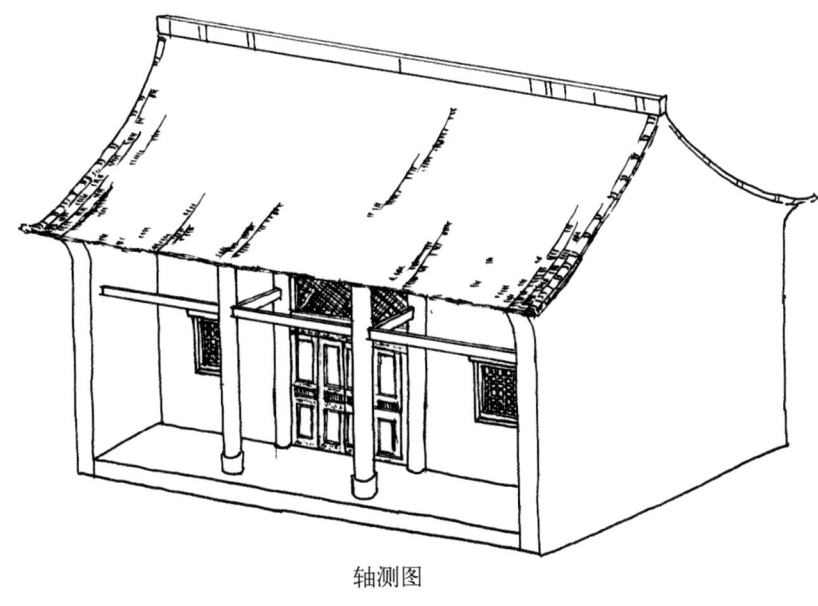

剖面图

轴测图

洛龙区

张氏祠堂（张古洞村）

张氏祠堂位于洛龙区白马寺镇帽郭村张古洞自然村东街，坐北朝南，是一处硬山式砖木建筑，建筑面积约200平方米。现存碑刻3通：其一为明嘉靖甲辰年（1544）的《明通议大夫江西按察使张公墓》碑刻，碑文为"父讳字道夫，别号东瀍，祖琮之三子也。中弘治乙卯（1495）乡试、壬戌（1502）进士，初授邢部主事，历任员外郎中、升陕佥事副使、山东参政、江西按察使。娶母侯氏，封安人。生于成化辛卯（1471），卒于正德丁丑（1517）。生子一，即不肖斗南也。嘉靖甲辰仲春一日，不肖斗南立石，石工韩隆篆"。该碑原立于墓前，后迁至祠堂门外。其二为家族谱系碑，年代不详。碑高1.3米，宽1米，嵌于祠堂内墙。其三为民国三十年（1941）的《祠堂重建碑》，记述祠堂重建经过。

大明通议大夫江西按察使张公墓碑

祠堂大门

张氏祠堂正立面（由东南向西北拍摄）

宗本堂碑  墀头

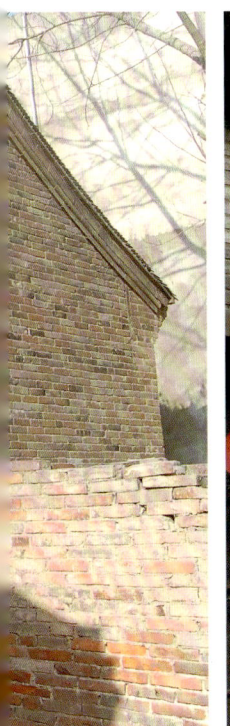 

张氏祠堂正侧面（由西南向东北拍摄）

张氏家庙（下黄村）

张氏家庙位于洛龙区白马寺镇下黄村北街，是一处坐北朝南的清代建筑。现存建筑从前往后依次为庙门及东西耳房、拜殿、正殿，整体庙院保存基本完好。据家庙碑刻记载，张氏家族在明洪武年间从河南济源先迁至瀍河东关小石桥居住，后分三批迁至下黄村。家庙始建于清嘉庆二年（1797），民国四年（1915）进行过重修，1995年再次整修。庙内现存清嘉庆年间家族谱系碑1通，民国碑刻3通。

张氏家庙大门（由南向北拍摄）

门额和门簪

拜殿屋顶

拜殿

拜殿屋面（局部）

通道（由南向北拍摄）

正殿东北角

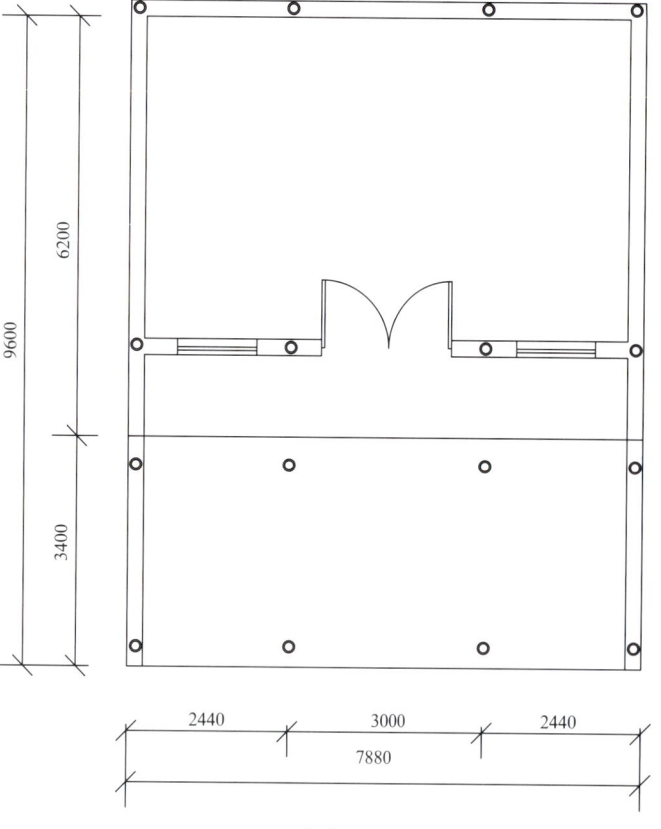

平面图

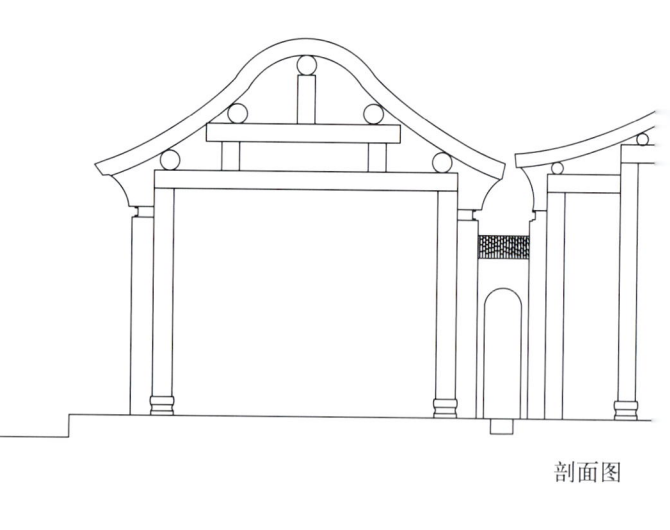

剖面图

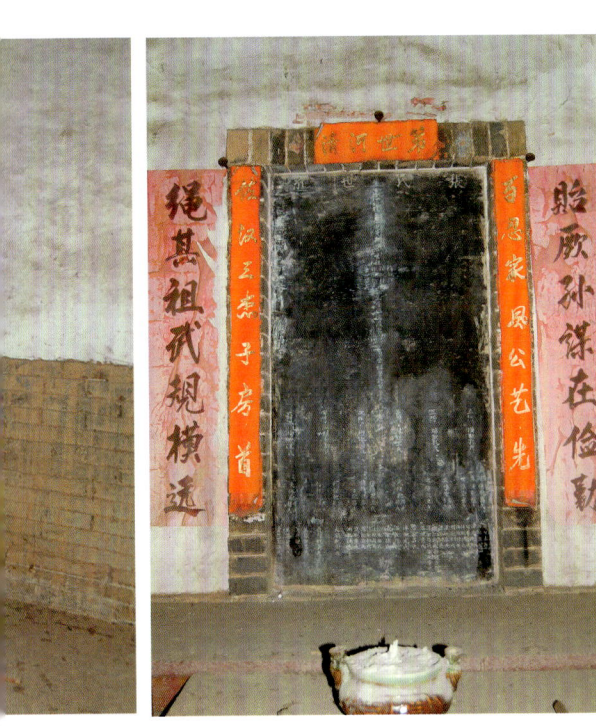 

正殿祭台　　　　　　　　　　　　正殿梁架

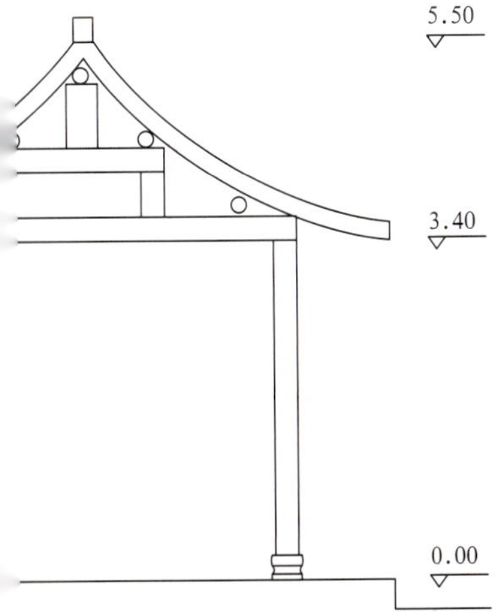

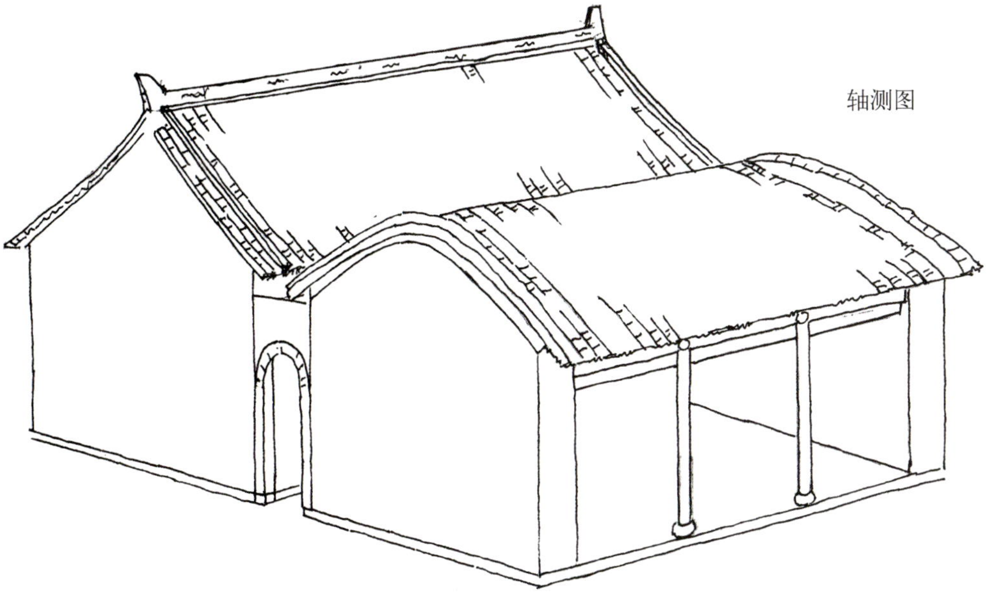

轴测图

孙氏家庙（孙村）

孙氏家庙位于洛龙区白马镇孙村正街路南，是一处坐北朝南的清代建筑，建筑面积129平方米。据《孙氏创修祠堂记》碑文，家庙创修于清道光四年（1824）。现存拜殿3间，硬山式四梁敞开建筑，无脊双坡灰筒瓦覆顶。正殿为硬山式砖木建筑，双坡灰瓦顶，为五架梁无廊结构，2005年，家庙进行过再修，并整体向西移动1米。

正殿内北墙上嵌有清咸丰九年（1859）立的先祖石牌位，东西两侧各有家族分支碑4通。拜殿东侧夹道墙上嵌有清同治三年（1864）三月十五日立的《创立志遗牌碑》，碑文记述了本族蔡氏妇人因丈夫外出杳无音信，将家中房产卖掉，所得银两捐入家庙公用，孙氏族人为感谢蔡氏，特立碑纪念。

孙氏家庙正立面（由西南向东北拍摄）

正殿后檐墙石匾

拜殿前檐柱与雀替

正殿背侧面(由西北向东南拍摄)

拜殿内景(由西北向东南拍摄)

正殿

正殿大门

正殿祭台

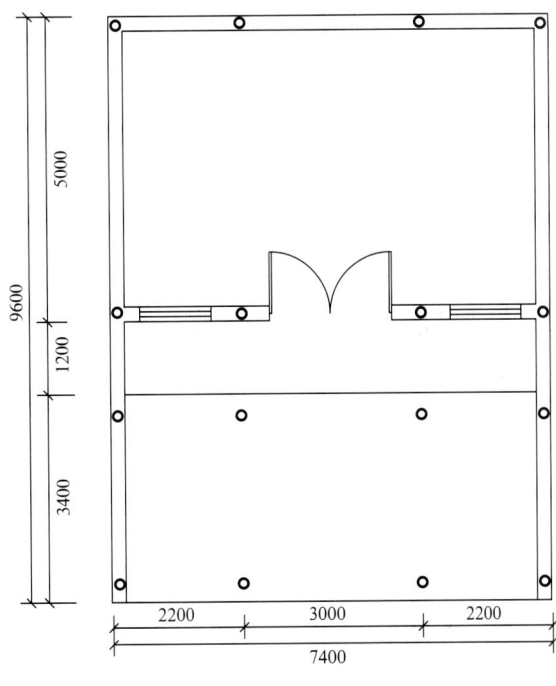

平面图

剖面图

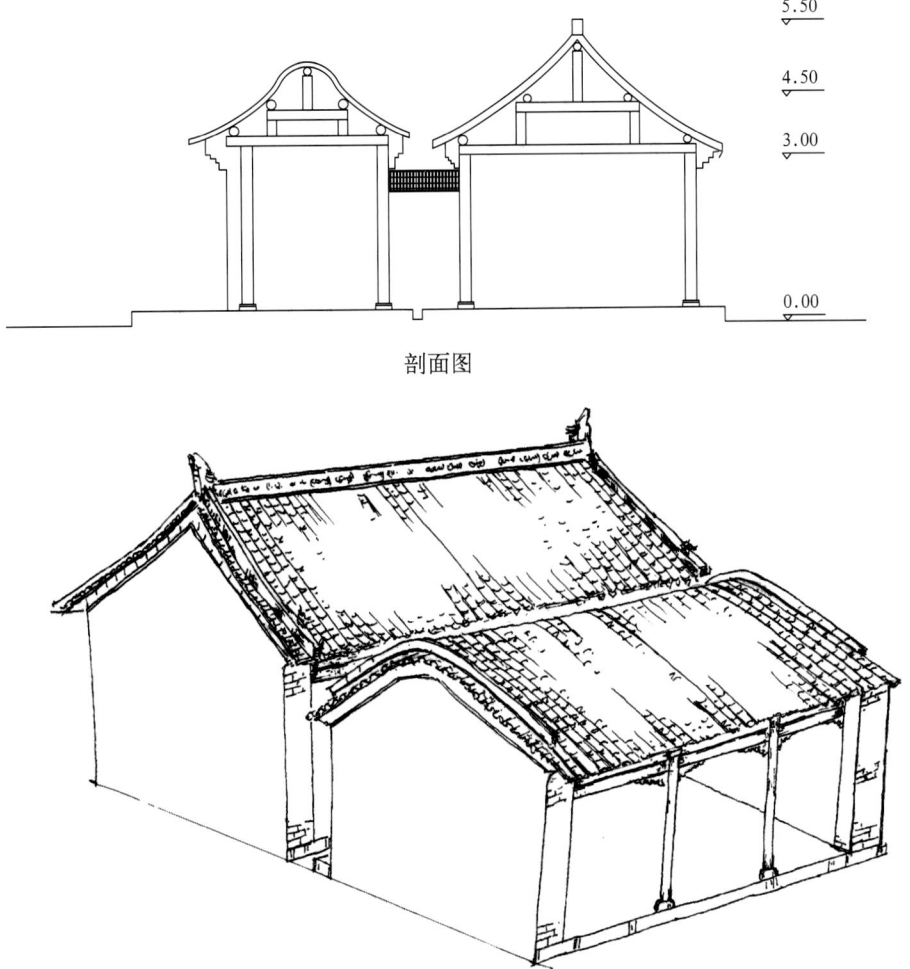

轴测图

杨氏家庙（杨湾）

杨氏家庙位于洛阳市洛龙区白马寺镇杨湾朝阳街与文明巷交会处，始建于清光绪二十一年（1895），为坐北朝南的清代建筑。现存拜殿3间，硬山式敞开结构，建筑面积114平方米，据家庙现存碑文记载，民国二十二年（1933）对建筑进行过重修，2004年再次续谱修庙，并立碑纪念。在家庙东山墙有一封闭的券形小门，门的上门有"三鳣堂"3字，是杨氏家族的堂号；门的上部中间为一"杨"字，两侧各有一鱼纹图，因"鳣"与"鳝"相通，所以用鱼纹图代表杨氏，也与堂号相合。

家庙内有清道光二十五年（1845）立的《杨湾村断赌碑记序》，碑文记述了赌博的危害，要求族人"永远断赌，犯依罚规不恕"，"罚规贫鞭二百，富戏一台，如不任（认）罪，众具禀状，送官究处"，这样的族规至今仍有教育意义。

拜殿（由南向北拍摄）

墀头

祠堂 · LUOYANGMINGQINGJIANZHU / 285

家庙侧面（由东南向西北拍摄）　　　　　　　　东侧门

东侧门上部

拜殿顶部

拜殿柱础

正殿顶部

正殿石匾

正殿祭台

田氏祠堂（田村）

田氏祠堂位于洛龙区白马寺镇大里王村田村自然村南街，是一处坐北朝南的清代建筑。现存大门及东西耳房3间，正殿3间，院内西侧3间建筑为教育家族子女开设的学堂，学堂前檐墙上嵌有两块匾，东边门楣上是"美在其中"4个字，西边是"桂馥兰馨"4个字。

民国时期曾对祠堂进行过维修。

田氏祠堂大门（由南向北拍摄）

东殿

西殿和过道

西殿大门

过道门

大门上部砖雕门额"桂馥兰馨"

砖雕门额"美在其中"

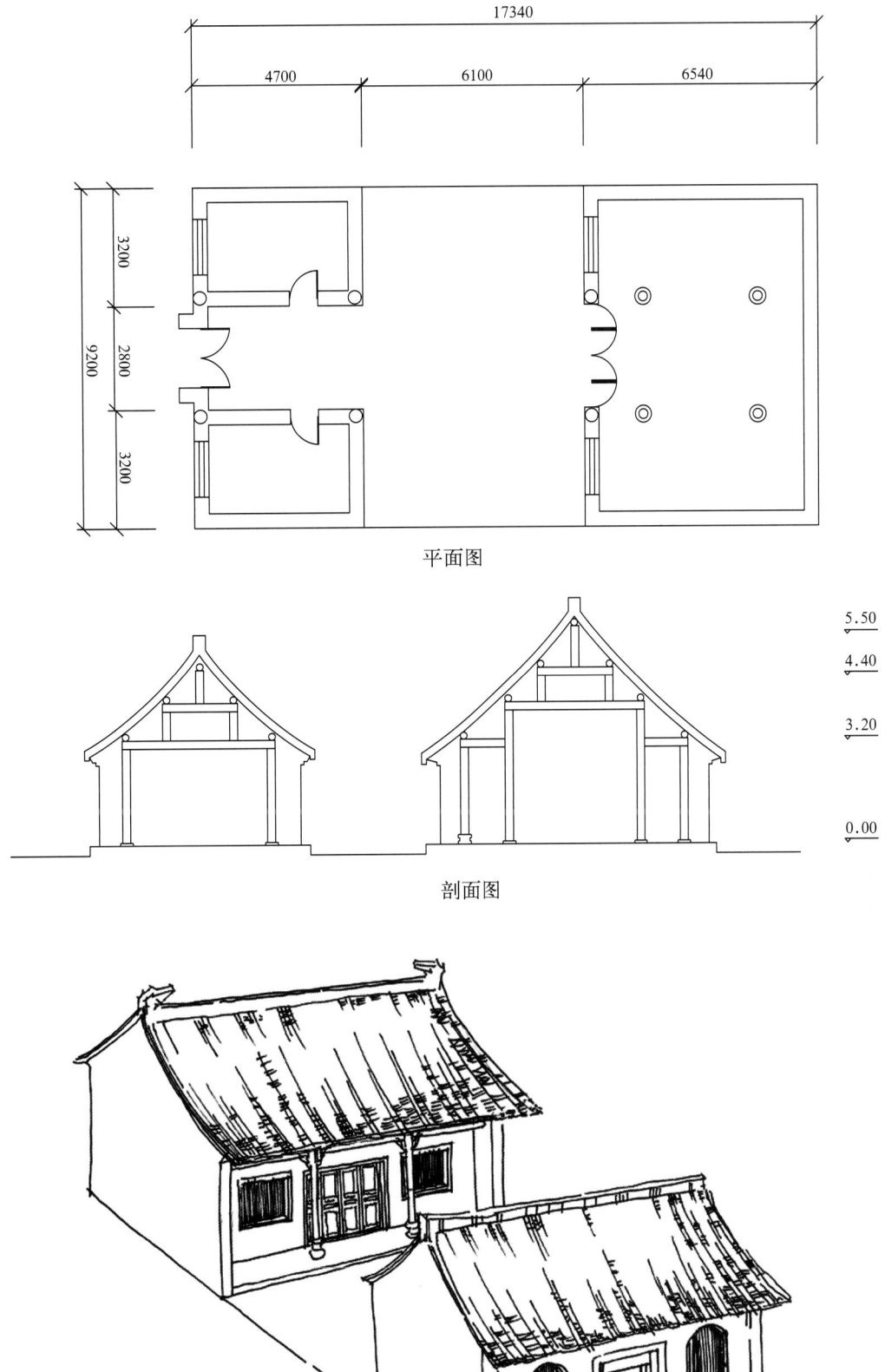

平面图

剖面图

轴测图

孔氏圣庙（孔寨）

孔氏圣庙位于洛龙区白马寺镇孔寨村西一街，坐西朝东，始建于清代。现存临街房，大门在它的北端，与其一体，面阔5间；正殿面阔3间，为硬山式结构，灰瓦覆顶，五架梁前出廊。庙内现有宣统四年（有误，应为民国二年，1914）的《孔家寨石匾》1块，民国三十年（1941）《重修圣庙碑记》1通。

据《孔氏世家谱洛阳支谱》记载：孔寨孔氏家庭祖先是孔子第37代孙孔齐参。孔齐参膝下三子，分别是长子孔克让，次子孔克符和三子孔述睿。"唐宪宗时，因东平兵乱，弟兄三人（克让、克符、述睿）避兵嵩山……克符来洛游学，见有先圣人入周问礼停车遗迹，因家焉；克会卒，葬洛东向仁寿寨南约里许。"孔寨原名仁寿寨，孔克符的子孙在此繁衍生息，村里孔氏族人一度超过90%，该村遂改名孔寨。

据孔子72代孙、孔氏族长孔宪成说，先祖克符就葬在孔寨村东，过去每年清明和孔子诞辰日，孔氏族人就在先祖墓前举行祭祀活动。后来孔氏族人也在不断迁往洛地，目前族谱记录的迁出地包括洛阳市的新街、马市街、吕氏街、南关凤化街抽丝胡同、吴家街、东城河街和汝阳县、嵩县、新

祠堂正侧面（由西南向东北拍摄）

安县、鲁山县等地。

　　在孔氏圣庙中，现在保存着清光绪二十七年（1901）的《优免碑记》，它和另一块石碑，记载了孔姓族人和佃户因不服徭役而先后被告到官府，最后打赢两场官司的经过。官司胜了的原因是清朝规定：孔圣人的后裔只用交钱粮，不用服徭役。按照制度，孔氏族人的佃户也不用服徭役。

　　孔氏家庭原存的古代家谱在民国二十六年（1937）《孔子世家谱》第四次大修时留在了山东孔府，现存的《孔氏世家谱洛阳支谱》是族人孔庆汉在1967年续修的。1998年，《孔子世家谱》开始第五次大修，即在第四次修谱的基础上增添失散的孔子后裔。2002年12月27日，族长孔宪成和族人孔庆箴、孔祥辉到济南，向《孔子世家谱》续修工作协会提供相关资料。目前，洛阳孔寨族人和洛宁孔氏族人（从孔寨迁出）已全部被录入正在续修的《孔子世家谱》。协会在续修过程中发现，位于洛阳市洛龙区白马寺镇孔寨的这支孔子后裔，是失散时间最久的，长达1200余年。协会初步将洛阳孔子后裔定名为嵩山派，以区分于分居其他地区的孔子后裔。

大门正面（由西向东拍摄）

照壁

临街房内立面（由东向西拍摄）

正殿梁架

正殿（由西向东拍摄）

正殿内部

临街房门额"山高水长"

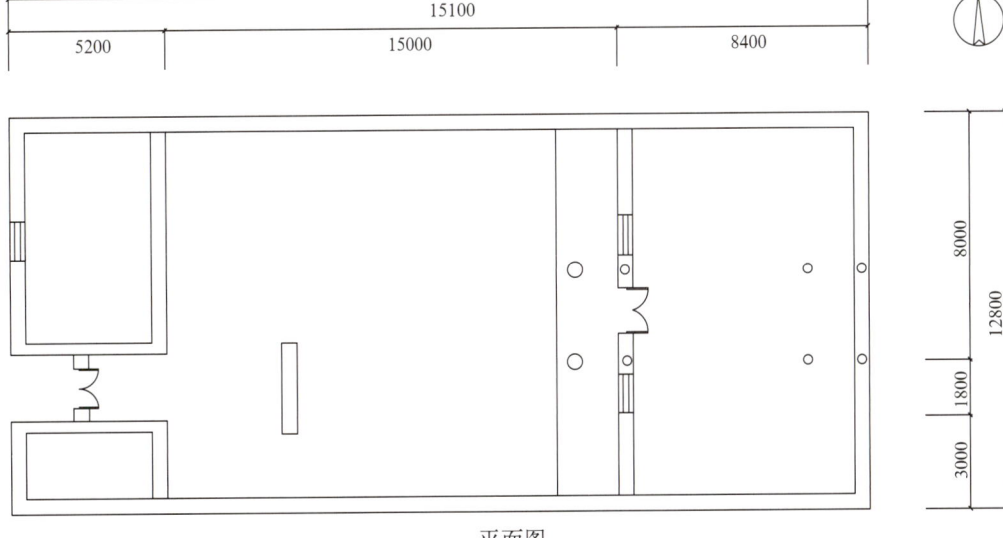

平面图

剖面图

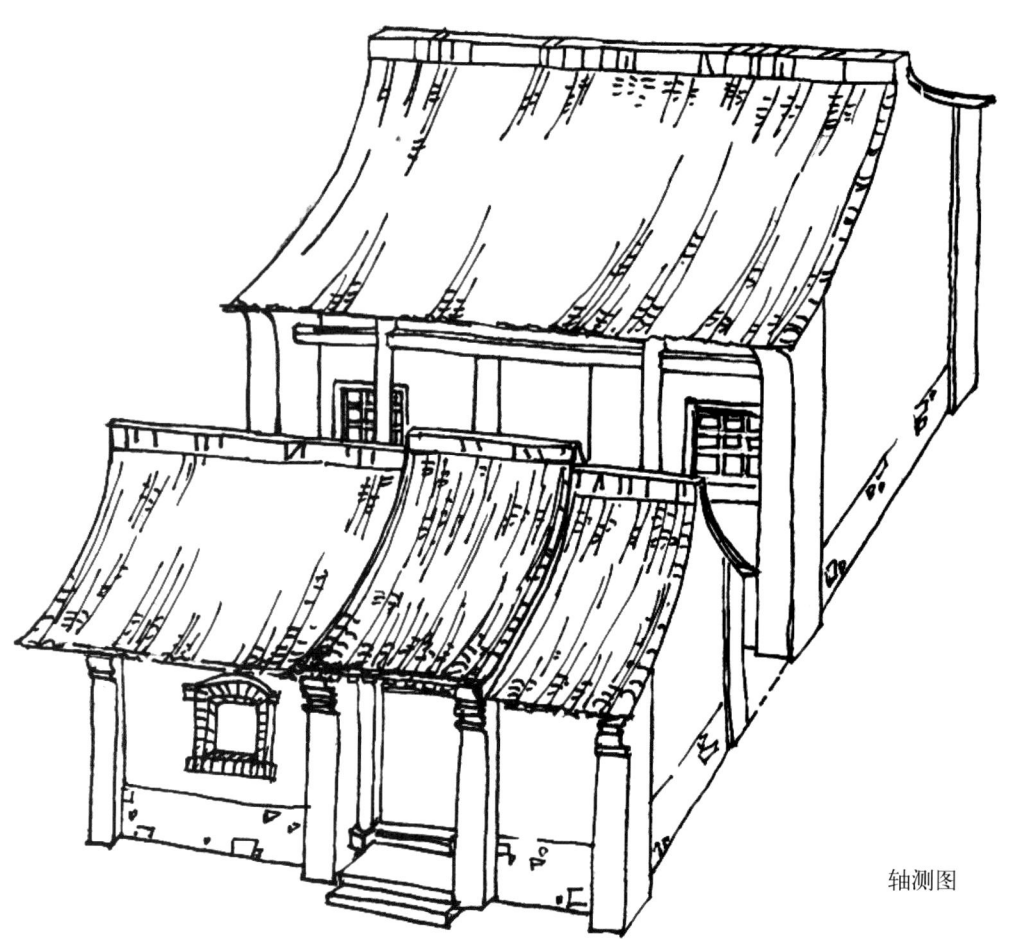

轴测图

王氏祠堂（大里王村）

王氏祠堂位于白马寺镇大里王村村委会院内，坐北朝南，始建于清代，具体年代不详。现存拜殿和正殿，面阔3间。拜殿为硬山式敞开结构，四架梁双坡灰筒瓦顶。正殿为硬山式土木建筑，五脊双坡灰瓦覆顶，五架梁前留通道。殿内北墙上嵌有历代宗亲灵位碑。

正殿（由南向北拍摄）

拜殿（前）与正殿（后）西山墙（由西南向东北拍摄）

抬梁式木构架

正殿柱础

拜殿柱础

拜殿西侧墀头

牛氏祠堂（潘寨）

牛氏祠堂位于洛龙区李楼乡潘寨村寨里四街，坐北朝南。始建于清同治十年（1871），原建筑大部分被毁，现存正殿为硬山式建筑，面阔3间，进深7米。檐廊东侧立有《创建牛氏祠堂碑记》，详细记述了先祖创建牛氏祠堂的经过。祠堂院落南北长23米，东西宽13米，占地面积约288平方米。

近年又对祠堂进行了整修，新建了围墙。潘寨牛氏家族和外迁族人，每年都要举行祭祀先祖礼仪活动。

祠堂侧面

祠堂正面

墀头

柱础

雀替

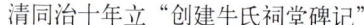

清同治十年立"创建牛氏祠堂碑记"

牛氏历代先祖神龛

李氏祠堂（焦寨）

李氏祠堂位于洛龙区李楼乡焦寨东北街与安石公路交会处，坐北朝南。始建于清代，具体年代不详。仅存正殿为硬山式建筑，面阔3间，建筑面积70平方米，基本完好。祠堂院落呈长方形，占地面积约200平方米，但已长期不用，处于废弃状态。

李氏祠堂正面（由南向北拍摄）

西山墙（由西北向东南拍摄）

墀头

木制门鼻

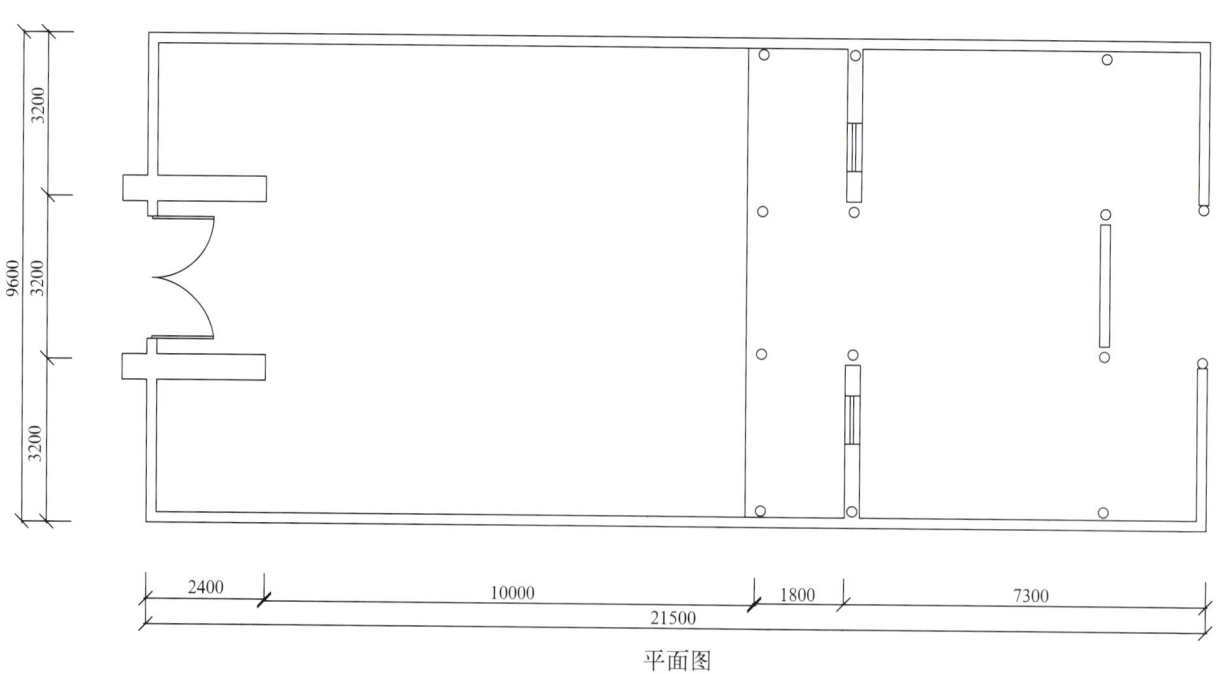

平面图

剖面图

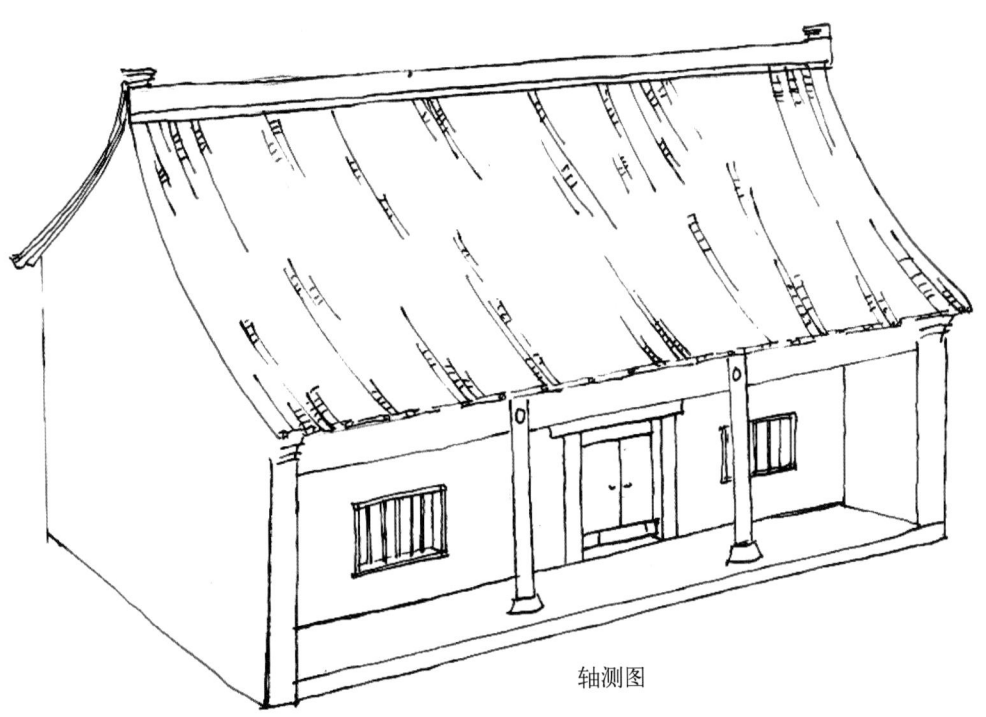

轴测图

焦氏祠堂（焦寨）

焦氏祠堂位于洛龙区李楼乡焦寨村委会院内，坐北朝南。始建于清代，具体年代不详。原有建筑大部分已毁，仅存正殿为硬山式建筑，面阔3间，进深8.2米，占地面积约67平方米。祠堂院落呈长方形，占地面积约250平方米。长期不用，处于弃用状态。

祠堂正面（由南向北拍摄）

东侧墀头

柱础纹饰（局部）

檐柱柱础

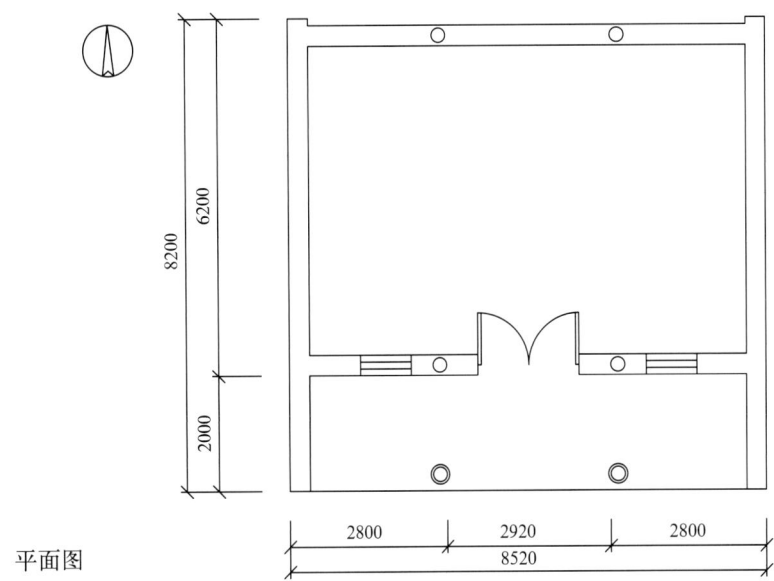

平面图

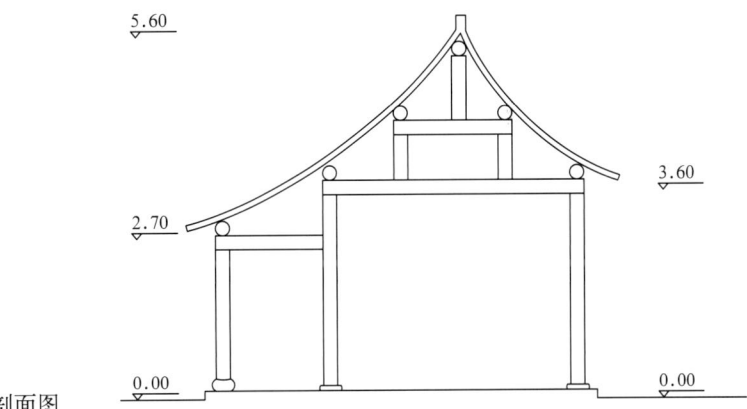

剖面图

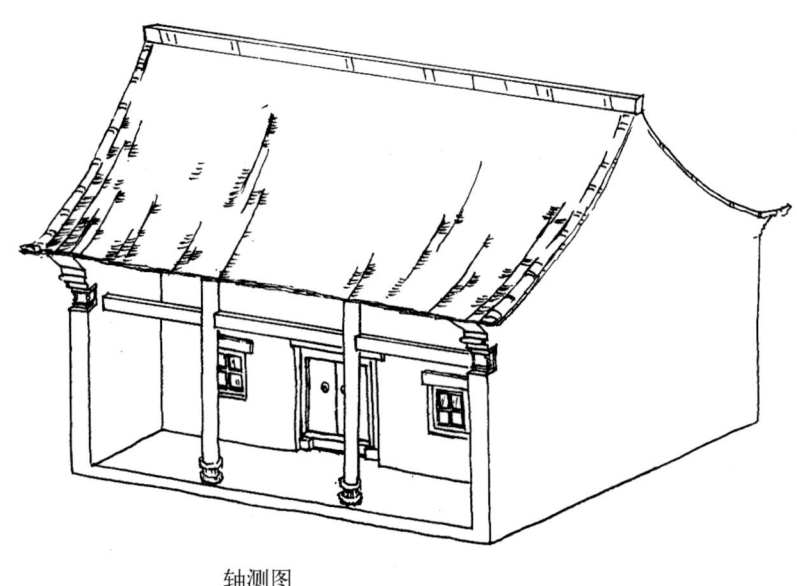

轴测图

田氏祠堂（裴村）

田氏祠堂位于洛龙区龙门镇裴村田家胡同与吴家街交会处，坐北朝南，始建于清代，具体年代不详。现存建筑有临街房和正殿，均为面阔3间的硬山式建筑，大门位于临街房明间。祠堂院落呈长方形，占地面积220平方米，建筑面积140平方米。

临街房

大门

圆鼓形门枕石

正殿

正殿格扇门

檐柱柱础

金柱柱础（局部）

杨氏祠堂（裴村）

杨氏祠堂位于洛龙区龙门镇裴村杨家街，坐北朝南，始建于民国三年（1914）。原有大门等建筑已毁，仅存大殿为硬山式建筑，面阔3间。前檐下两根石柱，下端为覆盆形柱础。石柱上刻有对联，西柱上联是"左昭右穆序一家世代源流"，东柱下联多为异体字，经查资料应为"春祠秋尝遵万古乐贤礼圣"。正殿内屋顶方形望砖（俗称巴砖）上有装饰图案和族训格言，前坡屋顶砖上中间的格言是"长命富贵，金玉满堂""东临大乙，西应长庚"；东边格言是"祖宗功德远，子孙孝思长"；西边格言是"福如东海水，寿比南山松"。后坡屋顶望砖中间画有彩色阴阳八卦图，图下方格言分别是"祖德宗功，忠厚传家""子贤孙杰，长发其祥"；东边格言是"木本根深枝茂，水源流长□□"；西边格言是"本支百世不易，蒸尝万古如新"。

据《杨氏家谱》和族人讲，裴村杨氏在明代洪武十三年（1380）从山西平阳府洪洞县迁到洛阳，当时先祖兄弟三个，老大留居裴村，老二又迁至伊川杨岭，老三迁至邓州杨家沟。

垂脊和脊兽

杨氏祠堂正面（由南向北拍摄）

正殿中部

六抹头格扇门

覆斗型连体柱础

方形石檐柱

望砖上的图案

望砖上的"福如东海水，寿比南山松"

望砖上的八卦图

绦环板

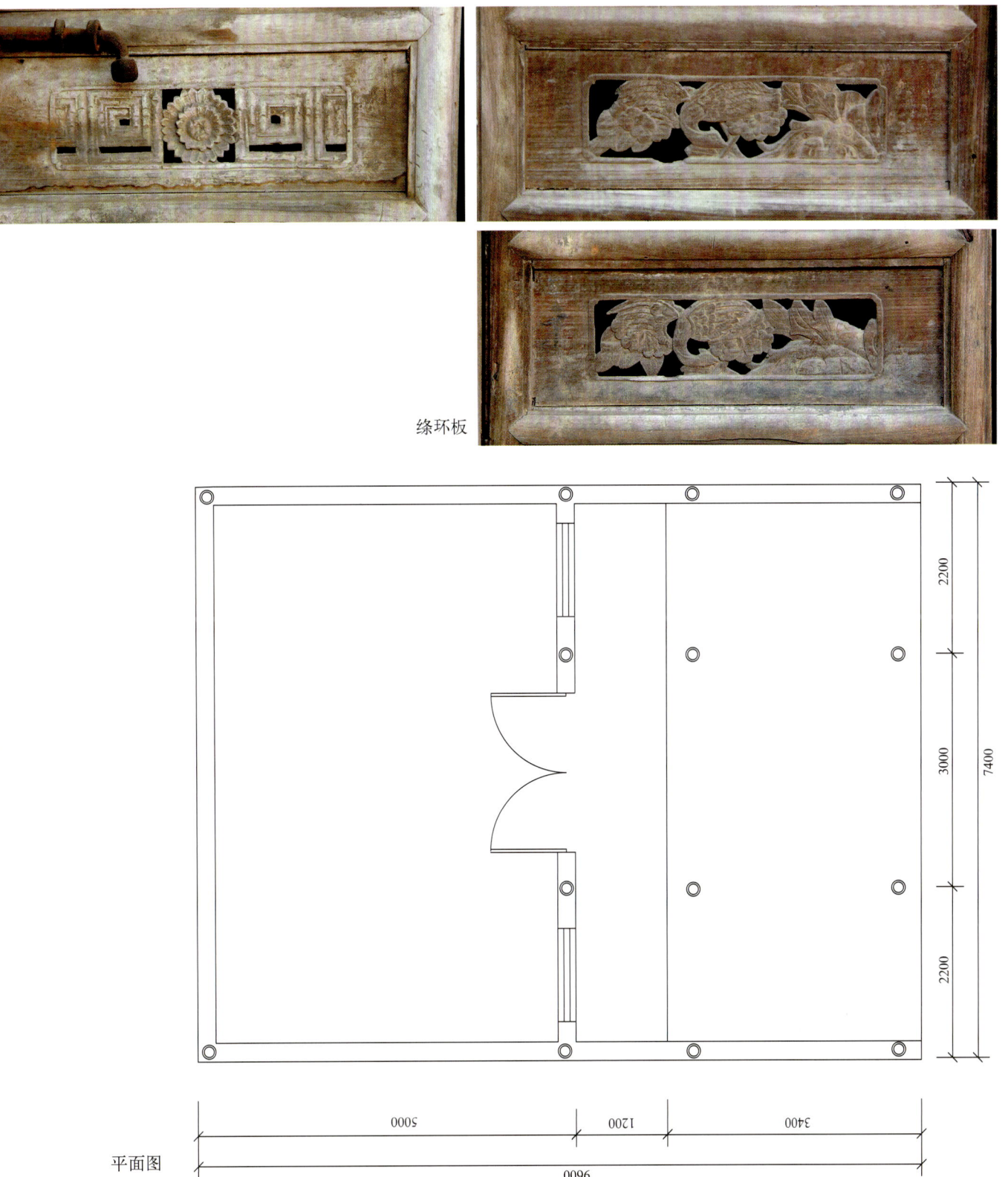

平面图

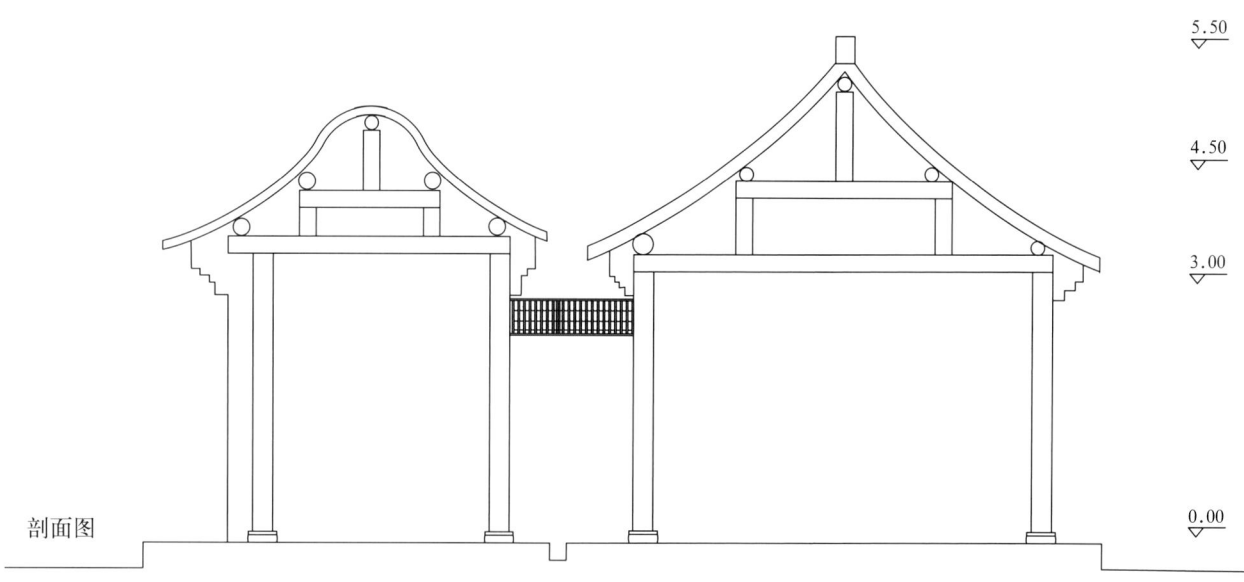

剖面图

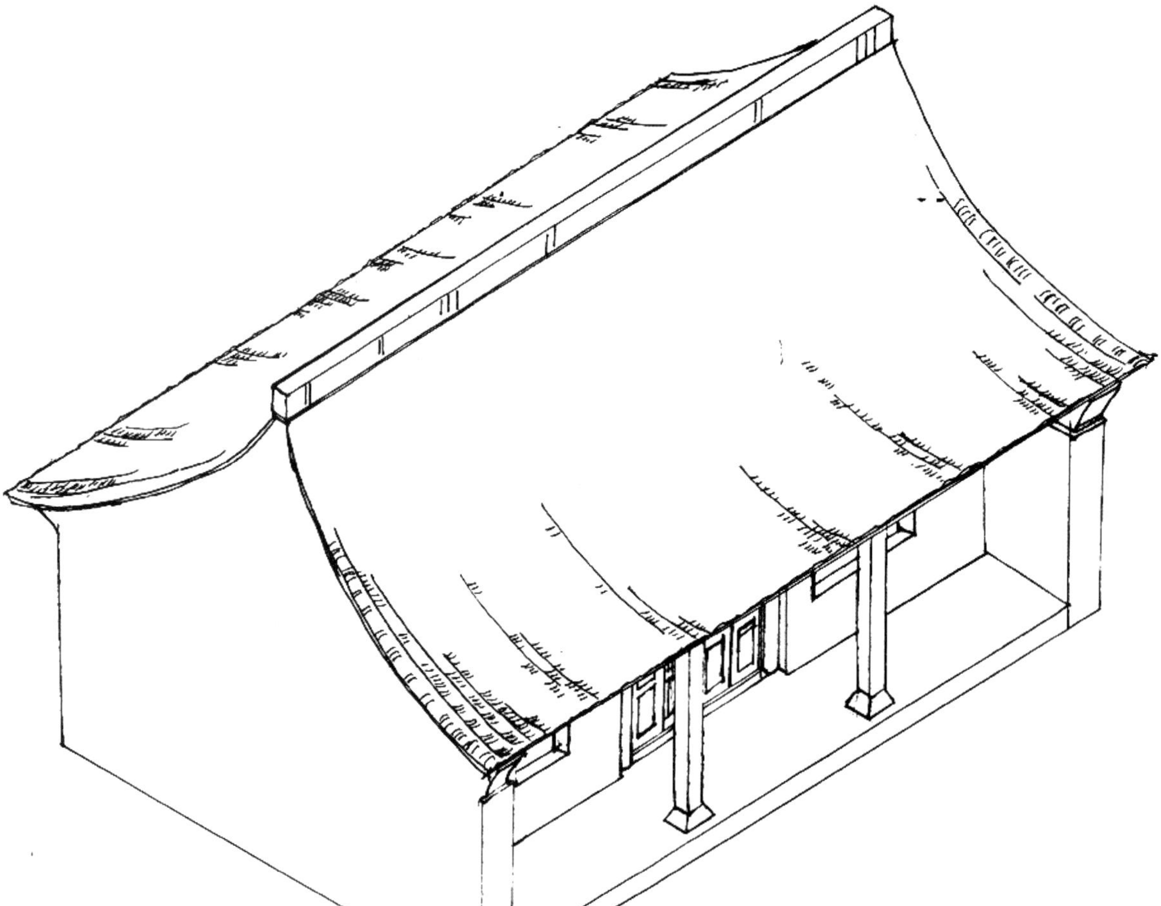

轴测图

贾氏祠堂（裴村）

贾氏祠堂位于洛龙区龙门镇裴村贾家后街，坐西朝东，始建于清代，具体年代不详。原有建筑已毁，仅存硬山式门楼一座。院落呈长方形，占地面积330平方米。祠堂内现存贾氏家族世系残碑3通，无法确定具体年代。据2005年重修家谱记载，贾氏家族字派诗为"先进教家法，芝兰兆庭堂。仁义与贤孝，太傅孙裕芳。守名自时良，宗永万元克。世（升）秉书中礼，金玉有荣光"。

贾氏祠堂现为裴村老年村民活动场所。

贾氏祠堂（由西南向东北拍摄）

大门正面

大门背立面（由北向南拍摄）

大门匾额

圆鼓形门枕石

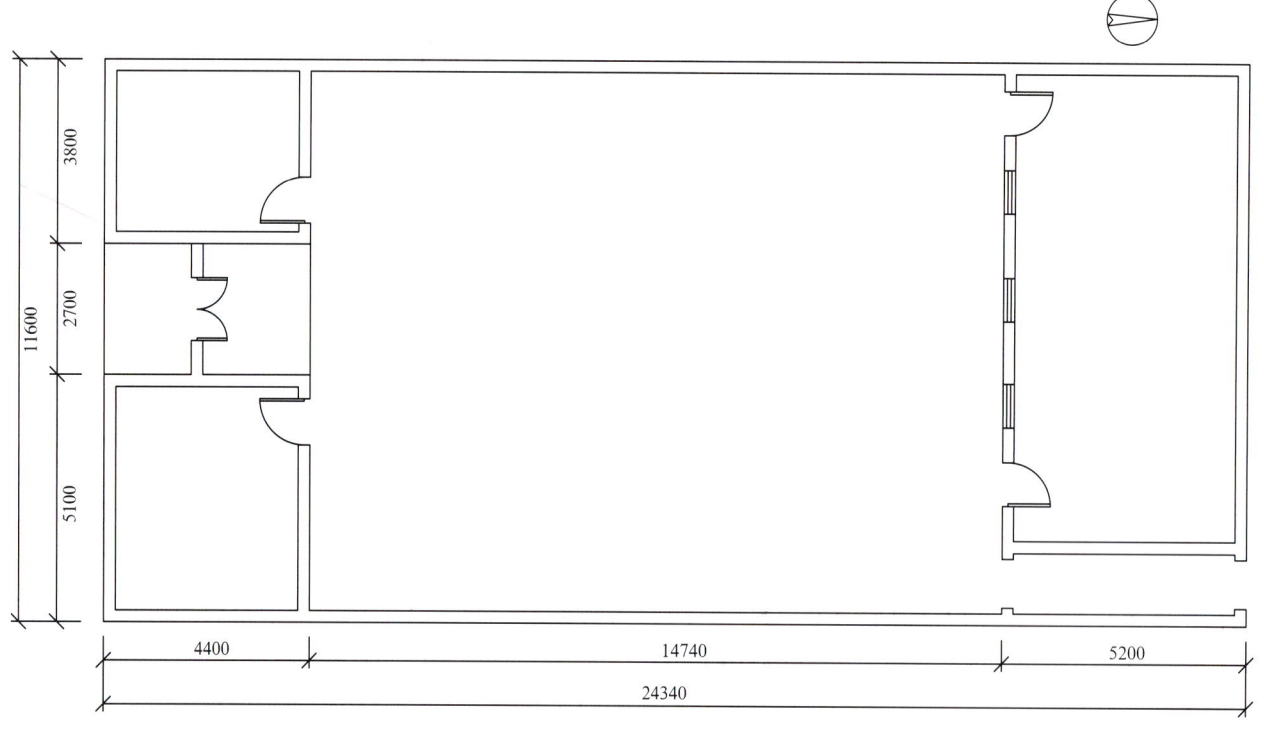

平面图

剖面图

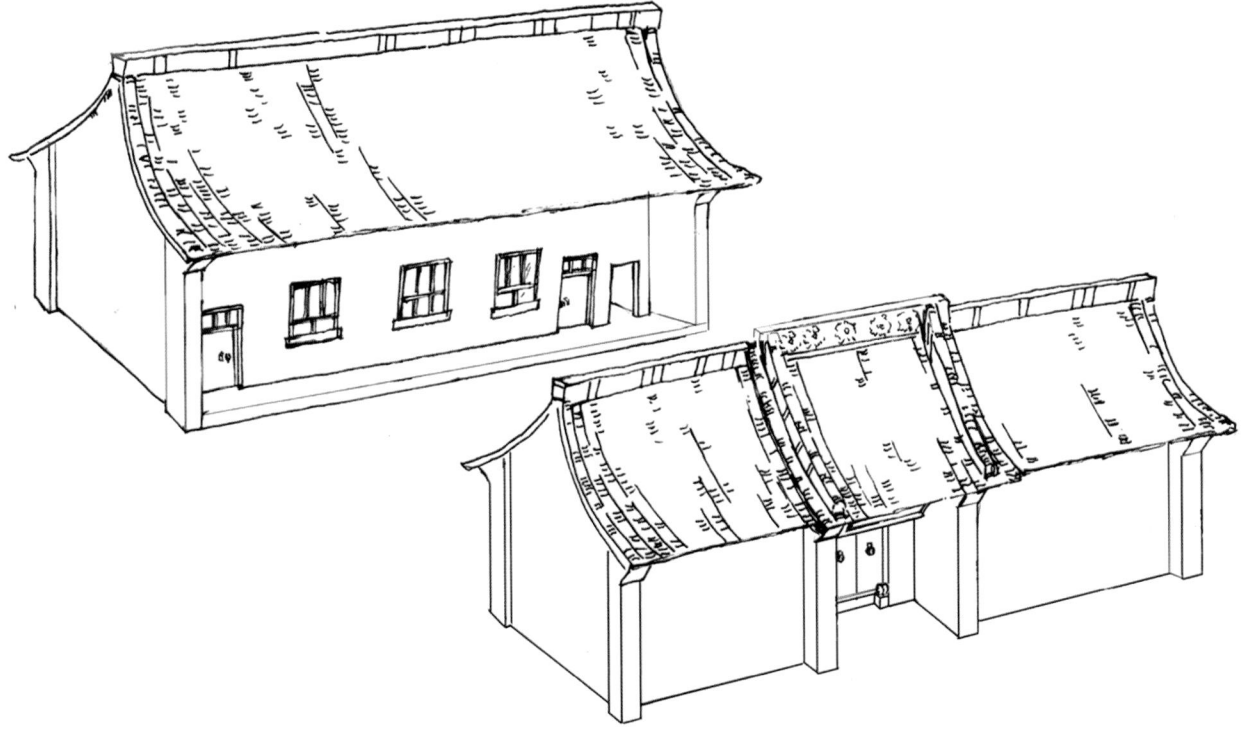

轴测图

毕文亨祠堂（毕沟村）

毕文亨祠堂位于洛龙区古城乡毕沟村北自然沟半坡平台上，坐南朝北，是为纪念毕沟村人、明代正议大夫都察院副都督御史毕文亨而建的名人祠堂。始建于清道光二十二年（1842），现存临街房和祭殿，均为硬山式建筑，面阔3间。大门位于临街房中间，东西两侧各一耳房。祭殿为五架梁前出廊，内有玉石供案（近年被盗）。前廊下有道光二十二年（1842）五月十二日立的《创修毕氏始祖祠堂碑记》，记述创修祠堂经过。2007年毕氏族人对祠堂重修，并立《重修都堂祠碑记》1通。

毕文亨曾于明景泰甲戌年（1454）考中进士，历任山东西道、福州知府，成化八年（1472）

祠堂临街房

升正议大夫都察院右副都御史。墓地位于毕沟村南1公里的农田，坐北朝南，墓地南北长118米，东西宽32.5米，占地面积约3.81万平方米。墓前神道原有动物石刻8个，现存4个。墓冢高2米，直径9米。墓东南30米处，有明成化五年（1469）碑刻2通，为敕封毕文亨祖父、父母而立。墓前有民国二十九年（1940）《明故正议大夫资治右副都御史文亨毕公阡》1通，为毕公后裔所立。据毕氏族人介绍，听说武汉东湖北边有个村子叫毕家湾，村中建有规模较大的毕文亨祠堂。

临街房背立面

大门正面

正殿

垂脊脊兽

正殿近景

正殿梁架

正殿房脊脊兽、宝瓶

柱础

毕氏先祖神龛

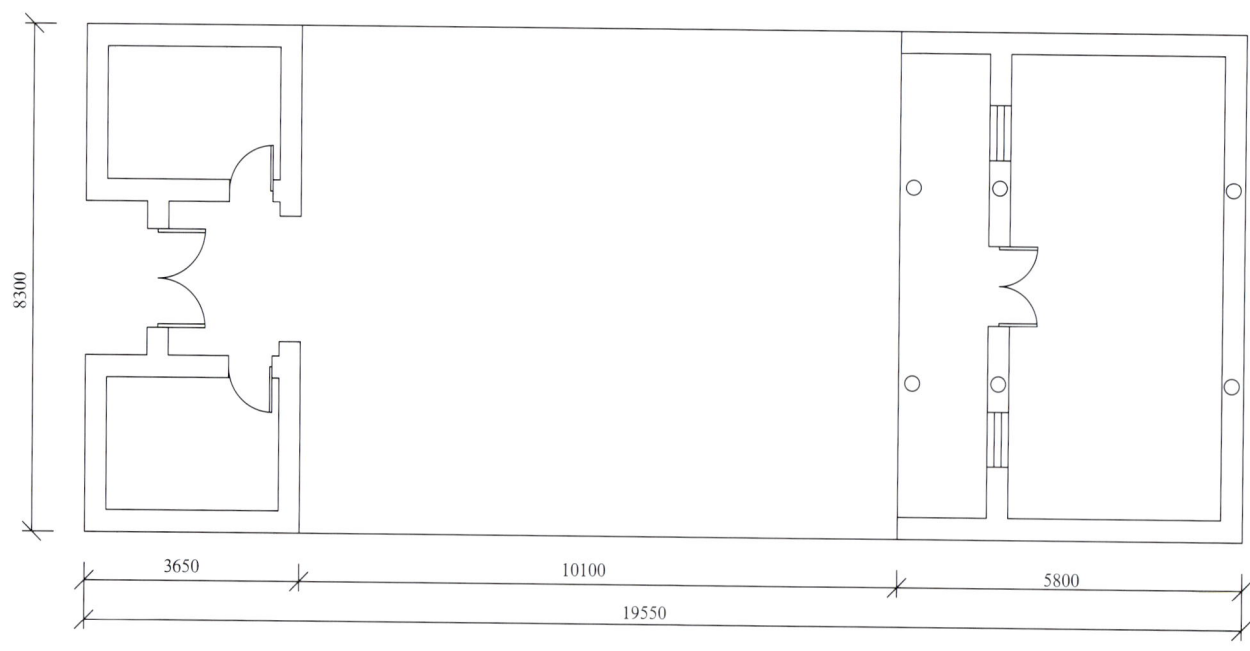

平面图

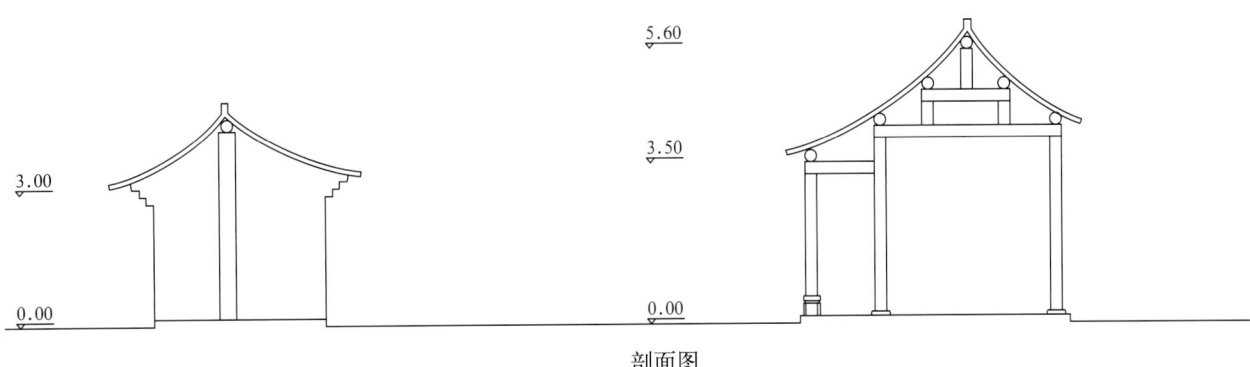

剖面图

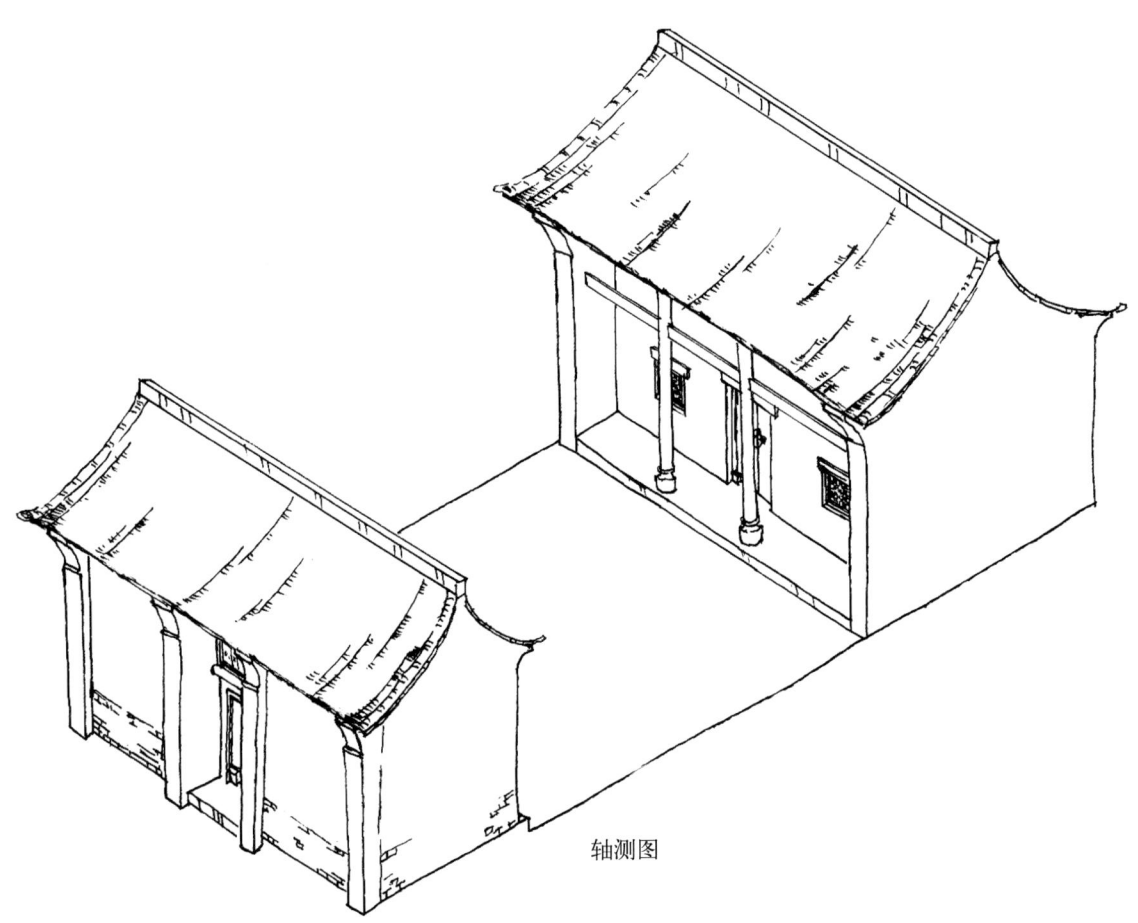

轴测图

梁公祠堂（梁屯村）

梁公祠堂位于洛龙区古城乡梁屯村西街与西夹后古洞交会处，坐北朝南，始建于民国二十七年（1938）。现存建筑有临街房3间，西厢房3间，正殿3间，均为硬山式结构。祠堂院落呈长方形，占地面积692平方米，其中建筑面积207平方米。正殿内有清宣统四年（有误，应为民国一年，1912年）立《梁公祠祭田义学碑记》1通，民国三十六年（1947）立《梁公祠重修碑记》1通。

据梁氏族人讲，其家族与偃师诸葛镇梁村梁氏家族为同一宗族，梁村梁氏为长门，梁屯梁氏为二门。

梁公祠临街房正侧面（由东南向西北拍摄）

门额

大门

两侧墀头

载板题记有:"民国贰拾柒年贰月二十七日动工创修三月初三日己时竖柱上梁木作梁银生泥作陈光华总管延仁兴执事仝修吉利"

临街房背立面(由北向南拍摄)

临街房梁架

东耳房残存的梁柱

正殿（由南向北拍摄）

冰裂纹棂格窗

正殿棂格门被盗后，村民记在墙上的被盗日期

后殿柱础

王氏祠堂（尹屯村）

王氏祠堂位于洛龙区丰李镇尹屯村。现存有正殿1座，坐南面北，面阔3间10米，进深4.5米，硬山式砖木结构，灰瓦覆顶，正脊和垂脊上雕有花草图案，门上雕刻有福禄寿图，檐柱柱础下几腿、中束腰，上为八面体，颇为精美，祠堂两侧山墙内均有壁画，但斑驳不清。该祠堂为清代建筑。

金柱柱础"暗八仙"图案

正殿正面（由南向北拍摄）

正殿侧面（由东南向西北拍摄）

正殿正脊

大门上部

墀头外侧

格扇门（两侧已改动）

檐柱柱础

柱础图案（局部）

上绦环板"福从天降"图案

裙板和绦环板

中绦环板"狮子斗绳"图案

裙板上的"仙人题字"图案

东墙壁画

平泉李氏宗祠（丰李村）

平泉李氏宗祠位于洛龙区丰李镇丰李村，坐北朝南。据家谱记载，祠堂创建于清康熙三十八年（1699）七月二十七日，乾隆年间维修正殿、扩建拜殿，宣统年间扩建门楼。至此，李氏祠堂建筑完整形成。现存有正殿、献殿和临街房，均为硬山式砖木结构。正殿面阔3间，七檩、五架梁，正脊、垂脊和墀头均雕刻有花草图案，正梁上有民国四年（1915）二十七日动土，十月十一日上梁（重修）题记，2011年，又对祠堂进行了重修。

拜殿与后殿侧面（由西南向东北拍摄）

大门（由西南向东北拍摄）

拜殿（由南向北拍摄）

大门正脊

大门垂脊

拜殿梁架

大门东墀头

大门柱础

祠堂·LUOYANGMINGQINGJIANZHU / 331

正殿正面

拜殿两侧墀头

檐柱柱础

清代匾额

宣统元年立李氏祖茔碑

金柱柱础

高新技术开发区

崔公祠堂（太后庄）

崔公祠堂位于高新技术开发区辛店镇太后庄村中部，坐北朝南。祠堂现存山门、耳房、大殿，整体较为完整。所有建筑均为筒板瓦覆顶的硬山式砖木结构，大殿面阔3间，檐檩和平板枋之间有寿桃、石榴等精美木雕。大殿前有砖石砌筑的月台，檐廊下及院内共有石碑5通，分别为乾隆五十三年（1788）七月十五日的《崔叔乙祠堂记碑》，乾隆五十六年（1791）的《洛邑十世祖崔公墓碑》，乾隆五十八年（1793）二月《崔氏创修书院告成碑》、民国十二年（1923）的《重修碑记》、洪宪元年（1916）的《重同姓记碑》。据石碑记载，崔公祠为清代中后期崔氏族人为祭祀崔氏鼻祖崔叔乙而建造。

大门上方匾额

崔氏祠堂大门和临街房（由南向北拍摄）

临街房背立面(由北向南拍摄)

大殿正面（由南向北拍摄）

大门上部

西侧脊兽和垂脊

东侧脊兽

大殿檐廊东端

大殿檐廊西端

大门正脊

大殿上部挂落

门两侧墀头

檐下木雕

祭台

祭台上部木雕

大殿梁架

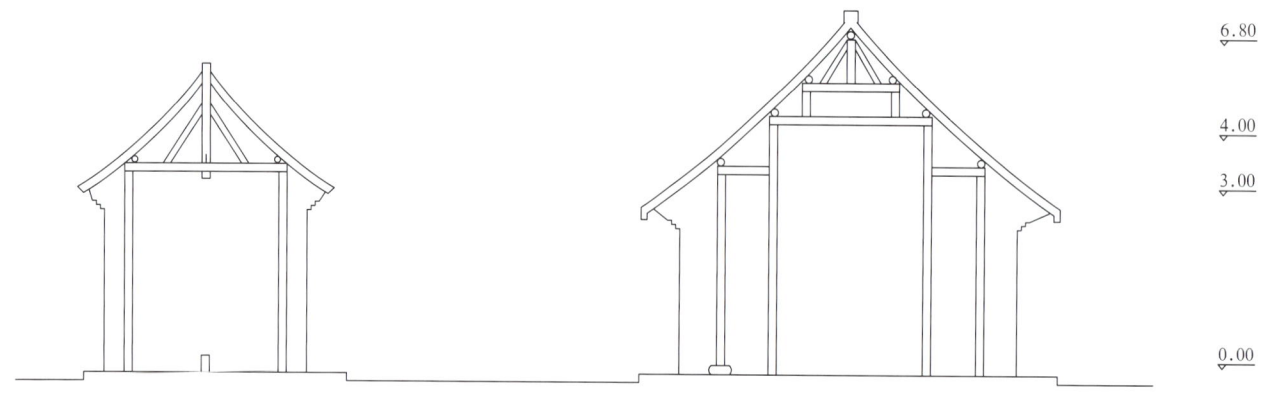

剖面图

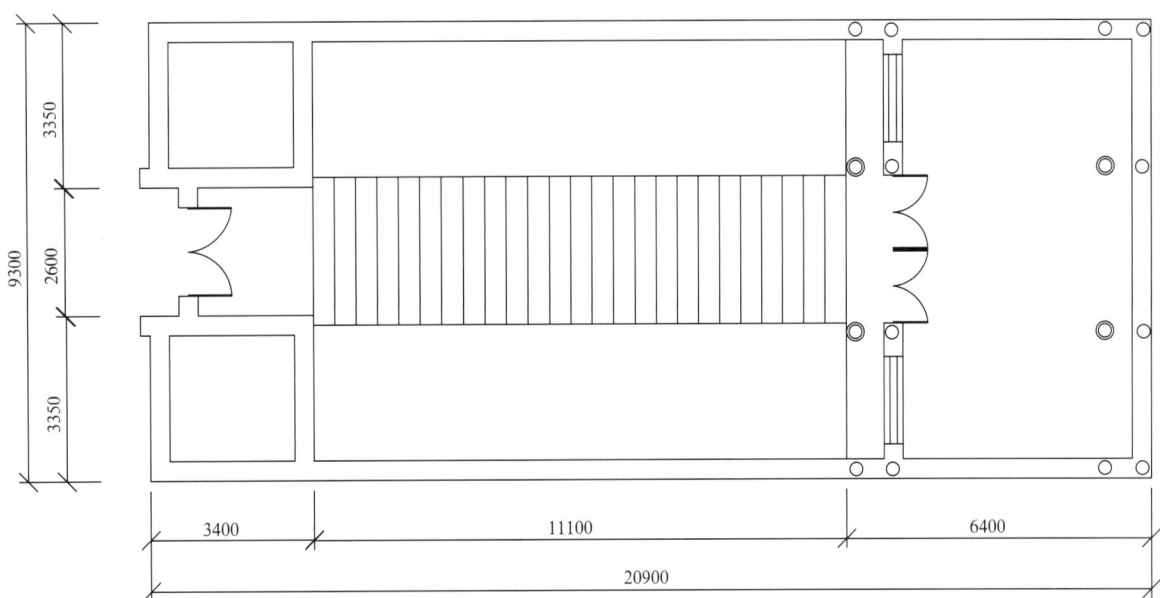

平面图

轴测图

董氏祠堂（太后庄）

董氏祠堂位于高新技术开发区辛店镇太后庄村。该祠堂坐北朝南，现存门楼1间，正殿3间，均为硬山式砖木结构。门楼保存较差，东山墙拆除，梁架为硬山五架梁，屋脊也已翻修。正殿为五架梁带前廊，顶覆灰色小板瓦，正脊上雕有莲花图案。两山墙墀头上雕有菊花、太阳花等图案。额枋上雕有福、禄、寿三星以及波浪纹、卷云纹，十分精美。

据董氏族人介绍，《董氏家谱》先后于清乾隆、光绪和民国时期三次重修。谱中记载除村中的董氏祠堂，在老城西北隅关庙街还建有一处董氏祠堂。

柱间棂格

董氏祠堂大门（由南向北拍摄）

正殿梁架

东山墙（由东向西拍摄）

正殿正面（由南向北拍摄）

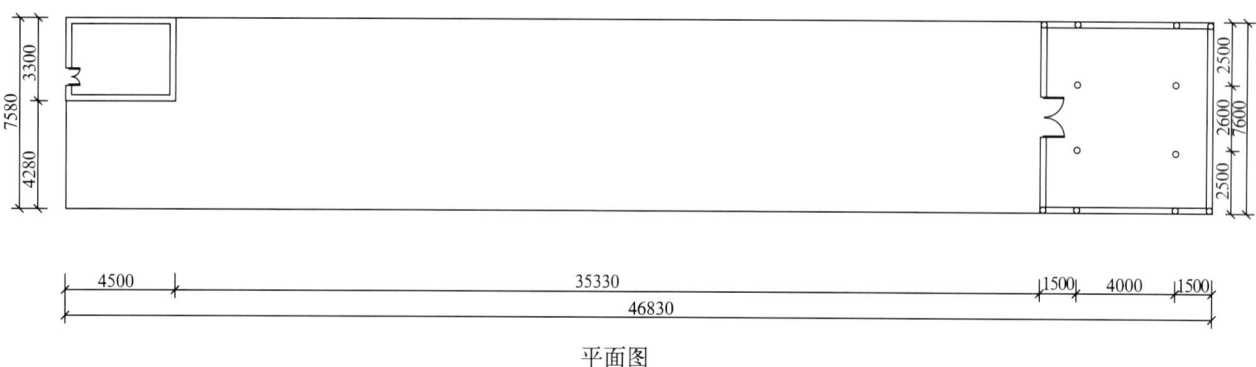

平面图

剖面图

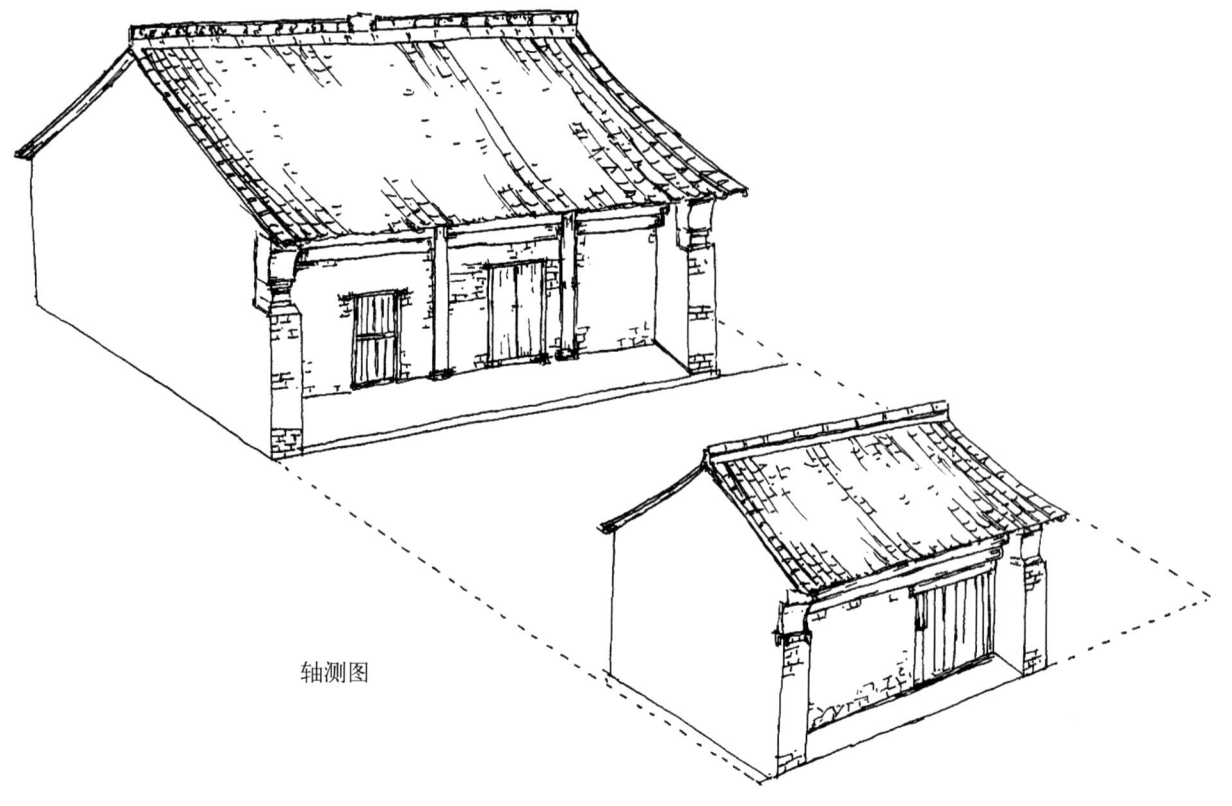

轴测图

白氏祠堂（白营村）

白氏祠堂位于高新技术开发区辛店镇白营村中部偏西，坐北朝南，为一座面阔3间的五架梁硬山式砖木结构建筑。建筑屋顶覆以筒板瓦，正脊上雕有花草图案，兽吻不存。前檐墙及山墙部分为青砖砌成，后檐墙下碱部为青砖，上身为土坯。正殿内部分上下两层，中间用木板相隔，一层中间开一门，两侧各开一窗，二层也开有两个窗。正门损毁严重，上部存"太子少傅"木匾一块。现梁架上仍保存有精美彩绘，特别是檐檩部位绘卷草纹装饰。另祠堂内还存有石碑1通、木匾1块。石碑主要记载了白氏后人世代祭祖、不忘恩德的族训，为清道光十五年（1835）六月初一立，碑座缺失，碑首残毁。木匾为清咸丰八年（1858）十一月"白氏祠堂"匾。该祠堂原为本村清代张姓大户宅院的一部分，后白氏族人购买后改为祠堂。

祠堂大门（由南向北拍摄）

正殿正面（由南向北拍摄）

正殿上部

祠堂后院（由北向南拍摄）

祭台

清咸丰八年制"白氏祠堂"匾额

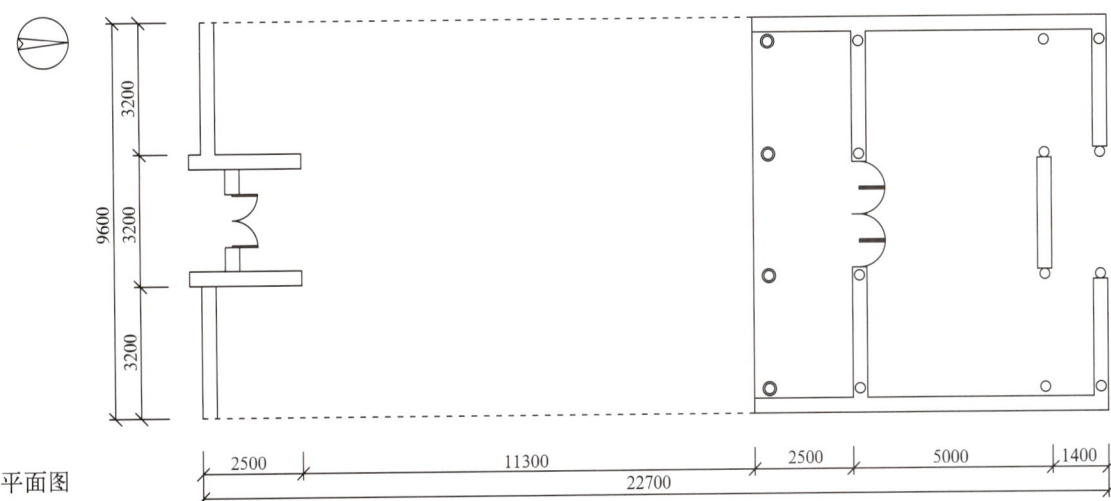

平面图

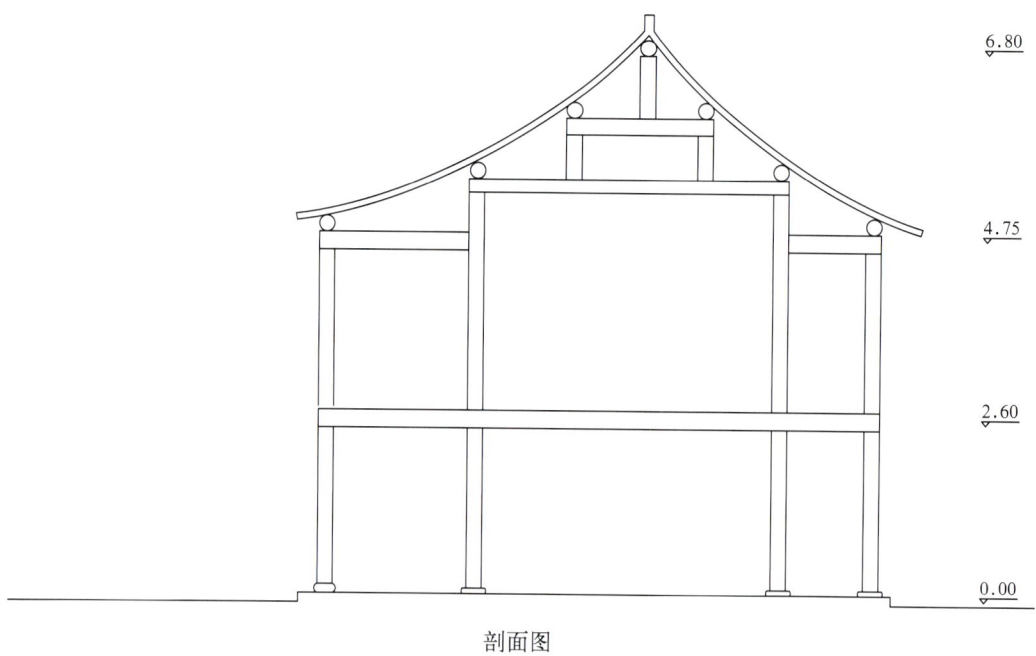

剖面图

轴测图

张氏祠堂（昌沟竹园村）

张氏祠堂位于高新技术开发区辛店镇昌沟村竹园自然村北部，坐北朝南。现存正殿和门楼损毁严重，正殿内有石碑1通。正殿面阔3间，为硬山式五架梁砖木结构。建筑整体建于砖石台基之上，屋顶覆以筒板瓦，正脊上有砖雕花草纹饰。南侧明间开门，两次间各开一窗，门已缺失。檐柱柱础为鼓形，余为扁鼓形。祠堂木构件保存尚好，抱头梁梁头做成云纹状。门楼也为硬山式砖木结构，面阔1间，整体建在砖石基础上。在祠堂前廊西侧立《建立张氏世系碑记序》石碑1通，高1.66米，宽0.65米，厚0.17米。碑文主要记叙了张姓粤籍远祖张子明为湖广武昌人，洪武元年（1368）为都指挥，其子张宏后来在河南做官，成为现昌沟村张姓始祖。碑文还记叙了先辈的世系族谱名录。该碑为清代咸丰二年（1852）所立。

山门（由西向东拍摄）

正殿（由东南向西北拍摄）

正殿后部（由南向北拍摄）

正殿前部（由北向南拍摄）

柱梁构架

清咸丰二年立"建立张氏世系碑记序"

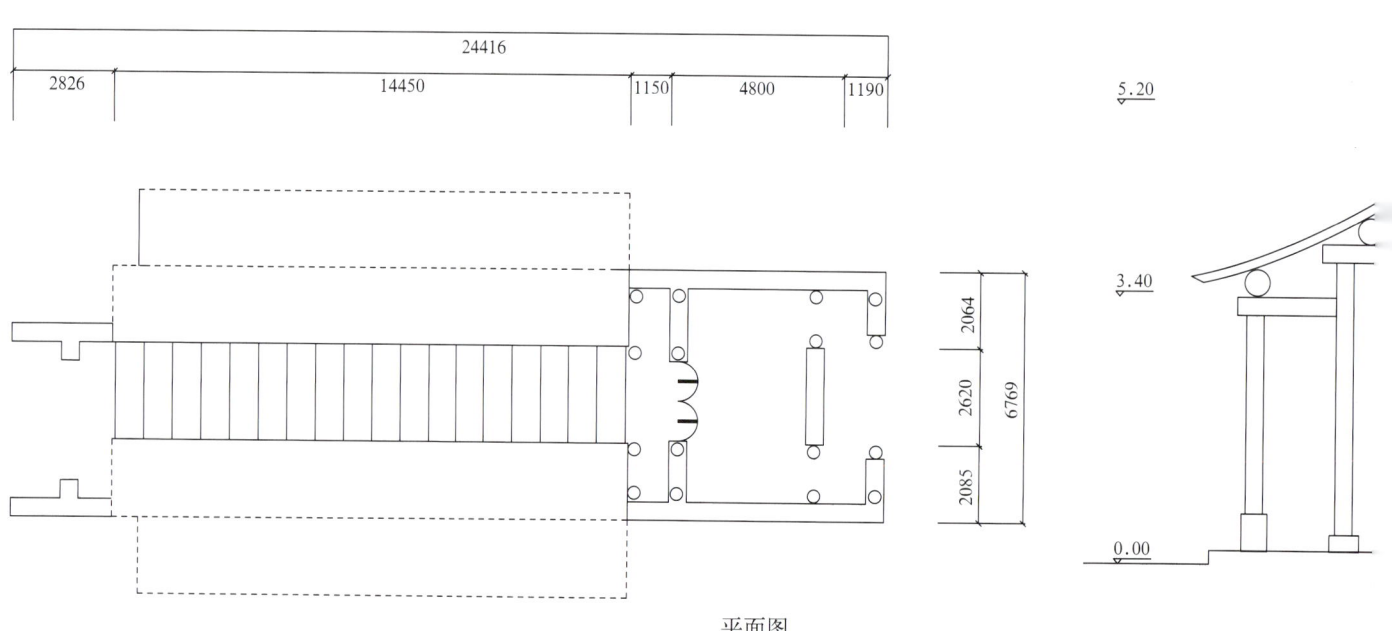

平面图

碑两侧边沿刻有八仙图案　　　檐柱柱础　　　金柱柱础

金柱柱础

剖面图　　　　　　　　　　　　　　　轴测图

吉利区

张氏总祠堂（北陈村）

张氏总祠堂位于洛阳市吉利区北陈村中部，坐北朝南，始建于清嘉庆十二年（1807），光绪七年（1881）建拜殿，至今保存完好。现存建筑为两进院落，南北长66米，东西宽22米，总面积约1400平方米。中轴线上由前向后依次为临街房、二门拜殿、正殿等建筑，两侧分别为东、西厢房。临街房面阔5间，是族长议事的地方，祠堂大门位于中部。东西耳房为守祠护院人所用。临街房外有花墙围绕，花墙内东北角原有3米多高碑楼一座，大门对面原有影壁及戏台，均已毁。旧时每逢庙会或传统节日，赶会唱戏时，花墙内坐女眷，花墙外坐男客，礼仪分明。正院上方建有始祖堂，也称正殿，堂中央有神龛一座，内供始祖并二世祖木制灵牌3尊。始祖堂前檐下原悬匾6方，均为张氏后裔中的拔贡、生员、举人、五品蓝翎所献，现已不存。始祖堂南是祭祖堂，也叫拜殿，俗称卷棚，是后裔祭拜先祖的场所。拜殿檐下悬"十世一堂"匾为民国时期修家谱时十代同堂而立。在拜殿前左右各建有客房五间，是供外地后裔寻根祭祖时休憩的地方。从正、拜殿两侧可进后院花园，园内建有5间房，其中2间为伙房，另外3间为外地后裔就餐的场所。园中有柏树50余株，地下还发现宽高丈余、长6丈有余的地道一处，不知用途。

据《北陈张氏家谱》记载，张氏家族是在明建文四年（1402）从山西省高平县米山镇十字街迁来，定居北陈。目前在居北陈村的20余个姓氏中，张氏约占村中总人口的90%以上。《张氏家谱》初修于民国三年（1914）正月初六日，民国二十五年（1936）由张氏十八世孙、五品衔张珂总领修葺，重新整理续修完成。新中国成立后又历经多次续修，2002年经族人再次续修，编印一套三册。

据《张氏家谱》记载："张氏二世祖亦兄弟三人，三世祖兄弟八人。其子孙为纪念二世祖和先祖，于乾隆年间各自在村中建起了头门祠堂、二门祠堂、三门祠堂、西三门祠堂、长门祠堂、五院祠堂等。此外，迁移外地的张氏子孙，还建有西庄村的张氏家庙、马庄村和柴河村的张氏祠堂、孟津县张凹村的张氏宗祠、平乐镇的张氏祖祠、偃师顾县的张氏先祠、石桥村的张氏祖祠等。"经查大部分都保持完好。然则惟独没有纪念始祖的祠堂。因此至清嘉庆年间，后人又在村中央为祀奉始祖，再建祠堂，故称为"总祠"。

祠堂内现存历代修祠碑刻5通，年代最早的是清道光七年（1827）立的《张氏总祠碑记》，记述了修祠经过，还有清宣统三年（1911）立的《创修碑记》。其他的《创修拜殿碑》《孝思碑》和《捐资碑》，均无年代。西厢房廊下北边内墙上嵌有《经周胡须奶奶支派归北陈认祖记》，记述了偃师市大口乡经周村张氏支派回北陈认祖宗经过。《偃师姓氏源流》记载：经周村张氏始祖母下颌有微须，人称"胡须奶奶"。元末时在山西为避战乱，时已孀居的她携三个儿子来到河南。与长子大老定居经周村。她在山西还留有三个儿子，后人曾来经周祭拜过胡须奶奶之墓。北陈张氏家谱亦有"胡须奶奶"之记载。后经各支系代表多方考证，确认北陈张氏和经周张氏原系同宝，统属始祖延瑞公之后，胡须奶奶是二世祖义方公之妻，卫氏也。数百年家庭之谜得以破解。经周胡须奶奶支派后人就来北陈张氏总祠认祖，并刻碑纪念。

张氏总祠在1947年8月解放洛阳战役中，还有一段光荣历史。当时的陈谢大军将这里作为战地中转医院，前方的受伤将士被送到总祠抢救治疗，然后再由此转入太岳医院。在短暂的8天里，村民们送水喂饭，洗衣晒被，显示了浓厚的军民鱼水情。

张氏总祠不仅是家庭寻根祭祖之场所，同时还是培养教育子孙后代的学堂。自民国初期在祠堂开办私塾、学校，直到新中国成立后成立小学、中学，一代代学子在这里成才。张氏杰出子弟清代有拔贡张茂举，五品蓝翎张珂等，现代有哲学家、教育家、中国人民大学党委书记、常务副校长，被毛泽东主席誉为"中原四杰"之一的张腾霄。

1994年，张氏总祠成为老年人活动中心。老年人在这里打牌对弈，读书看报，书法绘画，舞剑练身，谈天说地，享受晚年乐趣。从此，张氏宗祠又增添了新的社会功能。

张氏总祠正面（由南向北拍摄）

| 大门 | 大门外景 |

大门对面照壁（由北向南拍摄）

大门垂脊和脊兽

新修二门（由南向北拍摄）

二门上部彩绘

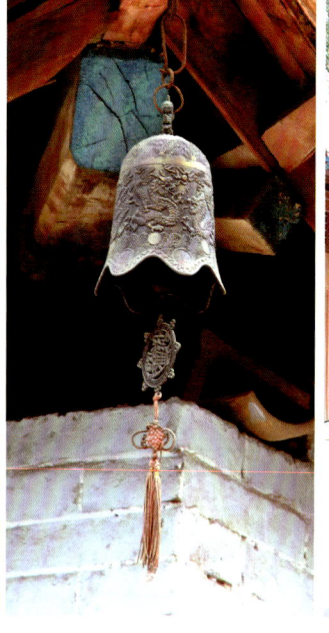

檐下风铃

二门内木照壁（新修）

东厢房 二门背立面（由北向南拍摄）

西厢房

厢房墀头　　　　　　　　厢房金柱柱础　　　　　　厢房檐柱柱础

拜殿（由南向北拍摄）

拜殿梁架局部

拜殿顶部

卷棚梁架

拜殿匾额

拜殿檐下木雕

拜殿与后殿之间

拜殿柱础

拜殿与后殿结合处原东侧门

拜殿载板题记

后殿走马板

后殿祭台

祠堂建筑遗存的石门墩

8759
3797
22001
9444
5851
6500
4700
12400
2800
5000
1600
5000
43851

平面图

5.80
3.60
0.00

剖面图

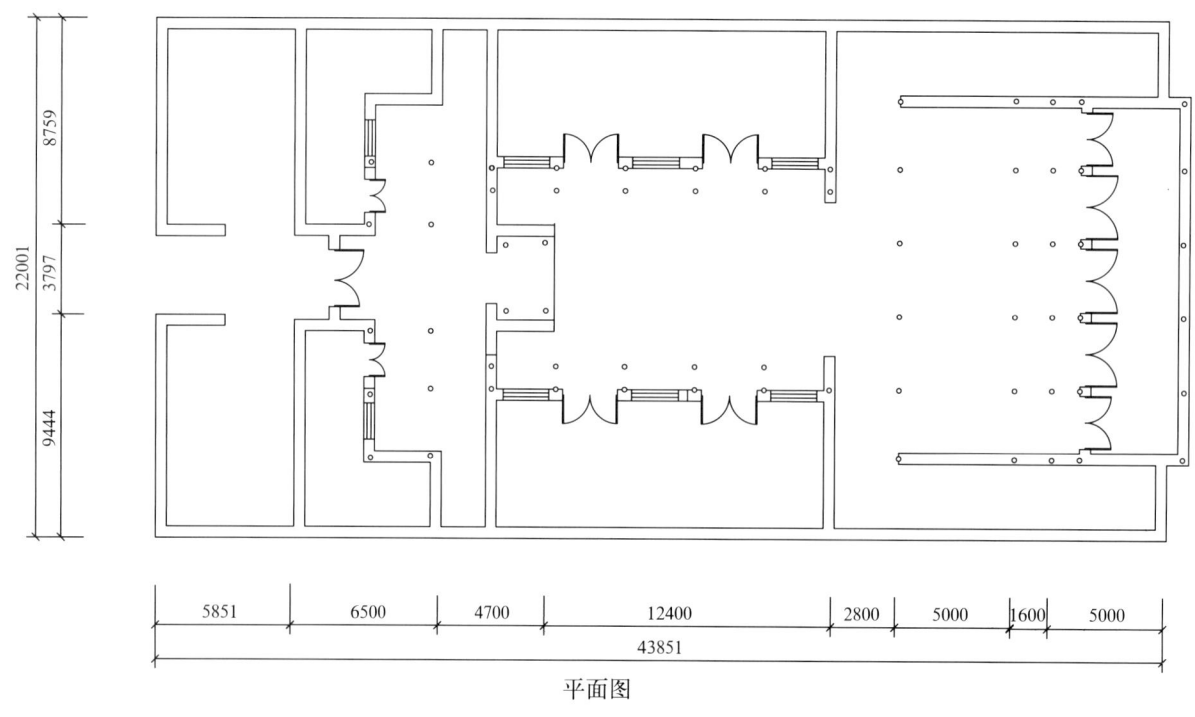

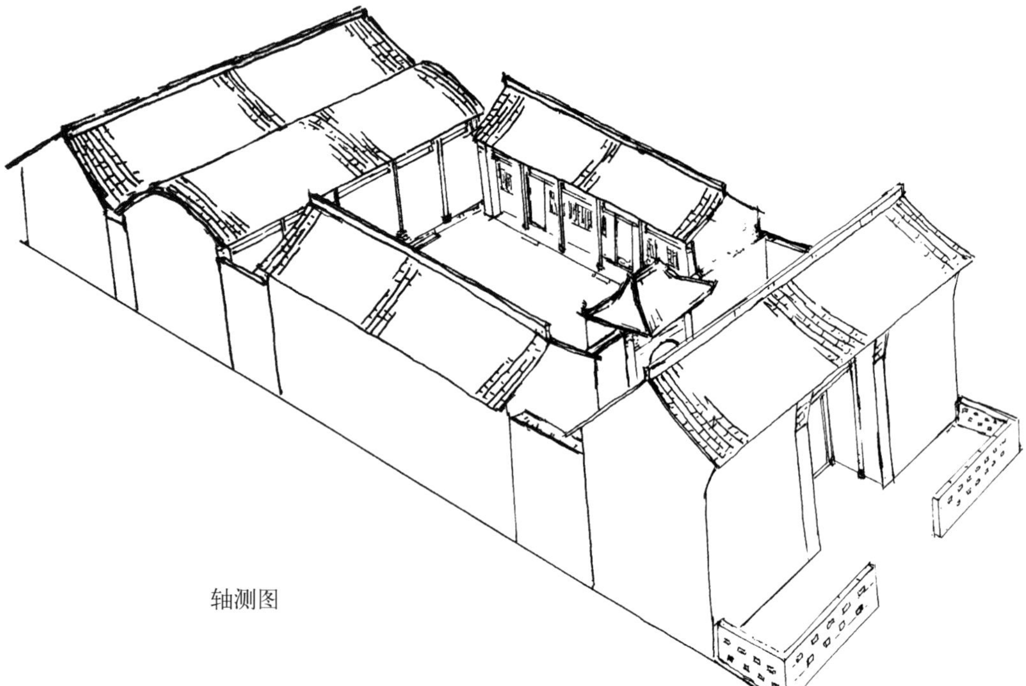

轴测图

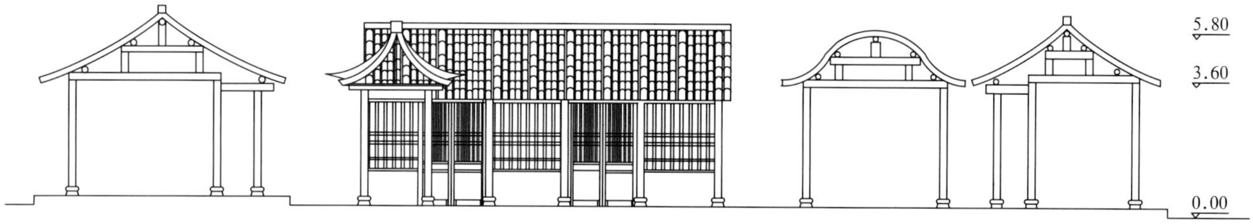

张氏头门祠堂（北陈村）

张氏头门祠堂位于洛阳市吉利区北陈村张氏总祠南约350米处，坐北朝南，始建于清乾隆八年（1743）。现存临街房和正殿，均为面阔3间的硬山式建筑，大门位于临街房偏明间，是为纪念张氏始祖之长子的祠堂。祠堂院落南北长30米，东西宽10米。1994年对祠堂建筑进行过维修，并在祠堂大门上方悬挂匾额"德垂后裔"。

张氏头门祠堂大门侧面（由西南向东北拍摄）

大门正面（由南向北拍摄）

大门上方匾额

两侧墀头

祠堂·LUOYANGMINGQINGJIANZHU / 361

门墩

过道两侧壁画

大门枋上木雕

大门内立面（由北向南拍摄）

正殿（由南向北拍摄）

正殿柱础

西侧斗拱

东侧斗拱

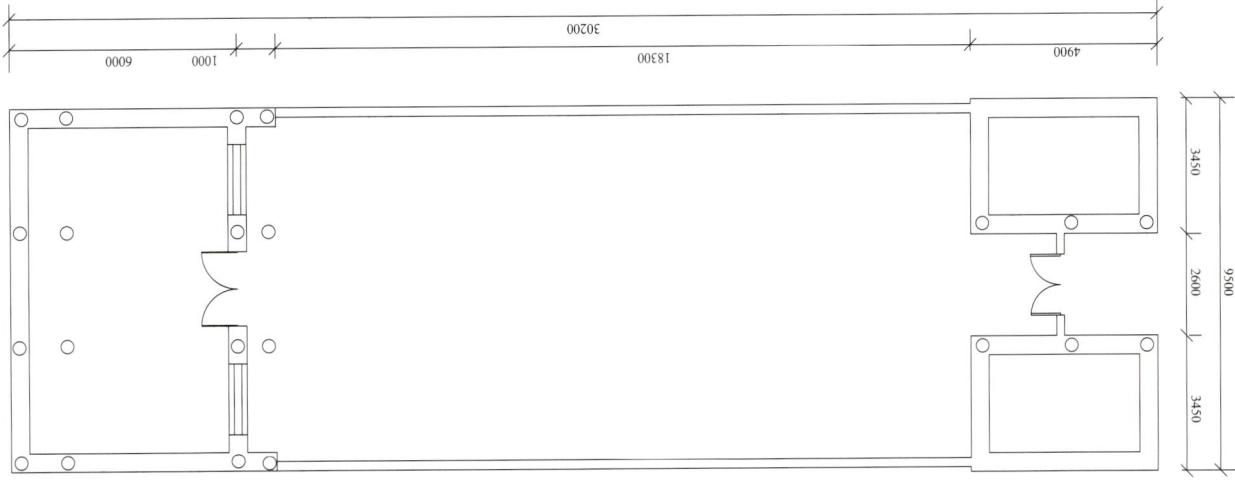

平面图

剖面图

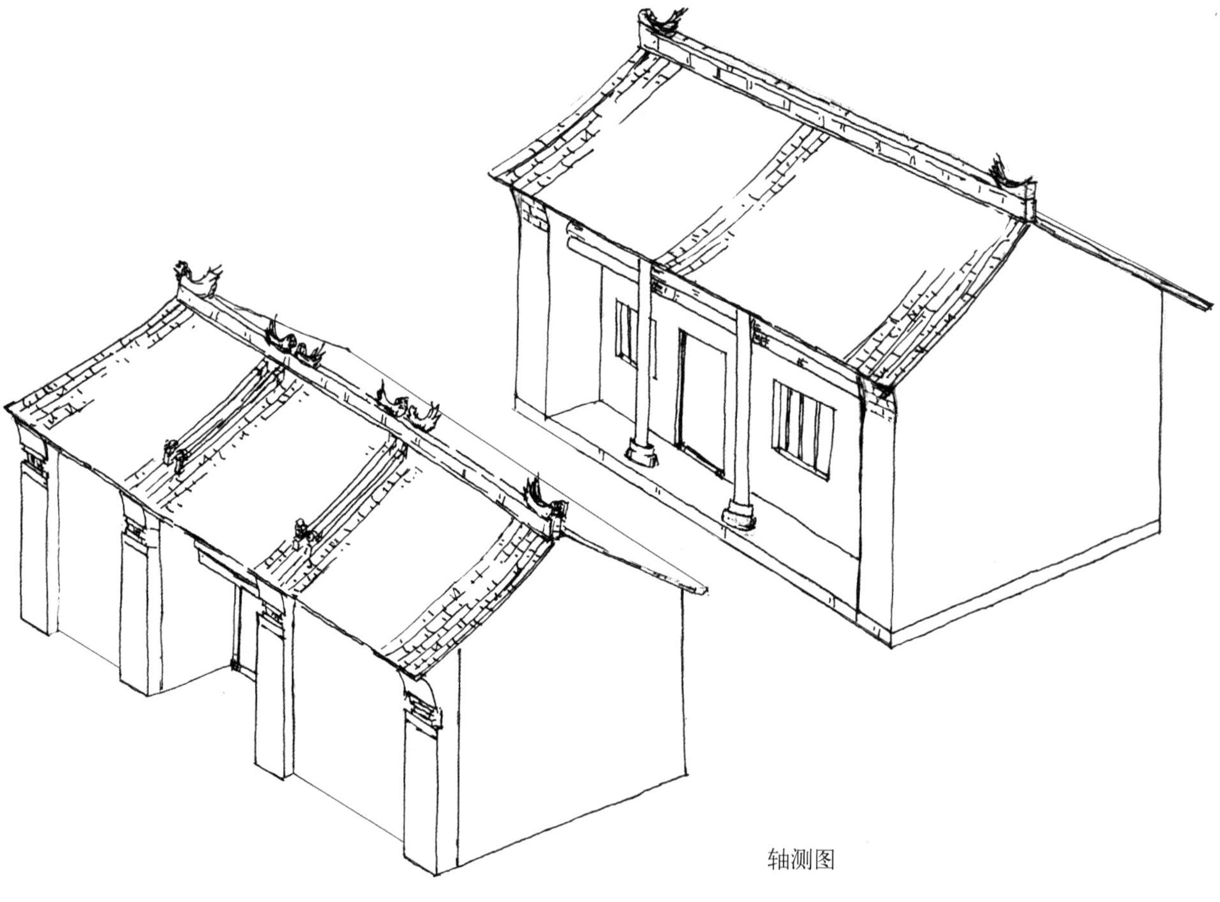

轴测图

张氏二门祠堂（北陈村）

张氏二门祠堂位于张氏总祠南约300米处，坐北朝南，是祀奉张氏始祖之次子的祠堂。始建于清乾隆年间，占地758平方米。现存临街房5间，正殿3间，均为硬山式建筑。1994年对祠堂进行过维修，并在祠门上方悬匾"克承祖德"。

正殿（由南向北拍摄）

大门侧面（由西北向东南拍摄）

大门内立面（由北向南拍摄）

正殿格扇门

正殿上方

正殿檐下木雕

正殿柱础 　　　　　　　　　　　正殿两侧墀头

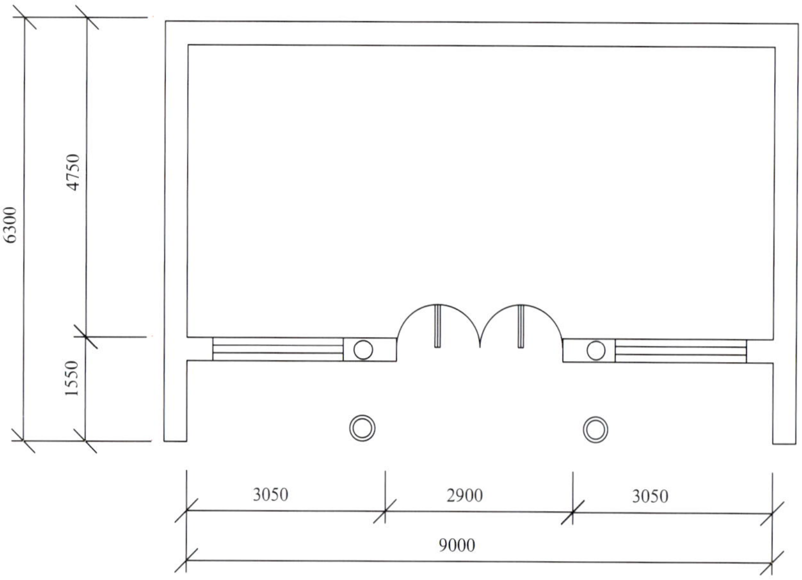

平面图

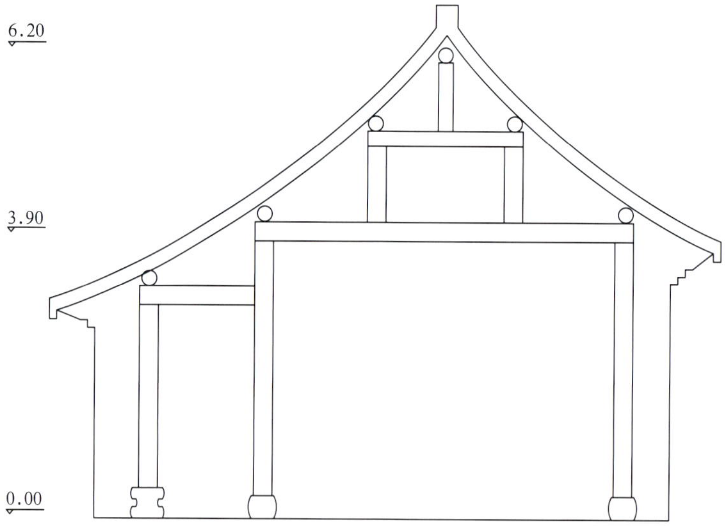

剖面图

轴测图

张氏三门祠堂（北陈村）

张氏三门祠堂位于张氏总祠东北约300米处，是祀奉张氏始祖之三子的祠堂。始建于清乾隆年间，占地700余平方米。现存临街房5间，正殿3间，均为硬山式建筑。1994年对祠堂原有临街房进行翻新，改建了正殿，新建"敏正堂"3间（因三子叫义敏）。并在祠门上方悬匾"张氏三门"。正殿东墙上嵌有道光十七年（1837）立"地亩记"碑一方。

祠堂正面（由西南向东北拍摄）

祠堂大门（由南向北拍摄）

大门石狮

正殿（由南向北拍摄）　　　　　正殿格扇门

清道光十七年立祠堂纪事碑

张氏长门长祠堂（北陈村）

张氏长门长祠堂位于张氏总祠西北约300米处，坐南朝北，是祀奉张氏始祖长子长孙的祠堂。始建于清乾隆十四年（1749），现存临街房3间，正殿3间，均为硬山式建筑。院落南北长25米，东西宽9米，占地面积约500平方米。1994年对原建筑进行重修，并在祠门上方悬匾"长门长"。

祠堂正面（由南向北拍摄）

正殿

大门内立面

大门

大门墀头

柱础

正殿门墩

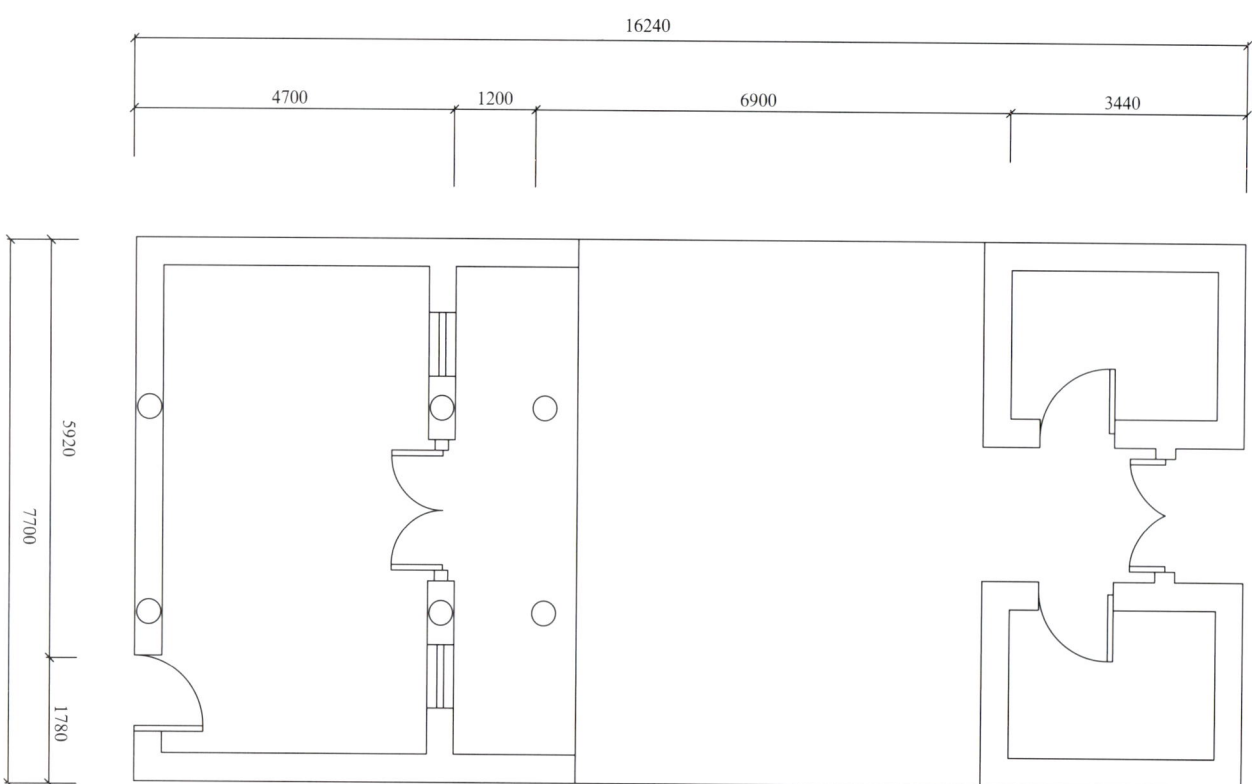

平面图

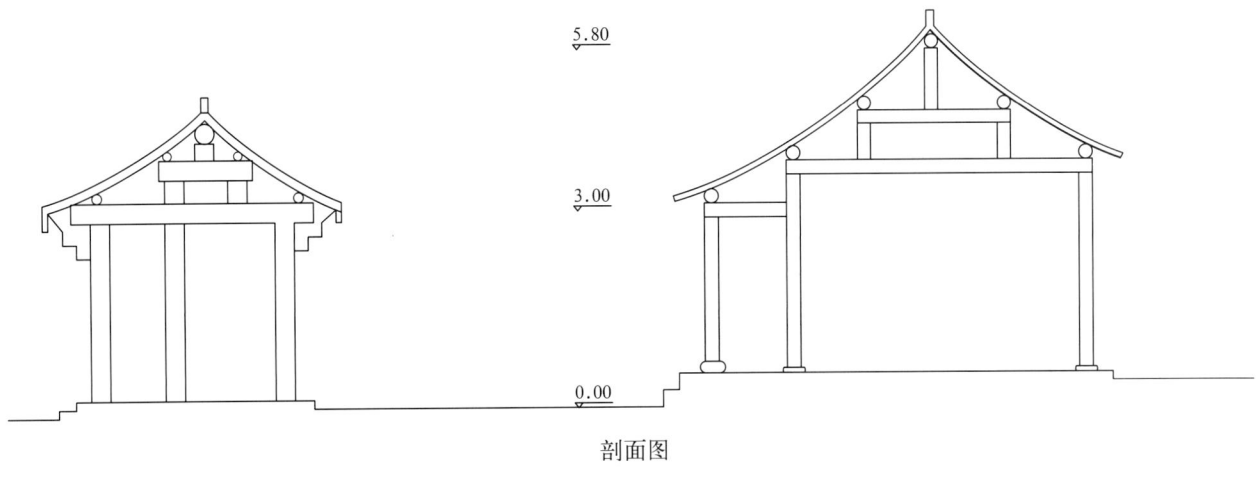

剖面图

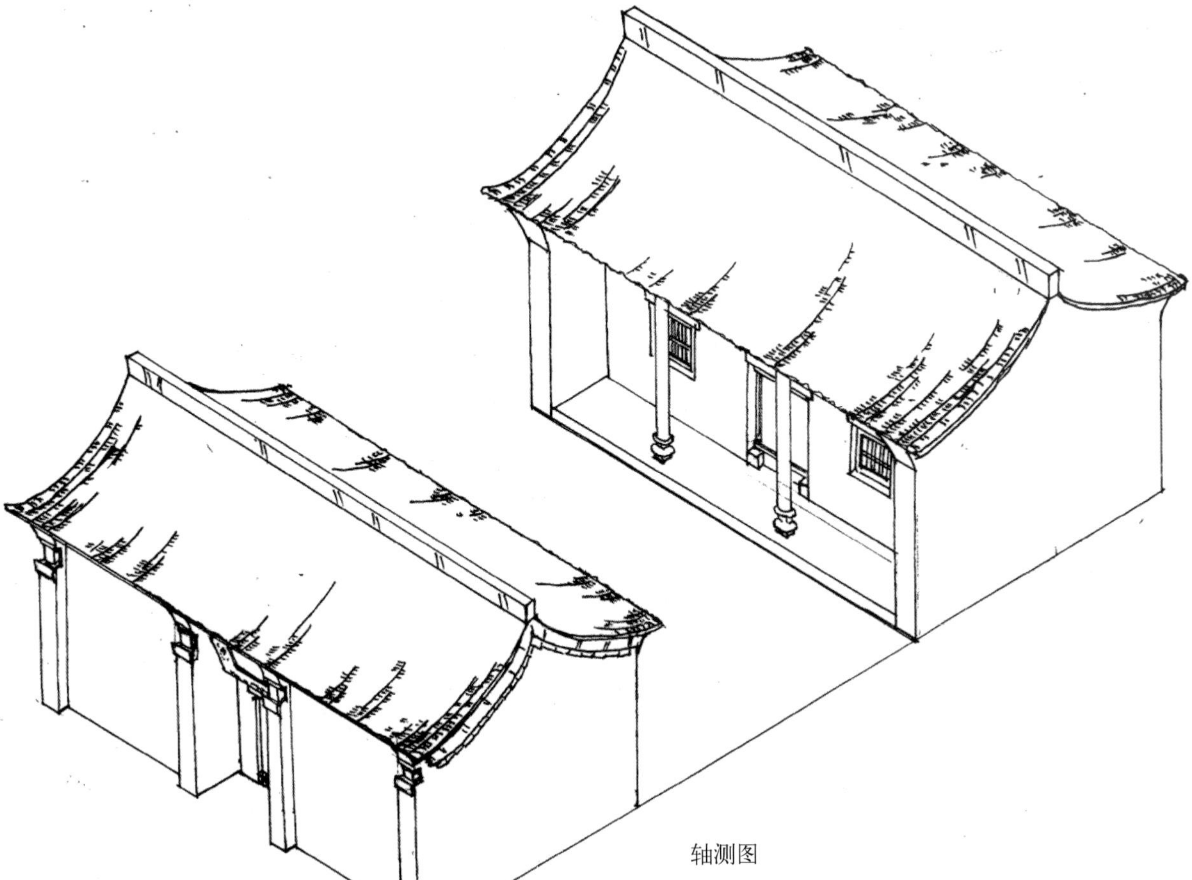

轴测图

张氏西三门祠堂（北陈村）

张氏西三门祠堂位于张氏总祠北约150米处，是祀奉张氏三门十世祖的祠堂。始建于清乾隆三十八年（1773），占地约472平方米。现存临街房3间，拜殿3间，均为硬山式建筑。正殿内有清光绪三十二年（1906）立《创修祠堂碑》，记载光绪三十年（1904）创修拜殿三间，对原有临街房和正殿重修经过。另有同年代的《祠堂祭田碑》，记载祠堂有祭田40余亩等事项。

1994年，族人又对祠堂进行维修，并重建偏院房5间，在祠堂大门上方悬挂"三门张祠"匾。

祠堂大门

祠堂正面

拜殿

檐下云墩木雕

檐下木雕外侧

檐下木雕内侧

两侧墀头

拜殿柱础

正殿柱础

柱头科斗拱

后殿柱础

拜殿柱础

拜殿与正殿之间

后殿梁架

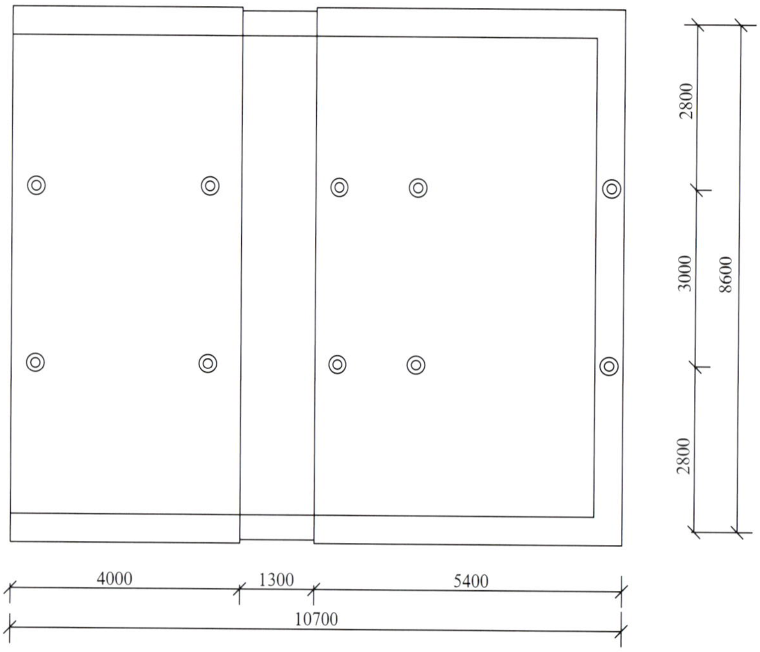

平面图

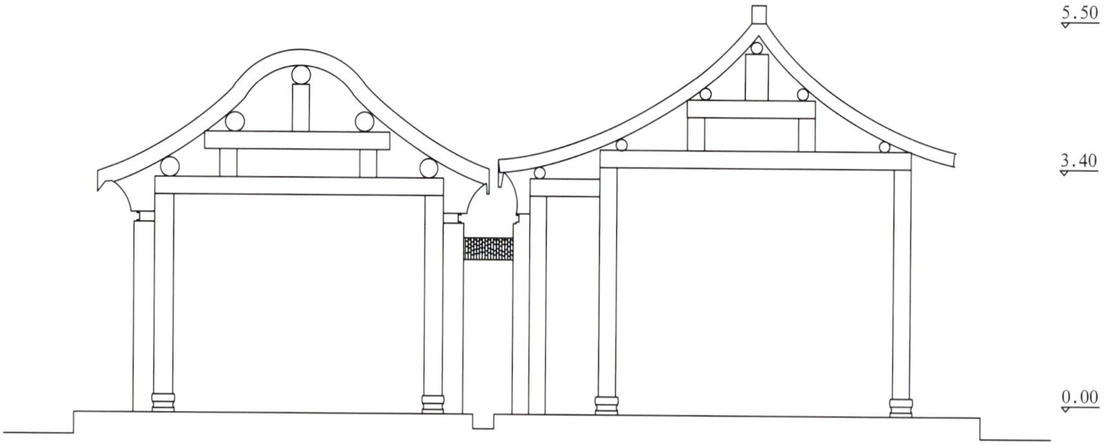

剖面图

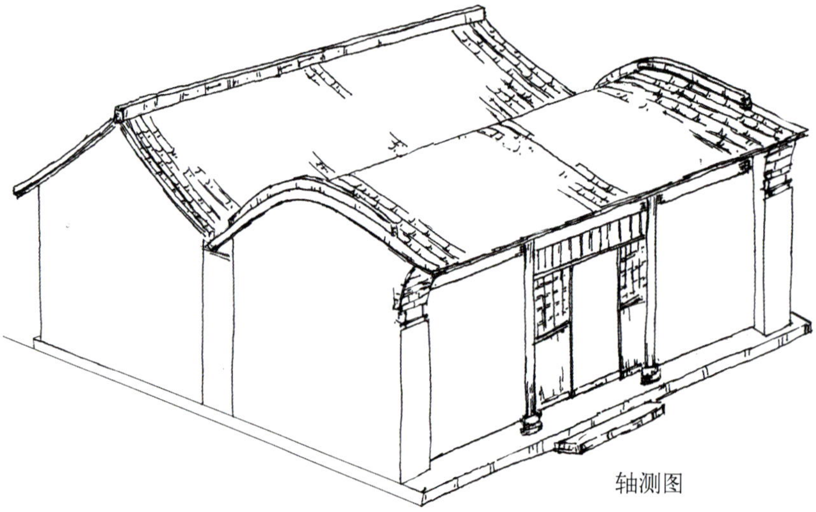

轴测图

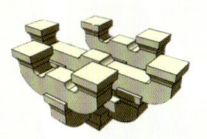

寺庙道观
SIMIAODAOGUAN

洛阳各地城镇街道村庄中，除了家族祠堂，比较突出的大型建筑就是各种寺庙道观。在村口和村内主要街道，以及村外某一方的山岭或高地，都可看到大大小小的寺庙道观。主要有龙王庙、火神庙、观音堂、三官庙、玉皇阁、泰山庙、牛王庙、老君庙等，较常见的为关帝庙、奶奶庙。也有纪念本村著名历史人物或与本村历史有关的传说人物寺庙，如纪念治水英雄黄守才的大王庙等。

寺庙道观和中国人的民间信仰有着密切的关系，它们是在人类成长发展过程中由于某种社会、历史或自身生活生产及心理需求而产生和传承的一种文化现象。洛阳民间信仰复杂，种类繁多。新中国成立前，民间家家户户对与自己关系较大的天地日月神、行业神以及龙王、财神、观音菩萨等天地万物，均有崇敬，特别是当个人遇到了天灾人祸，如疾病等难以解脱之事时，便向自己信奉的神灵祈求消灾避难，获得幸福。逢年过节也要摆设供品，上香祭拜。因此，村民中的信仰者集资修建了各类寺庙道观建筑。

老城区

延福宫（康乐巷33号）

延福宫位于洛阳市老城区康乐巷33号院内，坐北朝南。据《洛阳县志》记载："大明弘治二年（1489）伊王建，内祠三官，范铜为像。"俗称铜三官庙。原建筑有三官殿、三清殿、大殿、玉皇阁，庙前有戏楼，现仅存后殿，面阔5间，为硬山式建筑。

延福宫是祀奉道教神灵"三官"的场所，三官亦称"三元"，即上元一品赐福天官紫微大帝，中元二品赦罪地官清虚大帝，下元三品解厄水官洞阴大帝，又称三元大帝。延福宫为明伊藩王府家庙，只对河南府官吏开放。每年农历正月十五天官生日，七月十五地官生日，十月十五水官生日，伊王及家人和河南府官吏都到延福宫祭拜。

大殿正侧面（由东南向西北拍摄）

大殿正面（由西北向东南拍摄）

大殿正门 　　　　　　　大殿方形檐柱与五踩斗拱

大殿斗拱

墀头下端挑檐石

大殿前檐

大殿西山墙上部（由西南向东北拍摄）

拜殿西山墙

拜殿背面（由东北向西南拍摄）

五圣堂（西和巷）

　　五圣堂位于洛阳市老城区西和巷西口，坐西朝东，也有当地居民说是关帝庙。据其门楼下北墙上镶嵌的石碑记载：曾于清光绪元年（1875）重修，始建年代不详。现存建筑为门楼半间，拜殿1间，正殿1间，均为硬山式砖木结构，保存基本完好。堂院东西长13米，南北宽4米。

　　五圣堂正殿阁楼上供奉财神、火神、关帝、瘟神，楼下供奉白衣大士，即白衣观世音菩萨。每年农历正月十六为香火会，香客云集。

　　新中国成立后为老城区房管所公房，租与市民居住。

北山墙（由东北向西南拍摄）

拜殿山墙

门楼山墙

瀍河区

东关清真寺（东关大街93号）

东关清真寺位于洛阳市瀍河区东关大街东端，坐南朝北。据传，最初清真寺建筑比较简陋，寺内大厅曾作为临时大殿使用，脊檩上书有"大清乾隆七年（1742）修建"字样。在清朝早期，歧视少数民族，虽有清真寺但不允许书寺名。至道光二年（1822），始在大门上方嵌青石匾，上书"清真义学"代替寺名。清咸丰八年（1858）小阴月立《创建大殿碑》记载："每家出资若干，积累数年，共钱若干，创建大殿3间，厦房3间，前后一共6间。"清光绪三年（1877）立《重修大殿碑》记载："孙玉麟乡老重修创立拜殿，而'遥志'（拜殿里由阿訇领拜的地方）犹有缺焉，众乡老各捐已资，建立'遥志'。"这次寺里原来的3间大殿，两边又各建1间，合计5间。新盖拜殿5间，遥志1间。至清末民初，东关清真寺建筑始具完备。共有大殿5间，拜殿5间，遥志1间，大殿南讲堂屋（教长室）7间，大殿北"伊玛目"（首领）屋3间，水房（沐浴室）3间，过厅5间，西厦房3间，临街房3间，

东关清真寺门楼正面（由北向南拍摄）

大门1间。寺内拜殿下挂有木匾4块，分别是"认主独一""无极之真""乾坤在握""建国兴教"。大殿内明柱的凹形木板上刻有一副对联，上联是"学问道渊源经书怀抱九重天"，下联是"念礼舍把聚昼夜不离方寸地"。1958年宗教改革时，原东关地区的三方清真寺（东关大街清真寺，东通巷清真寺，新街清真寺）合并为一方，即东关清真寺。

1966年"文化大革命"期间，东关清真寺受到破坏，大殿南边的7间讲堂被诉，一间遥志被毁。

1981年5月，省、市民委拨款2万元，对东关清真寺进行维修。经过两年半的翻修，寺貌大有改观。新盖寺门上方匾额为"清真寺"3个大字，寺内拜殿南圆门上方书"圣域贤关"，北圆门上方书"复命归真"。大殿内"虎图拜"（演讲）楼上有一副对联："古兰天经领正道，穆圣训语渡迷津。"

东关清真寺历任阿訇是孙宣道、何国栋、丁存圣。

礼拜堂正面（由东向西拍摄）

礼拜堂侧面（由东南向西北拍摄）

清真寺牌匾

礼拜堂拜殿梁架

大殿中部高柱础　　大殿两侧柱础

礼拜堂柱础　　　　礼拜堂与大殿结合处

大殿檩枋彩绘

大殿正门(由东向西拍摄)

大殿东侧门

洛龙区

大王庙（枣园村）

大王庙位于洛阳市洛龙区白马寺镇枣园村洛河渡口南，坐南朝北。始建于清嘉庆二十二年（1817），现存拜殿3间，正殿3间，均为硬山式建筑。

庙内拜殿西墙上嵌有清嘉庆二十二年（1817）立的《灵佑黄大王、金龙四大王庙碑记》，根据碑文内容，可以得知该庙祀奉的是两位被皇帝敕封的河神。黄大王名叫黄守才，是偃师市岳滩镇王庄人，自幼识水性，终身不仕，志在治水。他一生的主要贡献除了行船护航，就是治理黄河及其他河流水患。随着黄大王的神奇事迹在民间广泛传播，供奉他的庙宇开始出现。清乾隆三年（1738），他被敕封为"灵佑襄济之神"，老百姓尊称"黄大王"。金龙四大王名叫谢绪，南宋会稽金龙山人。元军攻入临安，谢绪奋然投江。传说朱元璋率军与元军决战，谢绪显圣，令黄河水倒流，帮助朱元璋大获全胜。明朝建立后，朱元璋敕封谢绪为"金龙四大王"，又封他为黄河水神。历代皇帝封的河神很多，但谢绪是他们中间地位最高、敕封最早的一位。所以，许多河神都要在庙中与金龙四大王配祀。

2006年，附近村民又集资重修了大王庙，并在庙西相临的地方又盖了一座大殿，2007年立碑纪念。

拜殿（由西北向东南拍摄）

拜殿正面（由北向南拍摄）

拜殿梁架

柱础

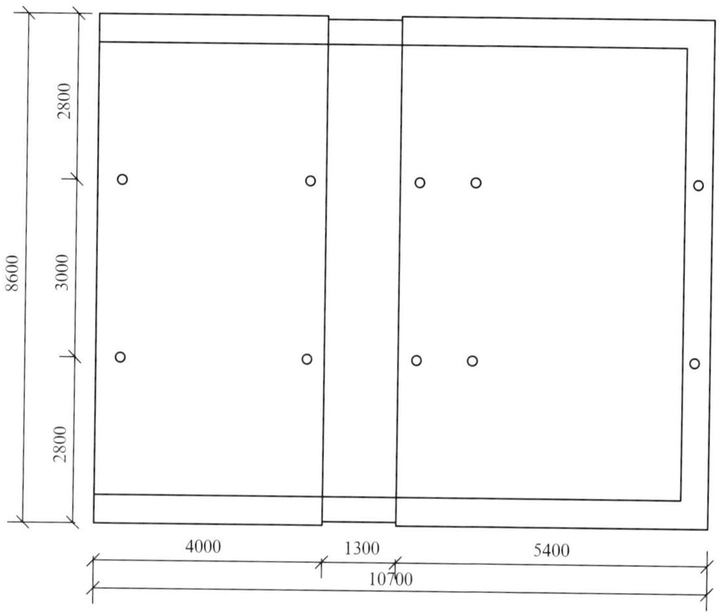

平面图

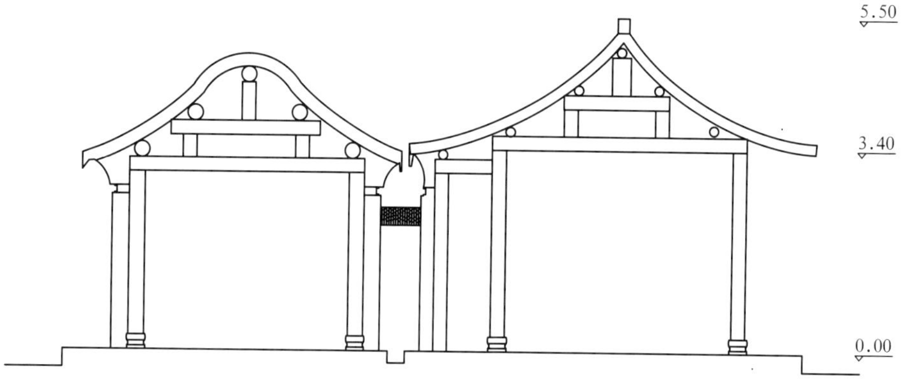

剖面图

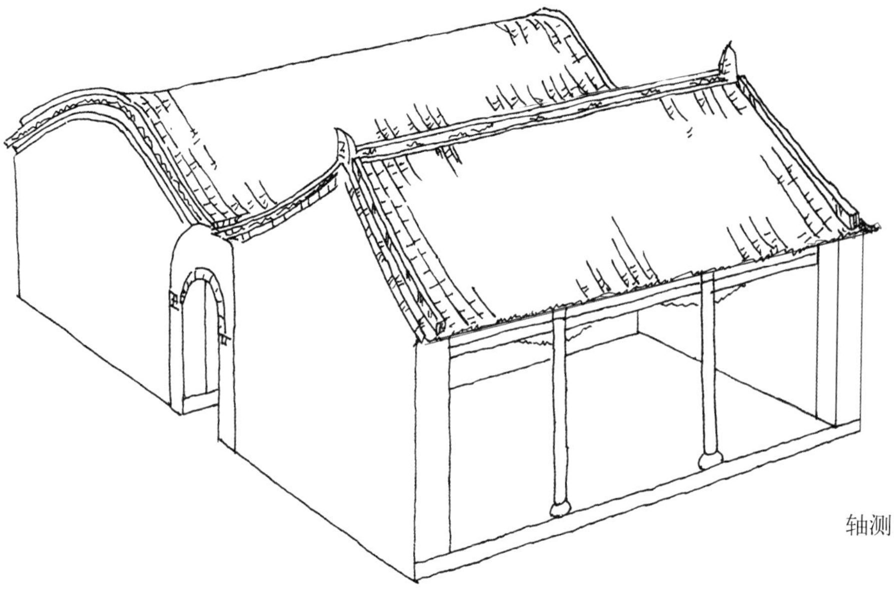

轴测图

关帝庙（潘寨）

关帝庙位于洛龙区李楼乡潘寨村焦（寨）潘（寨）路与胜利渠交会处西北，坐北朝南，属于潘寨、西马庄、太平庄、焦寨4村村民集资共建。始建于明末清初，具体年代不详。原来建筑有大门、厢房、大殿，占地10余亩。现在庙宇占地176平方米，仅存大殿一座，面阔3间，进深8米，建筑面积88平方米。屋架结构为七架梁，五踩双昂斗拱，木构件上有彩绘，屋面为单脊双坡灰瓦覆顶。

庙内有道光十七年（1837）立《重置香火地庙碑记》一通，2001年进行过重修。

大门（由东南向西北拍摄）

正殿

正殿梁架彩绘

正殿斗拱

五踩双昂斗拱

斗拱内侧

五踩双昂斗拱（局部）

墀头局部

寺庙道观·LUOYANGMINGQINGJIANZHU / 395

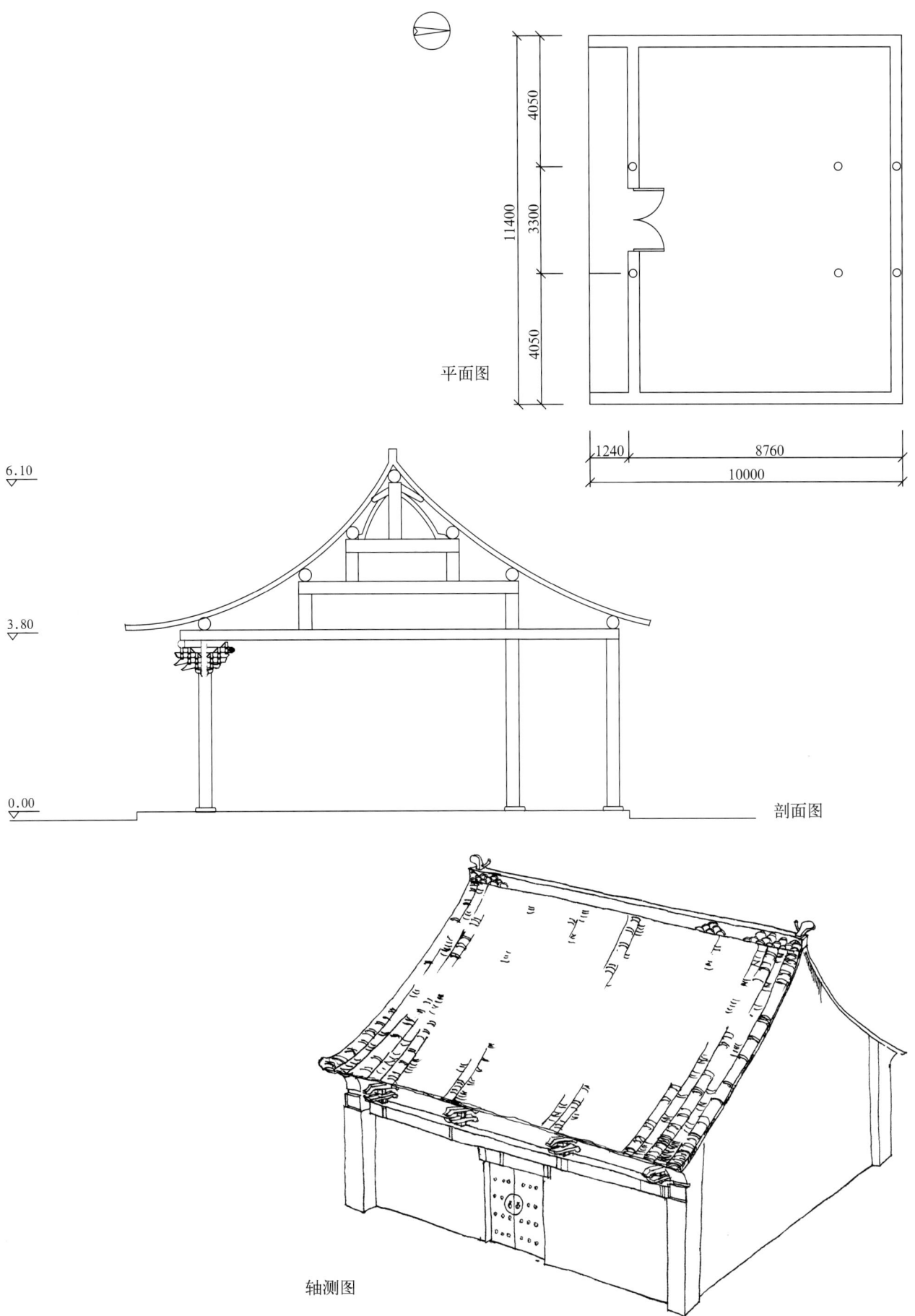

平面图

剖面图

轴测图

三官庙（三官庙村）

三官庙位于洛龙区李楼乡三官庙村中部，据村民介绍，该庙是为纪念尧、舜、禹三位圣人而建，也称"三皇庙"。坐东朝西，始建年代不详。原三官庙在清道光年间毁于洪水之祸，大部分建筑被洪水冲塌。后在光绪十六年（1890）、十九年（1893）、二十五年（1899）多次经民众捐资予以修缮。原来庙内中轴一线为三进院落，排列有序：原有一进院为三官殿，二进院大王殿、三仪殿、十王殿、文昌寺，三进院戏楼，总占地面积约3500平方米。现仅存三官殿，新建大雄宝殿。庙内有清康熙二十七年（1688）、乾隆二十二年（1857）、民国县长郭先修堤功德碑等17通重修、纪事碑刻。

三官殿正面（由西向东拍摄）

三官殿祭台

大雄宝殿

三官殿北侧面（由西南向东北拍摄）

三官殿南侧面

三官殿正脊

北侧墀头　　　神龛　　　三官殿南山墙

观音堂（潘寨）

观音堂位于洛龙区李楼乡潘寨村内焦潘路与潘寨村新建四街交会处，坐南朝北。始建于清代，具体年代不详。现存有门楼和正殿，正殿面阔2间，硬山式建筑。院落占地面积约180平方米，建筑面积约68平方米，正殿廊下墙上嵌有道光二十七年（1847）《增修观音堂记》石碑。

观音堂侧面

正殿

大门

正殿侧背面

大门脊兽

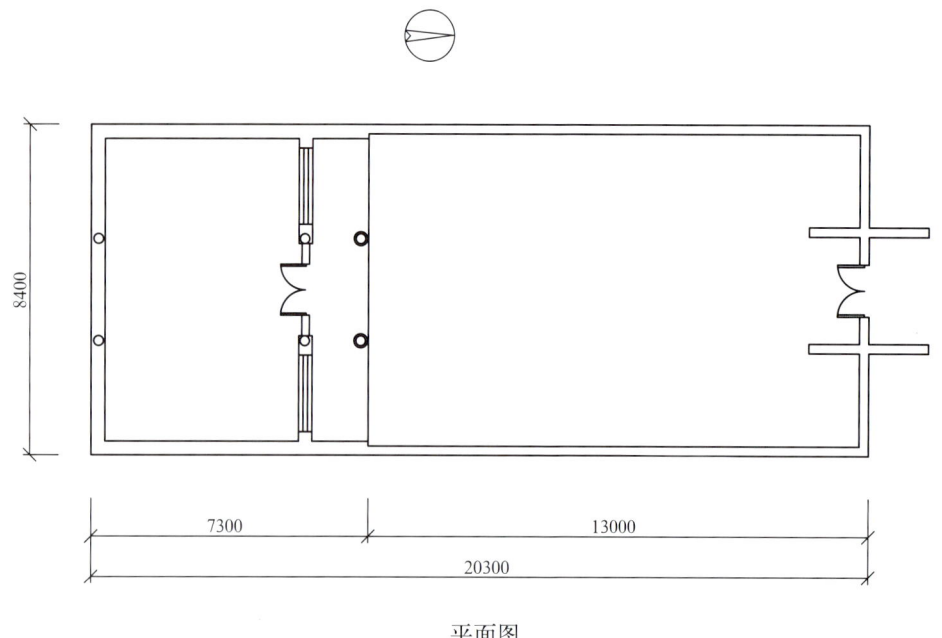

平面图

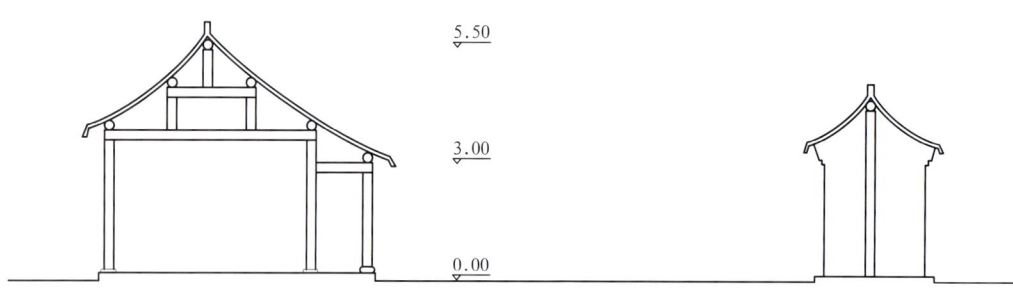

剖面图

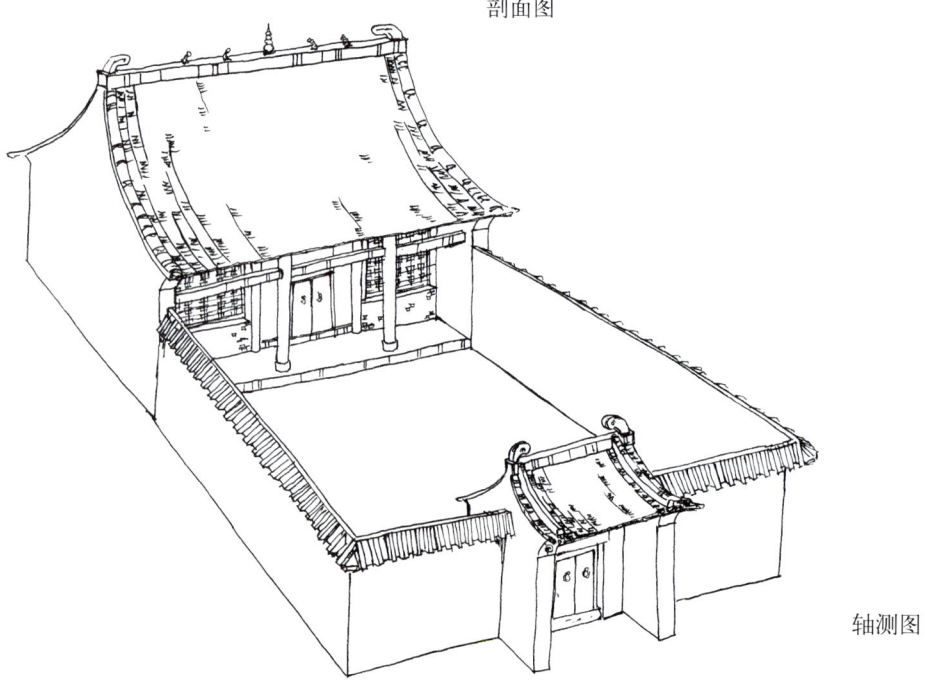

轴测图

玉皇庙遗址（石人村）

玉皇庙遗址位于洛龙区李楼乡石人村东街与南中街（庙前街）交会处东北院内，原庙宇建筑已毁。现存乾隆三十四年（1769）《玉皇庙碑》1通，乾隆五十五年（1790）《金神石碣》1通，光绪三十四年（1908）《玉皇庙碑》1通。院内地上有清代石碑一通，因字迹模糊，年代和内容不清。另有一石供案，前侧面上刻有"道光二十九年（1849）三月吉日石人村"字样。院内还立有文武石翁仲各1尊，均无头，应与玉皇庙无关，据说石人村名就源于此。据玉皇庙石碑记载，石人村古时叫雨伦庄。每年农历二月初六为庙会，会期1天，唱戏3天。

玉皇庙（新修）正面

玉皇庙内景

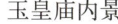

石供案（道光二十九年制）

石翁仲

寺庙道观·LUOYANGMINGQINGJIANZHU

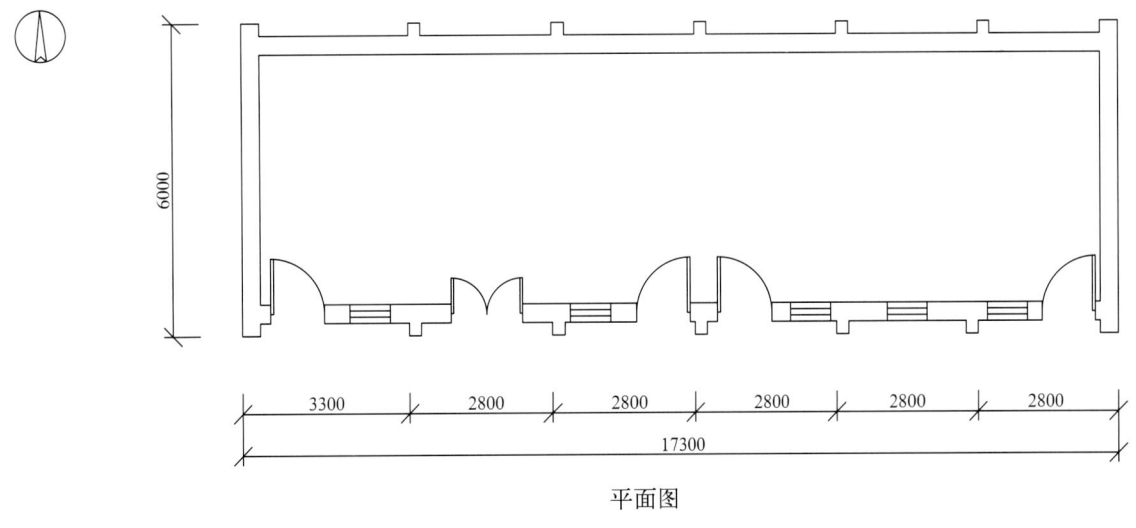

平面图

剖面图

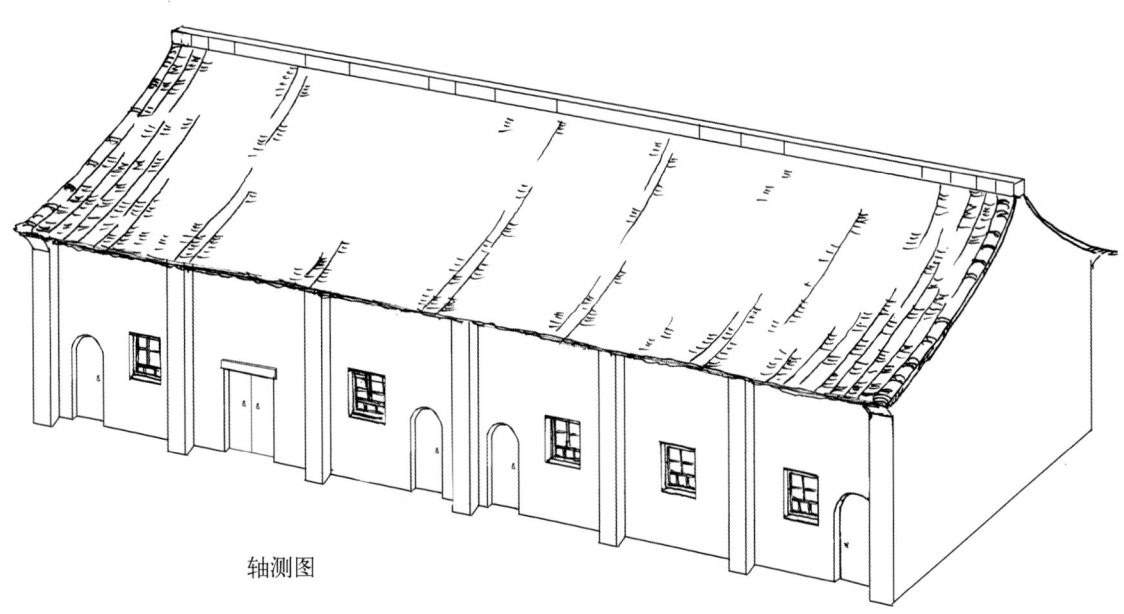

轴测图

关帝庙（西白碛村）

关帝庙位于洛龙区李楼乡白碛村关庙街，北距洛河200米处，坐北朝南。始建于清代，具体年代不详。仅有祭殿1座，面阔1间，硬山式建筑，已毁。为祭拜关公而建。殿门东侧墙上嵌清嘉庆二十一年（1816）《重修关圣帝君庙宇序碑》。据村民讲，村中原有蝎子庙一座。

墀头

镶于大门左侧的清碑

后墙神龛

关帝庙正立面

山墙

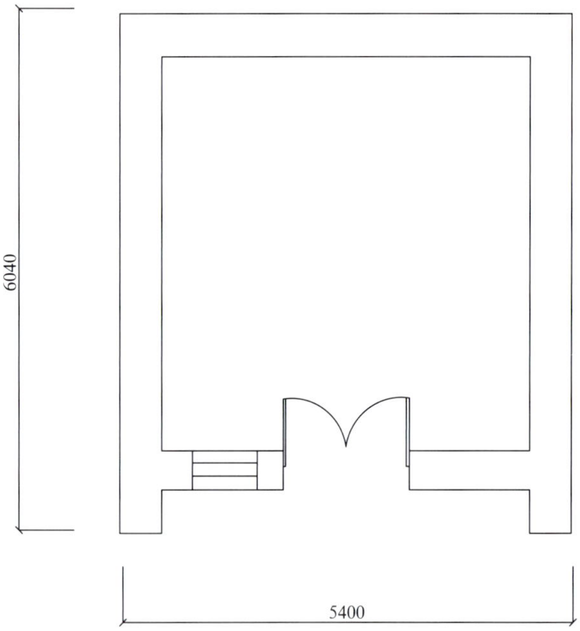

平面图

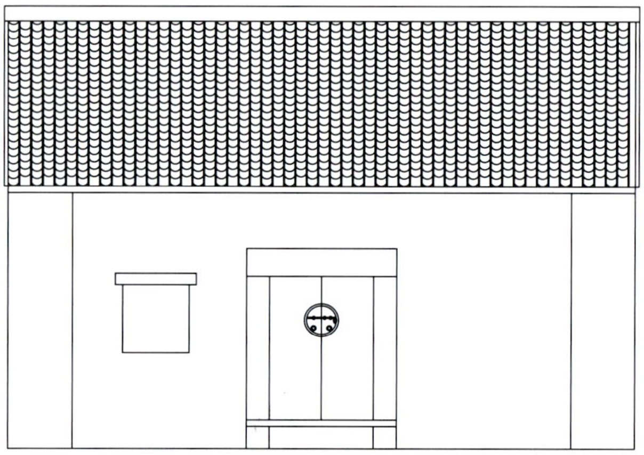

剖面图

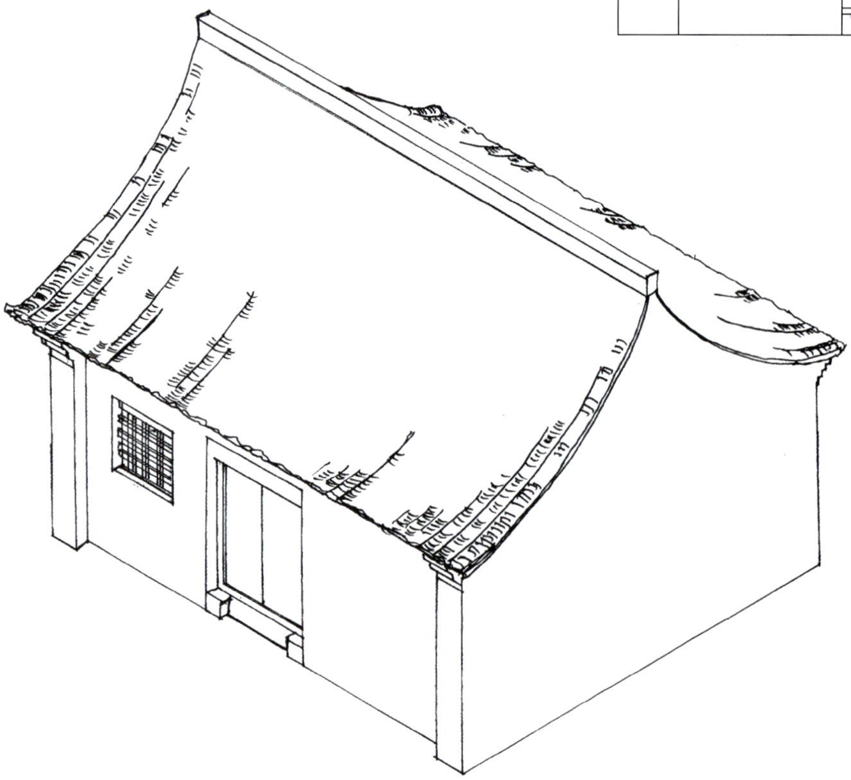

轴测图

玉皇庙（西草店村）

玉皇庙位于洛龙区龙门镇西草店村西部，坐北朝南，建于清康熙年间，具体年代不详。今占地面积约1000平方米，庙内有清代石碑10通，多为记述庙宇的建造和修缮活动。现存正殿3间、拜殿5间、后殿3间和戏楼1座。戏楼与庙门连作一体，为两层建筑，通高约6米，一层为石砌山门，二层是木构灰瓦屋顶的戏台；东西两侧的九龙圣母殿和奶奶殿为新建，原建筑已毁坏；拜殿位于大殿前方，长15.5米，宽4.7米，木柱支撑，木构灰瓦屋顶；正殿面阔3间，悬山式灰瓦屋顶，檐檩下有斗拱，屋檐上瓦刻有兽纹，屋顶正脊上刻有两龙首浮雕，正脊中间脊刹上刻"天下太平"4字；后殿为硬山式灰瓦屋顶，正脊上也有龙首浮雕。

庙门（由南向北拍摄）

庙门背面和戏楼（上层）

拜殿斗拱

拜殿正面（由南向北拍摄）

拜殿侧面（由西南向东北拍摄）

隔架科斗拱内侧

拜殿梁架

后殿大门

清康熙三十七年重修碑记

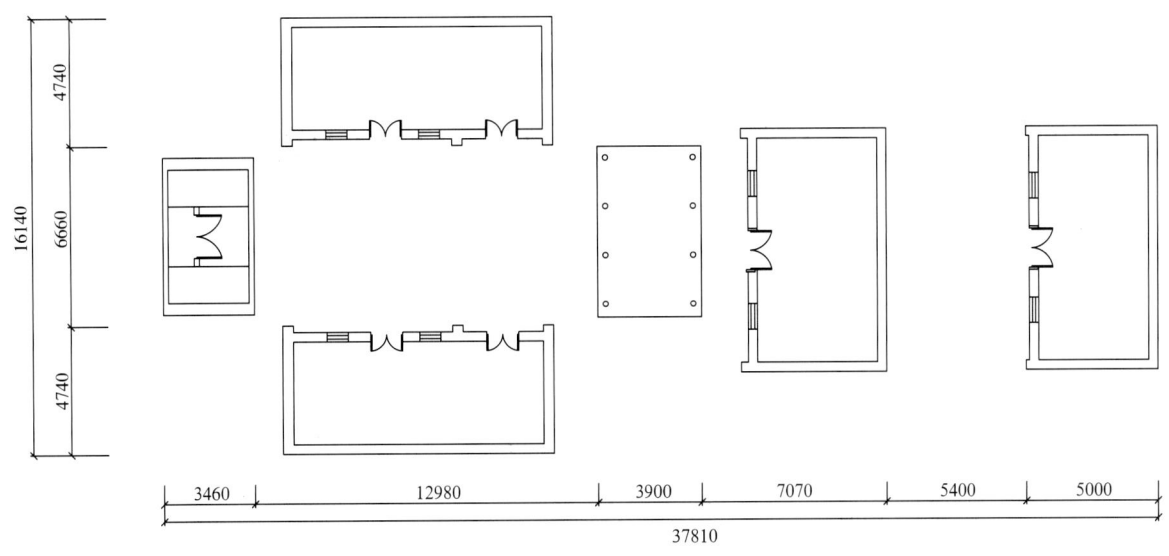

平面图

剖面图

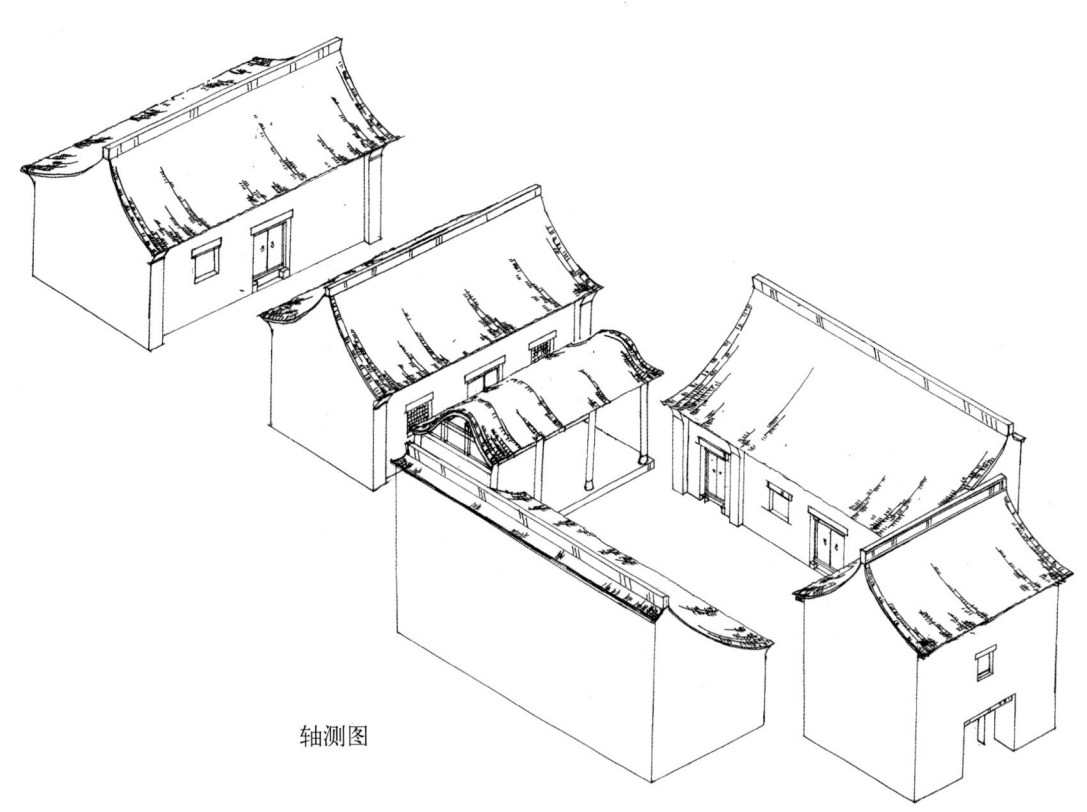

轴测图

皇觉寺（郭寨村）

皇觉寺位于洛龙区龙门镇郭寨村，坐北朝南。天王殿位于大殿对面，相距约22.7米。门口有二柱镶嵌于墙内。前壁两侧各有一窗。殿内壁画已残。后墙有一门。

大殿位于寺院中心，建筑在台基之上，面朝西南，面阔3间、进深2间的硬山式建筑。屋脊上有鸱尾和莲花纹饰，屋檐有斗拱。外檐下有两个圆形檐柱，下部有圆形柱础，门两侧各有一窗。殿内有二金柱，梁架结构为五架梁，梁架上绘有双龙戏珠等纹饰。后墙有一门。

皇觉寺大殿位于寺院中心，对面为天王殿，两殿之间西北处为偏殿。

据记载，皇觉寺建于开元十年（722），为唐玄宗李隆基所建。现存殿堂为清代重修。

天王殿（由北向南拍摄）

天王殿东侧面（由东北向西南拍摄）

大殿西侧面（由西南向东北拍摄）

大殿东侧面

大殿格扇门

大殿西侧鸱吻

正脊脊刹神兽

东侧鸱吻

平身科斗拱

柱头科斗拱

墀头风铃

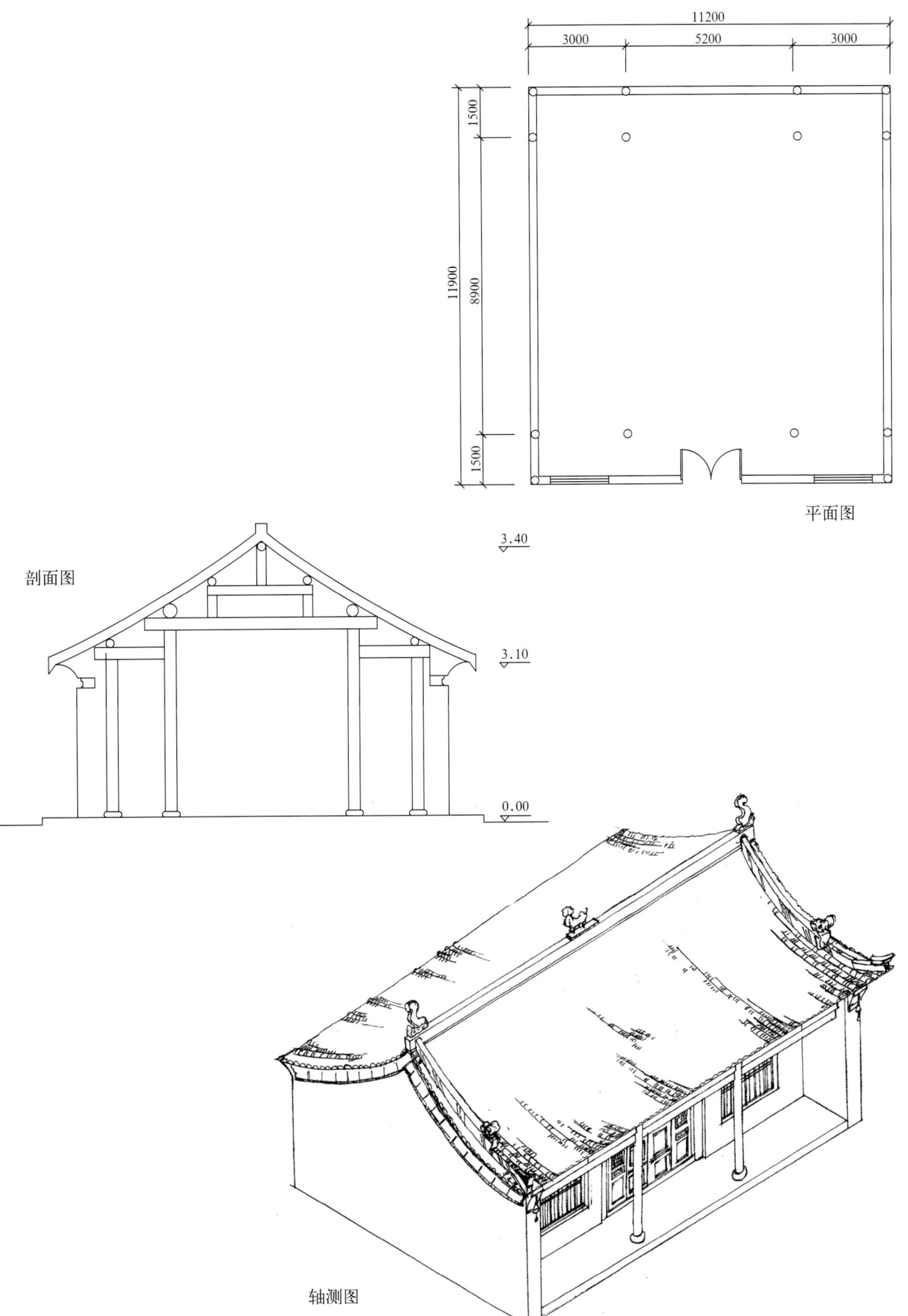

平面图

剖面图

轴测图

火神庙（大东村）

火神庙位于洛龙区关林镇大东村村东，坐北朝南，占地面积938平方米，建筑面积210余平方米。现存前拜殿、中拜殿、大殿三连体建筑，大殿两侧各有单间耳房，庙院西北角有偏殿一座。建筑均为硬山式砖木结构，卷棚为双坡筒瓦覆顶。前拜殿和中拜殿面阔3间，拜殿内梁上有龙形彩绘，8根房柱均为0.25米见方的石柱，中拜殿内东西山墙分别镶嵌着3通大清创修记事碑刻。大殿为五架梁硬山式单脊两坡灰瓦顶；前出檐，木柱。该建筑为清代中晚期建筑，是少见的双卷棚三连殿式庙宇，具有一定的宗教文化研究价值。

据村民赵泰来介绍，火神庙大门内东侧原有钟楼一座，已毁。庙内曾悬挂有48块匾额，上面的文字多为名人书法，如洛阳著名书法家李振九等先生题写，现已不存。每年正月十三举办传统庙会，正月十一、十二、十三三天唱三台戏。大西村民间文艺团体南社和大东村的北社，以及南王村各搭一座戏台，台口朝北面对庙门。南王村戏台位置居中，大西村的南社戏台在东边，大东村的北社戏台在西边。演出前祭祀上贡品时大东村摆在东边，大西村摆在西边。三台大戏连唱三天，热闹非凡。

前殿正面（由南向北拍摄）

庙门（由南向北拍摄）

中拜殿与后殿结合处东旁门
（左图）和西旁门（右图）

前殿侧面（由西南向东北拍摄）

前、中、后殿侧面

前拜殿与中拜殿结合部天沟青石排水口

前拜殿大门两侧彩绘石狮

墀头局部

前拜殿西侧彩绘墀头　　　　前拜殿东侧彩绘墀头　　　　墀头局部

前殿檐下柱头木雕

云墩木雕

梁头木雕

梁头两侧木雕

檐下两侧木雕

前拜殿柱础　　　　　　　　　　　大殿柱础

前拜殿顶部　　　　　　　　　　　前拜殿后部与中拜殿、大殿内景

中拜殿柱础　　　　　　　　　　　　　　　　中拜殿方形立柱与柱础

中拜殿后部与大殿大门　　　　大殿神像

中拜殿石狮

中拜殿梁架

原前拜殿护栏望柱

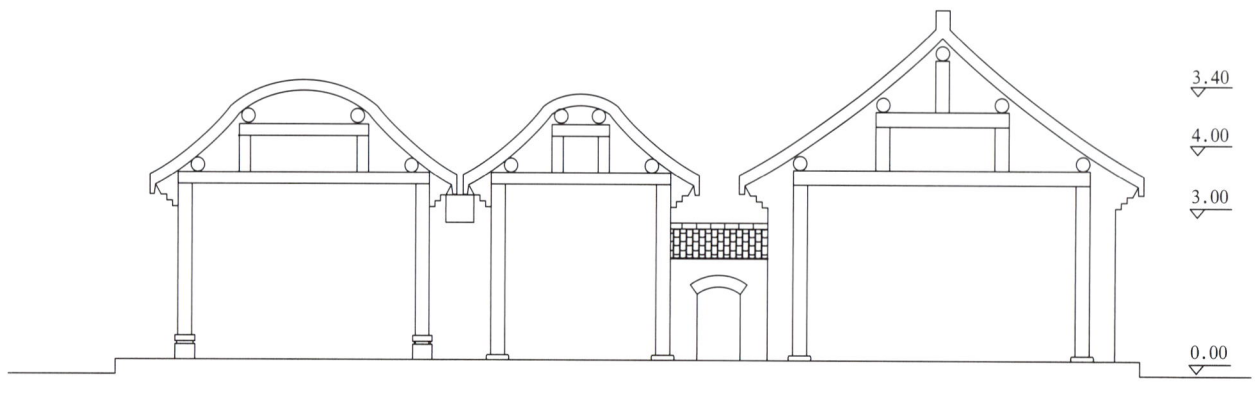
剖面图

寺庙道观·LUOYANGMINGQINGJIANZHU / 425

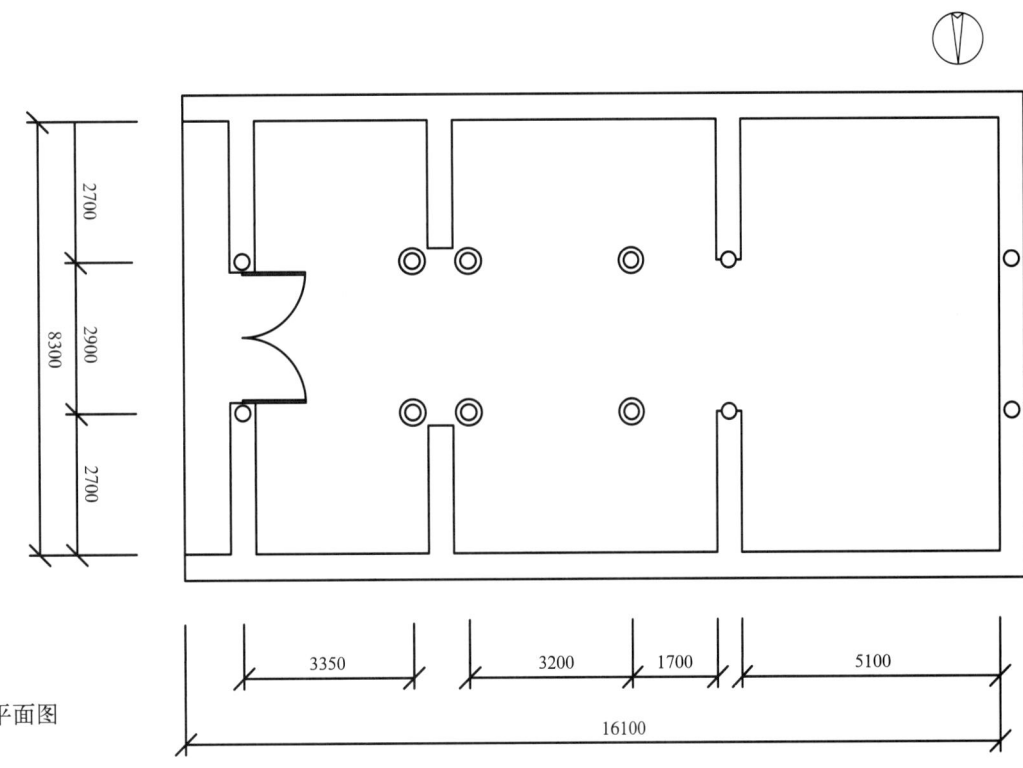

平面图

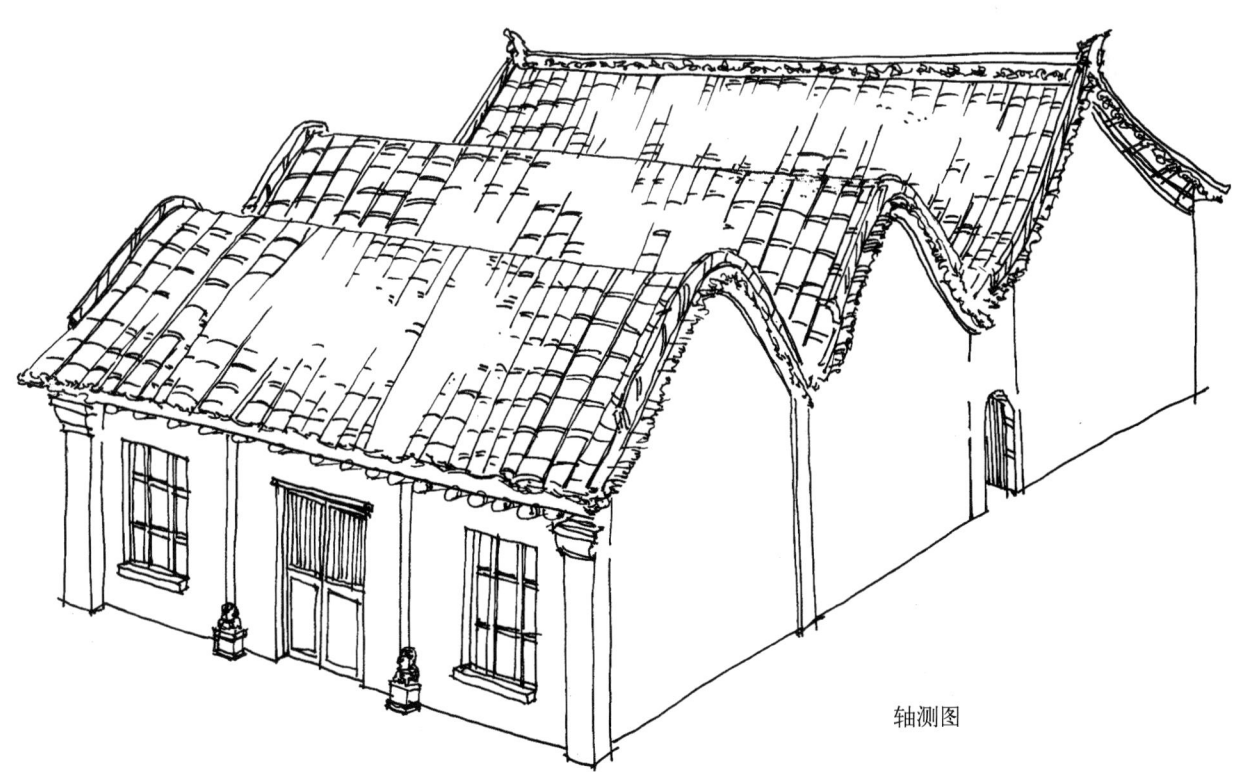

轴测图

五谷庙（栖霞宫村）

五谷庙位于洛龙区安乐镇栖霞宫村西南二街面粉厂院内，坐北朝南。始建年代不详，增修于清光绪四年（1878）。现仅存正殿3间，保存完好，为硬山式砖木结构，建筑面积63平方米。正殿前东侧立有清光绪四年（1878）《增修五谷庙碑记》，正反两面皆有文字。

据栖霞宫村退休老师刘福均介绍，五谷庙为道教建筑，庙宇虽小，国内仅有。原来山门西边有一间蚂蚱殿，正殿东边有一间奶奶殿。新中国成立初五谷庙曾有3块木匾，分别是"德者丰登""灵爽千秋"和"驱蝗保稼"。当时庙内有一位邢姓道士，陕西人，后不知云游何方。

1996年，信众曾对五谷庙重修，并立碑纪念。

五谷庙正侧面

板门

屋面

牖窗

山尖

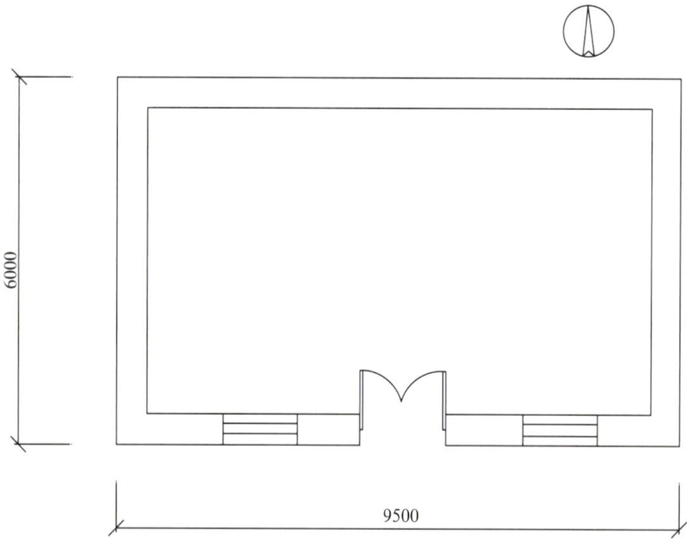

平面图

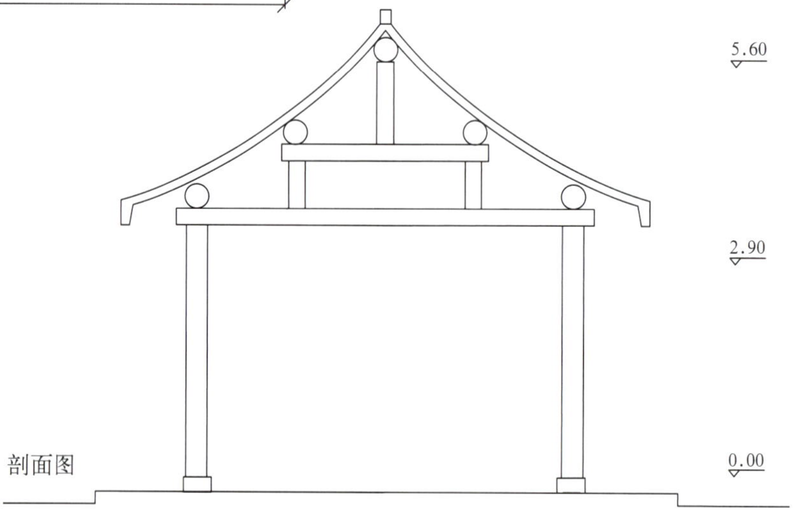

剖面图

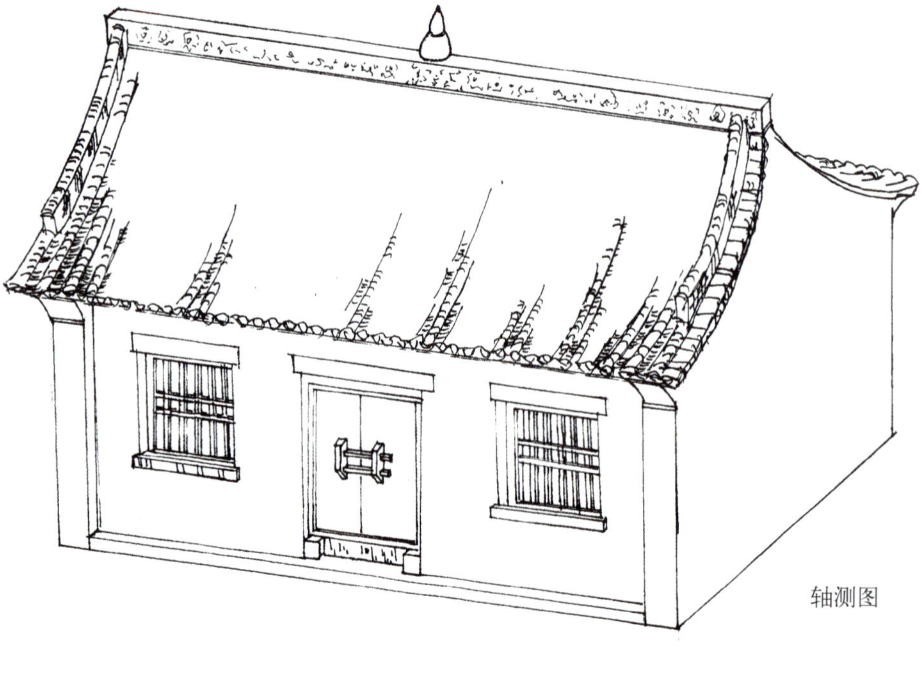

轴测图

花姑娘娘庙（毕沟村）

花姑娘娘庙位于洛龙区古城乡毕沟村中街南边，坐北朝南。始建于清道光二十年（1840），光绪十四年（1888）又修了拜殿。现仅存拜殿，但因年代久远，庙里祀奉的花姑娘娘来历无法考证。据毕沟村民讲，建了此庙后，毕沟村和伊川县鸦岭乡黑羊村两村村民不再结亲。内中原因，无可考究。

西山墙（由西向东拍摄）

拜殿正面（由南向北拍摄）

西墀头砖雕

东墀头砖雕

山墙前檐博缝砖雕

山墙后檐博缝砖雕

清光绪十四年（1888）《创修花姑娘娘庙拜殿碑记》

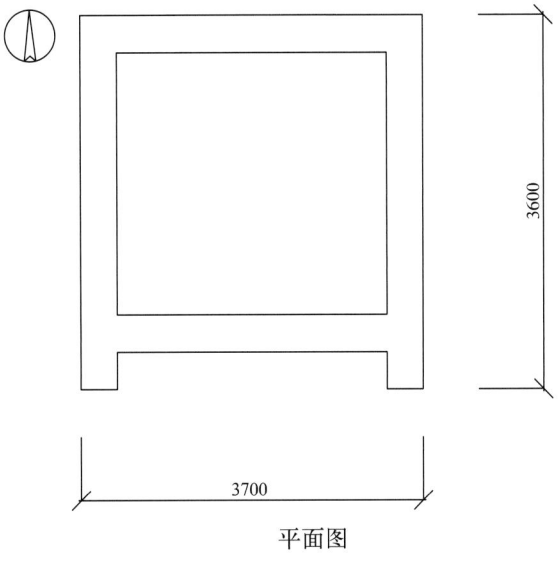

平面图

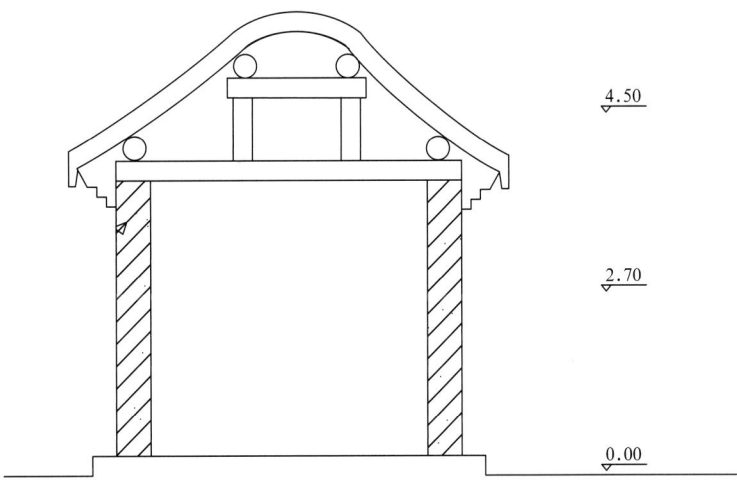

剖面图

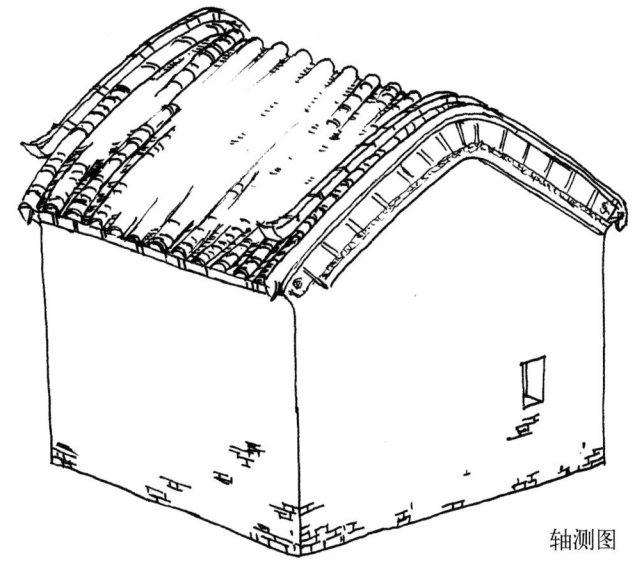

轴测图

泰山庙（尹屯村）

泰山庙位于洛龙区丰李镇尹屯村卫生所南，坐北朝南。建于清代，具体年代不详。现仅存大殿，面阔3间，宽11米，进深7.6米；前檐廊深2米，高3.2米。前后檐墙均用青砖砌成，屋面灰瓦覆顶。正脊中间脊刹上刻有"泰山之神位"字样，两边鸱吻口朝位与神位相连。其余脊砖均为波涛纹。殿内墙上嵌有若干石碑，因上抹石灰无法识别年代与内容。

泰山庙东侧面（由东南向西北拍摄）

后檐墙（由西北向东南拍摄）

西山墙

寺庙道观·LUOYANGMINGQINGJIANZHU / 433

前檐廊西侧

正脊脊刹　　　　　　　　东侧正脊脊兽（残）

西侧垂脊（局部）脊兽（残）　　　西侧正脊脊兽

格扇门

檐柱柱础　　梁架　　梁部木雕

大王庙（尹屯村）

大王庙位于洛龙区丰李镇尹屯村西北200米。该建筑坐北面南，原有拜殿，建在高1米的台基上，砖木结构，献殿面阔3间，柱为青石质，前檐石柱正面刻有"利振千秋赞汽优伏骏德，害除万代障百川处处鸿功"（编者注：上联文字有误）对联1副，字迹苍劲有力，其东山墙嵌有《中华民国十五年创修大王拜殿碑记》1通，正殿和拜殿相接略高于拜殿，硬山顶，五架梁，其东侧山墙内嵌有咸丰四年正月立《创建大王庙碑记》1通，两通山墙开有拱形门。正殿为清代建筑，献殿为民国时期建筑，建筑风格大体一致。现仅存拜殿和后殿西山墙，毁坏严重。

2014年2月20日，编者前往调查时，据村民介绍，庙中的三通石碑和一对刻有对联的石柱在一个月前都被窃贼盗走。

拜殿侧面（由西南向东北拍摄）

拜殿（左侧）与后殿（右侧、已坍塌。由东向西拍摄）

后殿西山墙

拜殿顶部西侧

此处原镶有一通清碑

拜殿顶部东侧

两砖垛原为刻有楹联的石柱，考察前与清碑一同被盗

福胜寺（李王屯村）

福胜寺位于洛龙区丰李镇李王屯村，该建筑坐北面南。现存大雄宝殿、东耳房均为清代建筑。大雄宝殿面阔5间，宽18.3米，进深9.5米，硬山式砖木结构，七架梁，梁上多有彩绘。屋面部分覆以绿色琉璃筒瓦，正脊、垂脊砖雕有花草图案，正脊两端有龙形吻兽。当心间辟四扇格扇门，两边各开3个槛窗，东耳房面阔4间13.7米，进深6.2米。寺院内散落着多个石柱础及建筑构件，寺庙前有清嘉庆及民国时期重修碑多通，从碑文记载看：该寺创建于唐代初期，明清时期曾多次重修。

大殿侧面

大殿正面（由北向南拍摄）

大殿大门

大殿西侧

大殿梁架

高新技术开发区

关帝庙（太后庄）

关帝庙位于高新技术开发区辛店镇太后庄村南，坐南朝北，面阔1间，硬山式砖木结构。屋顶覆板瓦，脊砖上雕刻花草图案，正脊两端有吻兽。两山墙墙心为砂石砌。前檐墙明间开门，两边各开一窗。正殿前新建有拜殿，使其规模有所扩大。该关帝庙虽然规模较小，但建筑较为精致，为研究当时的宗教信仰及宗教建筑提供了实物资料。

拜殿（新建）和正殿（右侧建筑）

正殿正面

正殿山墙

正殿背立面

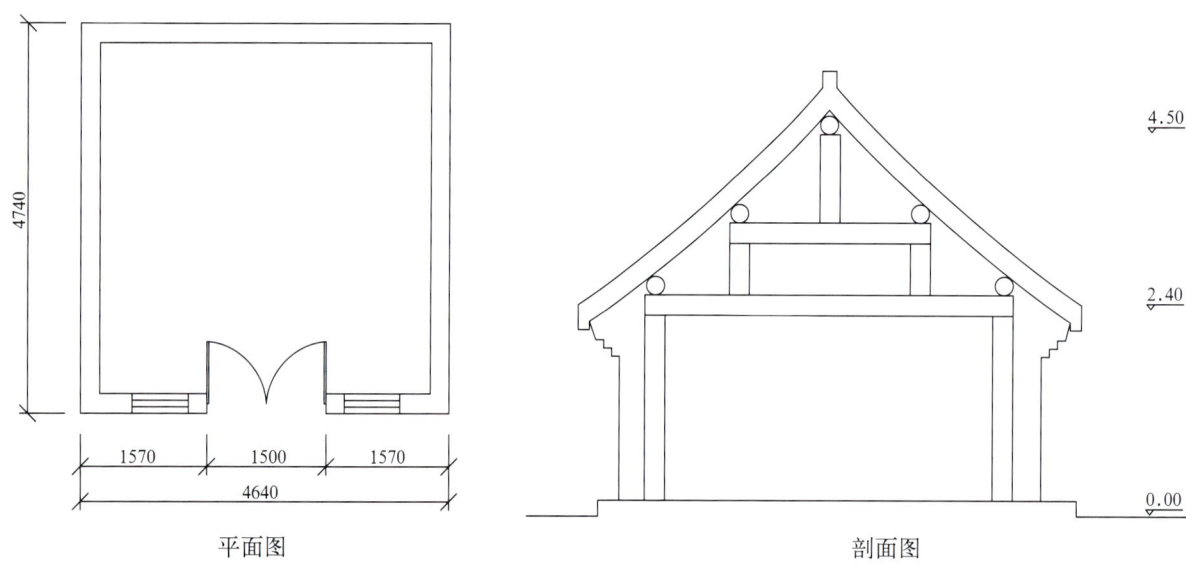

平面图 剖面图

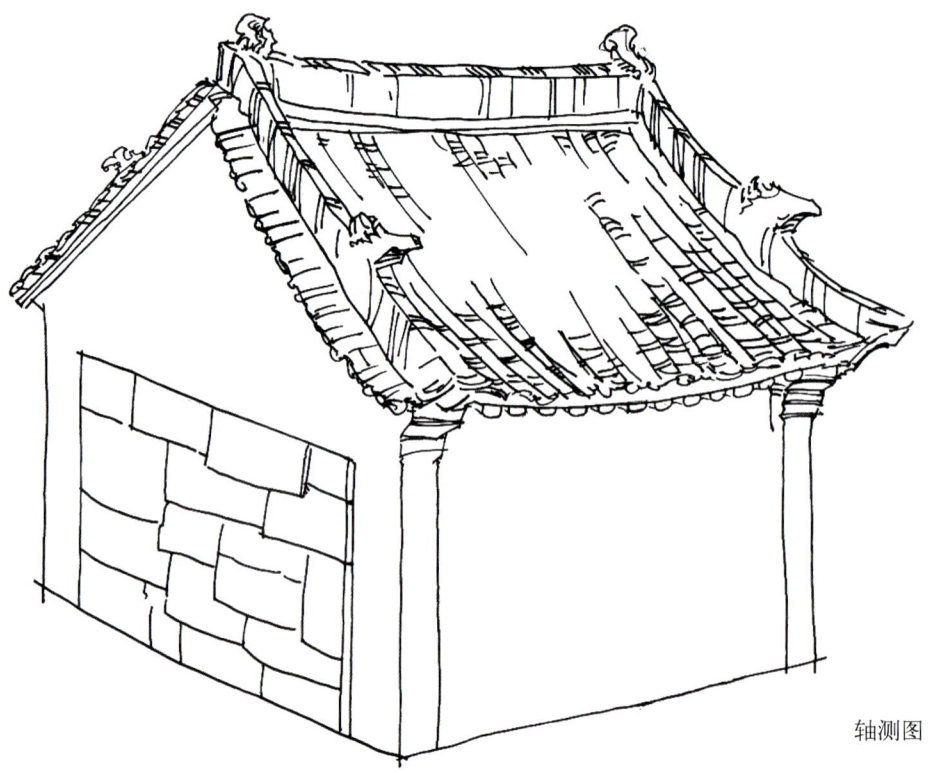

轴测图

关帝庙（柳行村）

关帝庙位于高新技术开发区辛店镇柳行村中部，坐北朝南，面阔1间，硬山式三架梁砖木结构。建筑整体位于砂石条砌筑的台基之上，屋顶覆以板瓦，脊砖上雕花草，东侧兽吻缺失。墙体全部用青砖砌筑，檐墙经过粉刷。该关帝庙形制小巧，为清代民间祭拜关公的场所。

关帝庙正侧面（由东南向西北拍摄）

西侧正脊脊兽（残）

西侧垂脊脊兽

全神庙（柳行村）

全神庙位于高新技术开发区辛店镇柳行村中部，坐北朝南，面阔3间，硬山式五架梁砖木结构。建筑整体坐落在砂石条砌筑的台基之上，台基高0.8米。屋顶覆以仰板瓦，正脊砖上雕花草。墙体全部为青砖垒砌，南侧正中开一门，两侧各有一窗。在盘头部位有圆形"万"字或花瓣图案的砖雕，檐檩及梁头上有彩画，现已斑驳。该庙宇保存基本完好，原庙内供奉有黑龙爷、土地神、山神等，为1座清代建筑。

全神庙正面（由南到北拍摄）

檩上彩绘

寺庙道观·LUOYANGMINGQINGJIANZHU / 443

全神庙侧面（由西南到东北拍摄）

正脊

前墀头砖雕（局部）

后墀头砖雕（局部）

檐墙两侧墀头

张天师庙（东高崖村）

张天师庙位于高新技术开发区辛店镇东高崖自然村东部，坐北朝南。原有东西二院，现西院保存较为完整，东院仅存大殿。西院由前到后依次为山门和东西耳房、东西偏殿、天师殿及后殿。山门面阔3间，硬山式砖木结构，东西各有耳房1间。东西偏殿面阔5间，单坡顶。天师殿为六檩卷棚，面阔3间，西山墙上镶嵌有民国二十年（1931）《张老师训弟子十则》石碑1通。后殿外观为硬山建筑，内部则为一明两暗的三孔窑洞，各孔窑洞之间有小券门相通。东殿体量最为宏大，面阔3间，五架梁前后出单步梁。其脊刹上刻"公正"2字，廊墙两端外撇，呈"八"字墙。据当地长者讲，东殿建于民间年间，另据西院天师殿西山墙石碑来看，东高崖天师殿主体建筑时代应为民国时期。

西厢房

庙门正面（由南向北拍摄）

庙门内立面

正殿

庙门墀头

正殿（由南向北拍摄）（硬山建筑）

后殿柱础

后殿正脊脊刹

东厢房

正槛窗下部

山门外老井

柱础雕刻图案（部分）

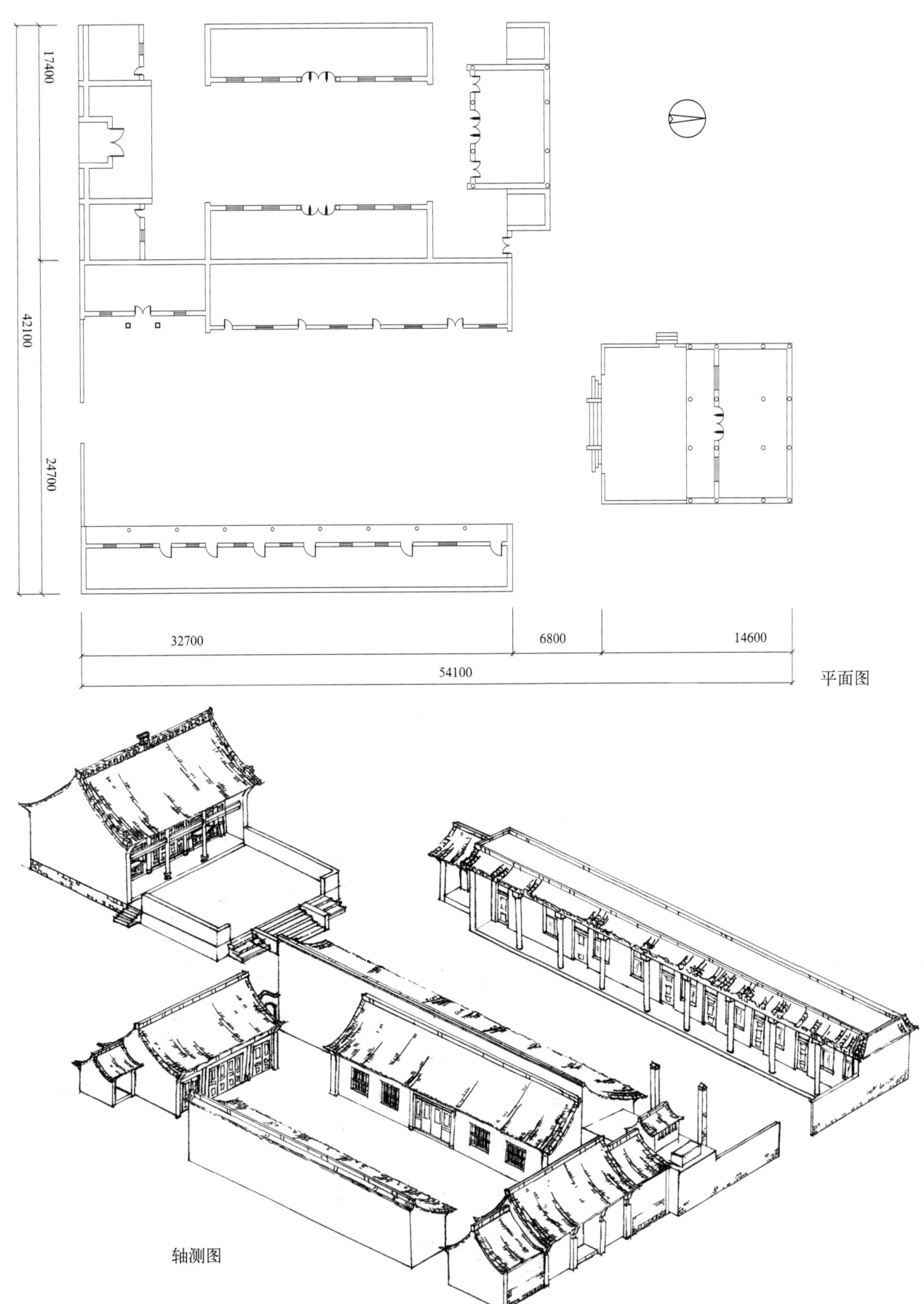

平面图

轴测图

奶奶庙（大营村）

奶奶庙位于高新技术开发区辛店镇大营村东部，坐东朝西，硬山式砖木结构，面阔1间。其梁架为五架梁，檩上施彩绘。屋顶覆灰色小板瓦，正脊上雕有花卉图案。墙体除两山墙心为料礓石砌，其余皆为青砖砌。庙内山墙顶部绘有松鹤图等壁画。奶奶庙脊檩垫板上书有"民国十五年二月同众重修永垂不朽"重修题记。大营奶奶庙虽经民国重修，但整体上保持了清代建筑风格，对研究当时的宗教建筑以及民间信仰等提供了实物资料。

奶奶庙正面

残存的垂脊

残存的正脊

载板题记"民国十五年二月同众重修永垂不朽"

梁架

山墙绘画

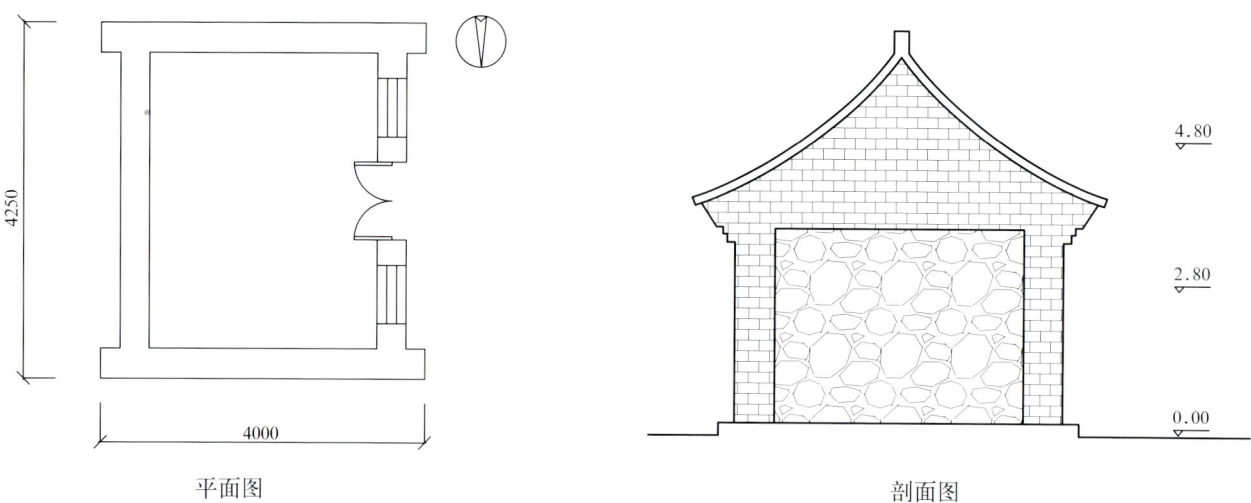

平面图　　　　　　　　　　剖面图

轴测图

火神庙（于营村）

火神庙位于高新技术开发区辛店镇于营村西南，为一面阔1间，五架梁硬山式砖木结构。该建筑形制较小，坐北朝南，面阔4.5米，进深4.95米。建筑屋顶覆以板瓦，正脊上高浮雕花卉图案，两端为龙形兽吻，墙体用青砖砌成，南侧正中开一门，门两侧各开一小窗。该建筑为1座保存相对不错的清代民间祭祀火神的庙宇，其南面原有一座戏楼，已毁坏。在火神庙后面现存泰山庙，面阔3间；其西侧为关帝庙，建筑风格与火神庙大致相同，均严重损毁。

火神庙正面（由南向北拍摄）

西山墙（由西向东拍摄）

正脊

老君庙（老井村）

老君庙位于高新技术开发区辛店镇老井村中部，坐北朝南。为面阔1间的硬山式砖木建筑。屋顶覆灰色小板瓦，正脊雕花草纹饰。前后墙为砖砌，两山墙墙心用料礓石砌。门开于正中，为对开板门，门两边墙上有十字形透气孔。门东侧镶嵌有方砖题记，内容为"大清同治六年十一月初六日重修"。庙前建有月台。由墙上题字来看，该老君庙为同治六年（1867）重修，近年虽然局部经过翻修，但总体保持了清代建筑格局和风格，对研究当时的民间宗教信仰有一定的意义。

老君庙正面（由南向北拍摄）

老君庙侧面

大门左侧镶有"大清同治六年十一月初六重修"石刻

寺庙道观·LUOYANGMINGQINGJIANZHU / 455

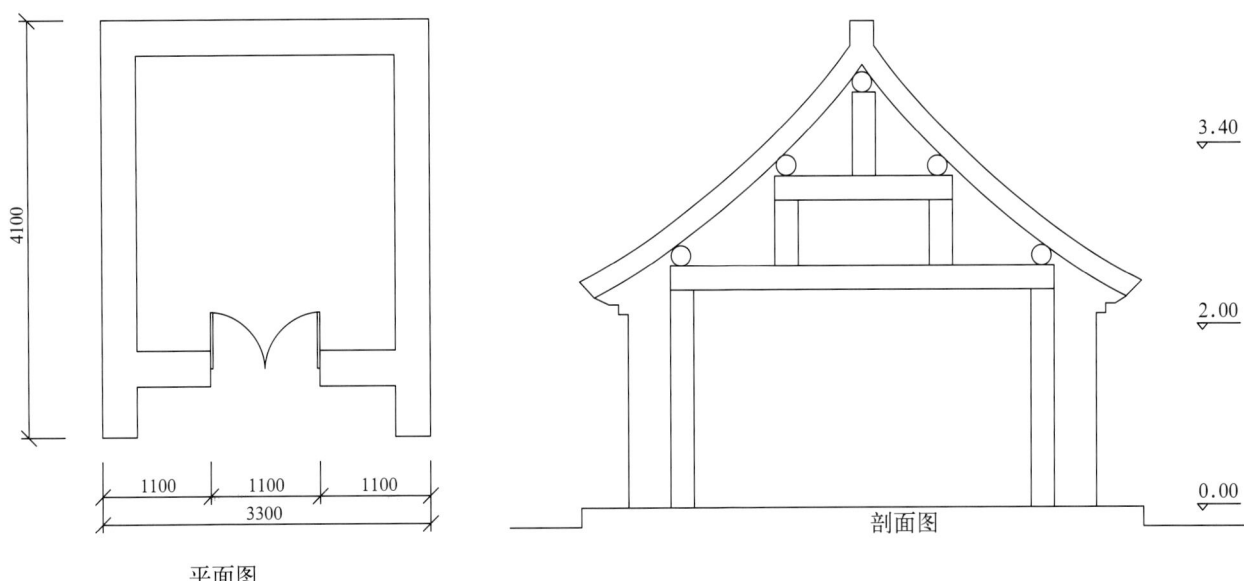

平面图　　　剖面图

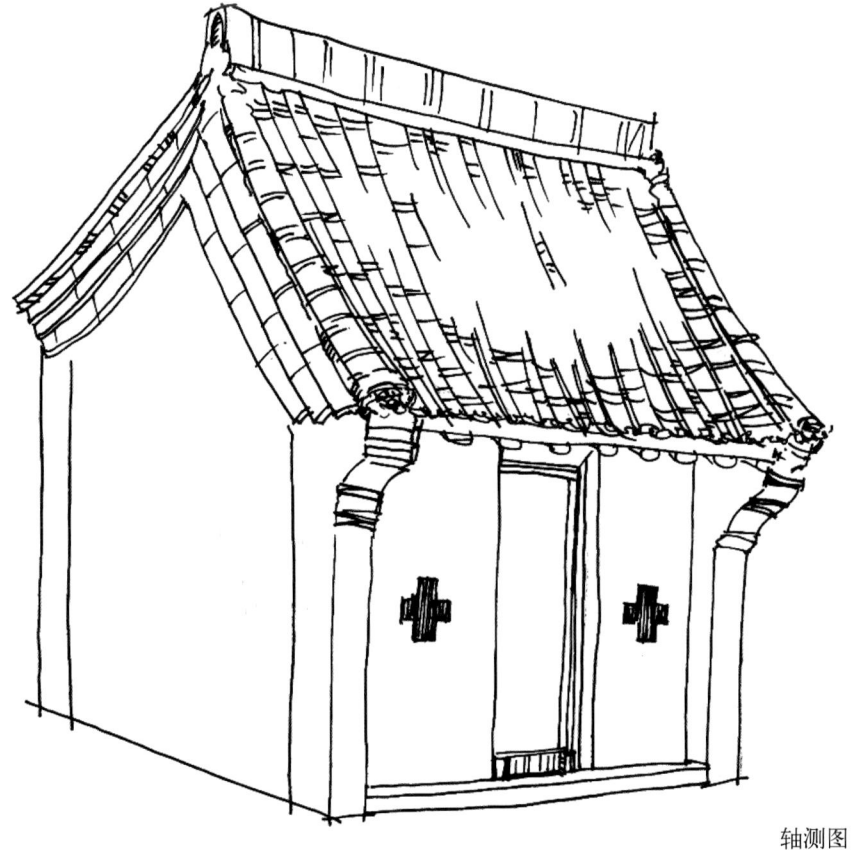

轴测图

牛王庙（老井村）

牛王庙位于高新技术开发区辛店镇老井村东部，坐北朝南，为面阔1间的硬山式砖木建筑，损毁非常严重。屋顶建筑灰色小板瓦，正脊雕花草纹饰。前后檐墙为砖砌，现已倒塌，东西山墙墙心用料礓石砌。据村中人介绍，门开于正中，为对开板门，前墙上原镶嵌有方砖题记。该牛王庙与本村老君庙形制规模以及风格大致相同，老君庙为同治六年（1867）重修，则该牛王庙也大致属同时期建筑。

牛王庙现状

梁部彩绘

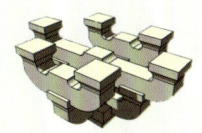

其他建筑
QITAJIANZHU

在洛阳各县区的城镇乡村中，除了人们居住的宅院和祠堂、寺庙道观建筑外，还有一些与社会生活密切相关的公共设施和慈善建筑。主要有：

关隘：又称关卡，是在交通要道设立的防卫设施建筑。

村寨：是民国时期及其以前各地村落的安全设施，村寨据地形而建，围有以黄土夯成的寨墙，俗称"打寨"。寨墙多似城墙，三四丈高，设有寨门。门楼上盖有更房，由村中安排的更夫守护，负责夜晚打更和巡逻。在战乱年代，许多村寨门楼上还设置"铁炮"等守卫武器。

牌坊：清朝时期，一些村落中间有类似寺庙宫殿门阙的建筑，用以表彰"忠孝节义"之人的事迹，较多的是"贞洁牌坊"，表彰妇女"守节"者。这些牌坊或立于被表彰者家门前，或建于村内大路旁，跨路而设的称"骑路牌坊"。牌坊用青石雕刻，正上横刻以"圣旨"字样，两边楹柱上刻着赞美的对联，有的还雕有以忠孝节义为题裁的历史人物图案。

茶庵：是由村中热心公益人士出资在村外交通要道建的房舍，供路人免费喝茶休息的设施。

此外，还有供村民共用的水井、池塘、水囤、磨棚、碾房、桥梁等公共设施。

其他建筑

洛汭严关

洛汭严关位于洛阳市老城区南关雷家口街和城城街交会处，距离洛河北堤不足50米。现存关楼为两层砖石结构，进深5米，宽6米，高约7米，占地面积约30平方米。关楼建筑用古代大清砖砌成，门楼东侧有可上下的楼梯，部分被毁。二层房屋是守夜者瞭望所用，面阔3间。关楼大门南面上方嵌有石匾，上有"洛汭严关"4个繁体大字。"汭"（ruì），指水的弯曲处。大字的右侧有一排小字，由于年代久远，多个字迹已模糊不清。经仔细观察分析，这几个字依次为"甲戌年孟春吉旦"，据此推算关楼应建于明崇祯七年（1643），距今已有380年的历史。关楼大门北面上方也嵌有石匾，上有"邨保"两个大字。"邨"字（cūn）为"村"的异体字；"保"通"堡"，小城的意思。因为"洛汭严关"是在老城南关外设的一个关口，所以"邨保"的意思是说它像一个村庄大的小城。现存的关口大门已毁，但南面关口内墙上两侧各留有一个门闩洞，东侧的洞深约0.3米，西侧的洞深约0.5米。它们是晚上关门封闭后，用来插门闩的。现在的关楼过道由于泥土沙石的淤积，地面已经抬高许多。

洛汭严关，南关一带老人都叫它沙楼。它与街道同宽，像个小城门。关楼位于老城南关和洛河之间，明清时期在此处的洛河边有一个重要的货运码头。在此设立关口，有检查来往人员、货物、征收税金和安全防范的功能。当时的洛河码头十分热闹，很多从外地运至洛阳或洛阳运往外地的货物都走水路，在南关码头进行集散。运输的货物，主要有木材、竹子、煤炭等，也有日常百货用品，如布匹、食盐、煤油等。据当地的谢根堂老人讲，当时从洛宁运来的竹子都扎成一排排的竹筏，到码头后再拆开运到城里。当时的"洛汭严关"附近有许多大小不一的木材场和煤场，都是靠南关码头运输货物。上世纪50年代后，南关码头集散货物的作用逐渐消失。"洛汭严关"的功能也随之发生变化，成了老城南关市民到洛河边游玩的必经之路。

在2007年开始的第三次全国文物普查工作中，洛阳市文物部门将"洛汭严关"列入本市第三次不可移动文物名录，并于2013年初，组织人员对"洛汭严关"进行了建筑测量和残损勘察，制定了修缮方案，对它开展了抢救性的加固保护，使之重新回到人们关注的视野中。

关楼正面（由南向北拍摄）

南面门匾"洛汭严关"

北面门匾"邺保"

门洞顶部

二层牖窗

门轴臼

门闩石洞

其他建筑·LUOYANGMINGQINGJIANZHU / 461

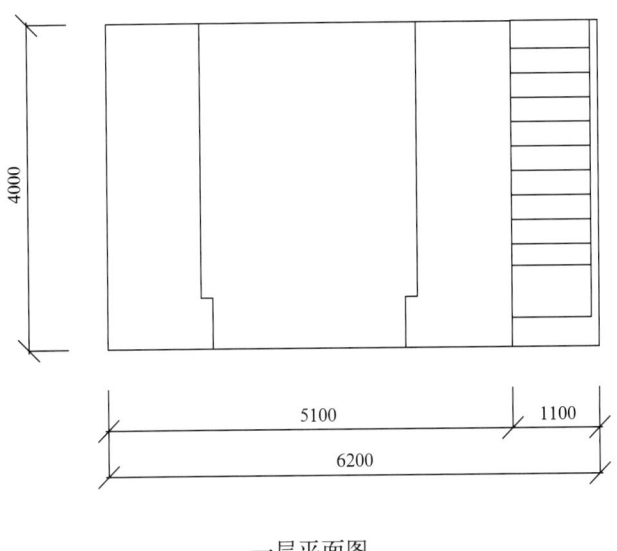

一层平面图

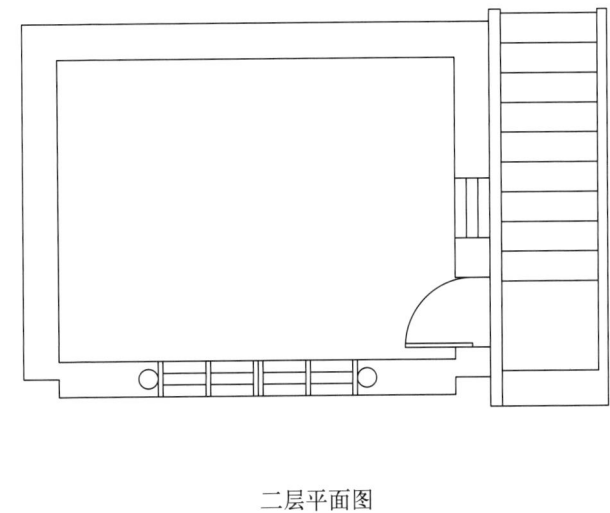

二层平面图

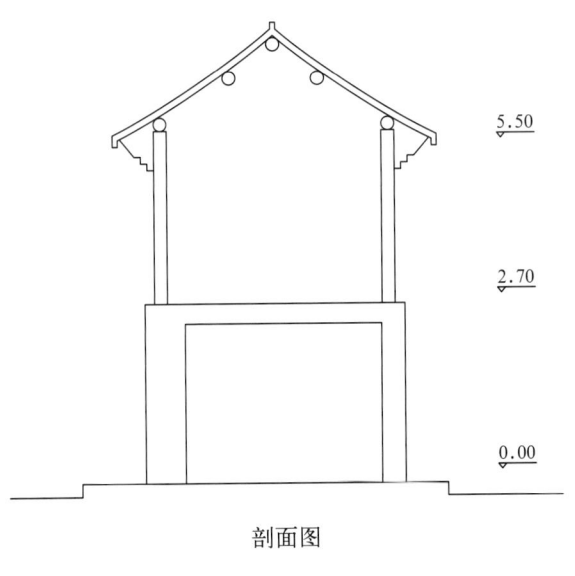

剖面图

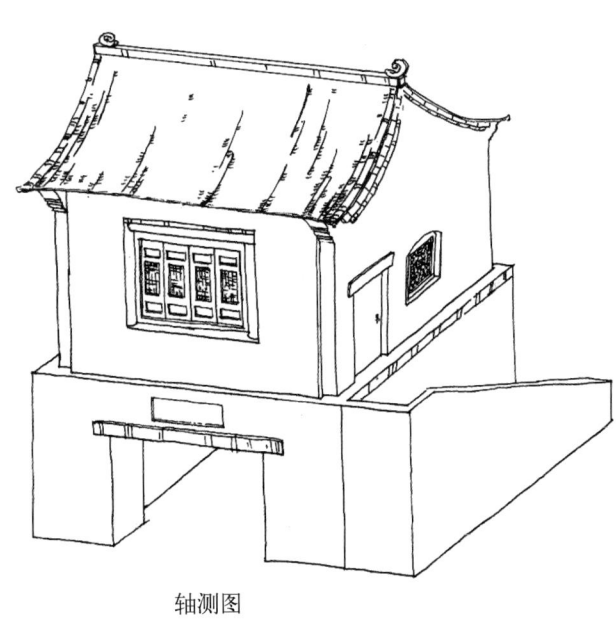

轴测图

石寨门（关林镇刘富村）

石寨门位于洛阳市洛龙区关林镇刘富村环村南路与南街交会处，坐北朝南。刘富村寨为防匪患和战乱而建，始建于民国二十六年（1937）。寨墙环村一周长1000余米，墙外挖有寨壕。墙体用土夯成，墙上可行马车。全寨分东、西、南三个寨门，东、西寨门为土体寨门。东寨门上有寨楼，名曰"望东楼"。现

石寨门

东、西寨门已毁，寨墙也不存在。仅存的南寨门楼面阔7.7米，进深5.8米，高5米。寨门楼用20层青石条砌成，非常坚固。寨门上方嵌有石匾，上刻"同乐寨"3个大字。门洞内西侧墙壁中嵌有长方形碑刻《修寨碑记》1通，为民国十六年（1927）立。因字体被毁，内容不详。

寨门北面

门洞内部

寨门门匾

门洞内壁碑刻

门闩石洞

门轴横木和轴窝

挂灯笼的铁环

西寨门（丰李村）

西寨门位于洛阳市洛龙区丰李镇丰李村西街口，坐东朝西，砖石结构。寨门高5.8米，门洞宽3.3米，高5.8米，入深6.4米。寨门上方嵌石匾一方，上刻"丰李镇"三个大字，石匾右边上方竖行字为"大清同治二月"，左边下方竖行字为"三月十八日"。据此推断寨门修建竣工时间为清同治二年（1863年）三月十八日，已有150余年历史。门洞内南侧有一拱形券洞，高2.2米，宽1.2米，深2.3米，供守门人居住。寨门内上方遗存有木门脑，大门已毁。门内两边墙上有门闩洞，离地高约1米，0.2×0.3米大。

据丰李村78岁老人李柏树回忆说，丰李村的东、西、南、北原来各有一个寨门，将村子四周的寨墙连接在一起。寨墙足有五六米宽，人能在上面自由活动。在防备匪患和"老日"（日本军队）的侵略中发挥了重要作用。新中国成立后，由于社会环境长期稳定，加之风吹雨淋，年久失修，东、南、北三个寨门及寨墙先后坍塌不存。现在只剩下西寨门屹立在村中，向世人展示着逝去的历史。2013年，村里对它进行了维修加固。

寨门正面（由西向东拍摄）

寨门北面

门洞内守门人住室

寨门石匾

寨门洞内部

门闩轴横木

灯窝

凤凰古寨（白坡村）

凤凰古寨又名大寨，位于洛阳市吉利区吉利乡白坡村中部，呈不规则状，南北宽约150米，最宽处约200米；东西长约400米，最长处约420米，最短处只有380米，总面积近6万平方米。寨墙用土夯成，在寨南墙和西寨墙各设一个寨门，西寨门已毁。南寨门上方嵌石匾，上刻"凤凰寨"3个大字。寨门洞上部有守护房，已部分损毁。凤凰寨东边有个小寨，西边有个陈寨，连在一起像个飞翔的凤凰，因此而得名。

传说凤凰寨是个活寨，能自动升高。有一年土匪攻寨，用梯子上寨墙，但是无论如何也上不到最高处，攻寨的土匪打算围困寨里的百姓，后来了解寨中是33条街，33口井，33盘碾，就撤围而退。寨中实际上是3个十字街，每个十字街口都有水井和石碾。

门匾

寨门

寨门外景

集市老街（延秋村）

集市老街位于洛阳市高新技术开发区辛店镇延秋村正街西端南北两侧，为清代末期建筑，始建年代不详。延秋村北面有座龙潭寺，风景优美，据传武则天曾到此游玩。她因感到气候宜人，流连忘返，夏天过完，仍不回宫。文武官员冒死劝谏，谁知武则天竟怒斥说：我要把回宫的时间延迟到秋天，再劝者定斩不饶。龙潭寺因此名声远扬，每年农历四月初八都举办庙会活动。当时在龙潭寺南面形成一个村庄，没有名字。人们就借武则天的金口玉言，把这个村庄叫作"延秋"。后因从洛阳到宜阳的大路从村中穿过，交通便利，就由传统古庙会演变为延秋集市，最早为农历的每月十八日，后发展为每月的逢四、逢八日，每月集日共6天。

延秋集市老街原来长1500余米，现集市老建筑多数已毁或改变，在延秋村正街西端南侧仅存17间，总长约50余米；北侧仅存11间，长约30余米。单间宽约3米，进深6.3米，檐深2米，高3米。

延秋集市老街之一

延秋集市老街之二

门面房梁架

其他建筑·LUOYANGMINGQINGJIANZHU

门面房基石碑刻

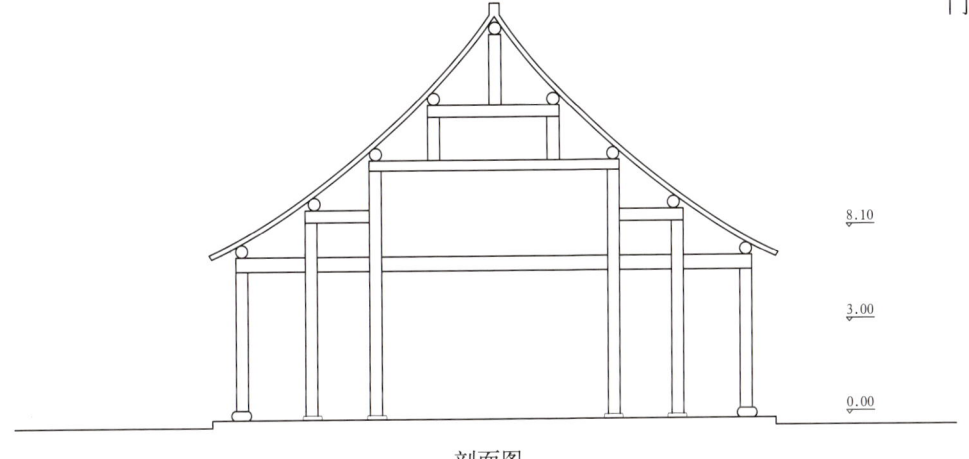

剖面图

轴测图

老寨墙（三山村）

老寨墙位于涧西区孙旗屯乡三山村。始建年代不详，当初村民是为了抵御匪患而建造。寨墙周长约6公里，墙体用土夯成，非常坚固，气势雄伟。寨成梯形状，上边宽约10米，下边宽约15米，高7米左右，据说上边可以供5辆马车并排行走。寨墙上修有方形墙垛（俗称"炮楼"），上面有房子，是专供守寨"民兵"休息的地方。刀客（土匪）活动猖獗的时候，村民众志成城，寨墙上面日夜有人轮流巡逻站岗守护。为了防止刀客利用云梯攀登寨墙，守寨人除了持有土造快枪，还在寨墙上堆放许多石块和树桩。同时还制造了一门"鸡窝炮"（据说和虎门炮台的铁炮形状类同，就是稍小一点）。据村民姚恒章介绍，鸡窝炮刚铸造成时，曾试射一炮，竟把几公里外其他村的寨垛掀掉一个大角。刀客闻听"鸡窝炮"的威力，再也不敢到寨子"做活"（即杀家劫户），就是路过三山村，也得经过"寨主"同意。现在说起此事，村中的老年人仍显得兴奋与自豪。

现存的三山古寨墙，断断续续分割成不足百米长的残垣矮墙，已失去了往日的辉煌。据村民介绍，第一次大规模扒寨墙，是在1958年"大炼钢铁"时期，村里为了取土建厂。第二次是在上世纪70年代初，村民们为了取土建房。就这样，村民们曾引以为豪的古寨，慢慢消失在历史烟云之中。

残留寨墙之一

寨墙截面

残留寨墙之二

茶庵（田山村）

茶庵位于洛龙区龙门镇田山村南200米、王城大道西侧15米处，面朝西南，是村中张氏22代张熙康于民国二十五年（1936）建造。茶庵为硬山式砖木结构，前檐下为方便路人歇息，不设门窗，仅立一柱。庵前现有一颗约200年的皂荚树，2009年8月被洛龙区政府定为国家三级古树，予以保护。

据村民张麦仓介绍，庵前是从龙门郭寨通往辛店延秋的交通要道，孝子张熙康在山西做木工，得知母亲在家病重，就赶回家中看望。途中祈求母亲康复长寿，并许愿建茶庵。回家后母亲病愈，就还愿建茶庵，供路人免费喝茶休息。

古皂荚树

茶庵正面

后记

经过一年多的辛勤工作，《洛阳明清建筑（市区卷）》终于付印出版。我们工作团队的共同努力也有了初步成果，能够为洛阳古建筑的保护做点工作，倍感欣慰。

著名古建筑专家王铎先生对《洛阳明清建筑（市区卷）》一书非常关心支持，并亲自作序，其夫人刘郁馥女士也对建筑绘图提出宝贵建议，在此表示感谢！在编书过程中，得到了洛阳市文物局、洛龙区档案史志局、老城区文物局的大力支持。在资料调查工作中，得到了许多村委会和市民、村民的热情帮助，并积极提供资料，在此对这些单位和个人一并表示感谢。

本书的调查编写工作由成都市文物考古研究院特聘研究员、洛阳师院学院河洛文化国际研究中心教授、洛阳市文物考古研究院研究员余扶危先生统筹率领进行，文字资料的调查编写和统稿由刘百灵负责，摄影和图片编辑由王志军和王治涛负责，建筑测量由窦炎、郑学通负责。范勇、吴民庆、孙慧宝、郑文、张萌、牛莉、王瑞麟、贾中宝、王恺、崔聚成等也参加了编纂工作。

由于调查过程中时间紧张，资料有限，加之我们水平有限和对建筑专业知识的欠缺，所以本书恐有一些谬误和不妥之处，敬请专家和业内人士以及读者予以指正，并在编写丛书其他各卷时予以改正，在此谨表谢意。